职业院校智能制造专业“十四五”系列教材

西门子 S7-1200 PLC 应用技术

主　编　陈　乾　冉鹏峰　覃常池

副主编　王少华　陈德喜　谢　娟

参　编　韩　伟　李　浩　邱志荣

熊海林　王孝凡　杜连娣

机械工业出版社

CHINA MACHINE PRESS

本书以西门子 S7-1200 PLC 为研究对象，并根据企业中常用的应用案例和 PLC 编程技术岗位技能要求，介绍了 PLC 的基础知识、博途软件的安装与使用、西门子 S7-1200 产品介绍与选型、PLC 外部线路的接线、PLC 常用编程指令与案例的应用编程，以及函数块、模拟量、高速计数器、步进伺服控制、网络通信等知识。全书采用任务驱动形式编排，共有 28 个学习任务，每个任务都是根据企业现场应用项目设计的，每个任务实施都有详细的操作步骤并配有实操视频演示，读者可以通过手机扫描二维码观看对应实操视频演示。本书还配有学习资源包（编程软件博途 V16 和任务参考源程序文件）和教学资源包（电子课件、课程标准、电子教案、模拟试卷），读者可通过机械工业出版社教育服务网（http://www.cmpedu.com）免费下载。

本书可作为应用型本科、职业本科、中高职院校以及技工院校自动化、电气工程、智能控制技术、电气自动化、机电一体化、工业机器人技术、智能制造技术等相关专业的教材，也可供从事自动化设备编程调试相关工作的工程技术人员学习参考。

图书在版编目（CIP）数据

西门子 S7-1200 PLC 应用技术 / 陈乾，冉鹏峰，覃常池主编. -- 北京 : 机械工业出版社，2025. 6. --（职业院校智能制造专业“十四五”系列教材）. -- ISBN 978-7-111-78618-4

Ⅰ. TM571.61

中国国家版本馆 CIP 数据核字第 2025ET4800 号

机械工业出版社（北京市百万庄大街 22 号　邮政编码 100037）

策划编辑：王振国　　责任编辑：王振国　章承林

责任校对：甘慧彤　王小童　景　飞　　封面设计：马若濛

责任印制：常天培

北京联兴盛业印刷股份有限公司印刷

2025 年 8 月第 1 版第 1 次印刷

184mm × 260mm · 13.5 印张 · 332 千字

标准书号：ISBN 978-7-111-78618-4

定价：49.80 元

电话服务　　网络服务

客服电话：010-88361066　　机　工　官　网：www.cmpbook.com

010-88379833　　机　工　官　博：weibo.com/cmp1952

010-68326294　　金　书　网：www.golden-book.com

机工教育服务网：www.cmpedu.com

前 言

党的二十大报告关于“实施科教兴国战略，强化现代化建设人才支撑”“深入实施人才强国战略”的重要论述，明确把培养大国工匠和高技能人才作为重要目标，大力弘扬劳模精神、劳动精神、工匠精神。本书的编写为全面建设技能型社会提供有力人才保障。

随着第四次工业革命的到来，我国全面推进实施制造强国战略，从制造大国向制造强国转变。目前越来越多的制造企业在进行生产线的升级改造，实施智能制造车间、数字化工厂、智能工厂等。随着自动化设备的迅速增加，我国的PLC编程技术人才也越来越紧缺。面对企业对PLC编程技术人才需求的不断增加，广东汇邦智能装备有限公司结合PLC编程技术岗位的技能需求，联合安徽宿州技师学院、四川省青神中等职业学校、湖南生物机电职业技术学院、湖南省汽车技师学院、湖南科技大学、广东省机械技师学院等合作院校共同开发编写了本书。

目前，自动生产线中控制设备运行使用最多的控制器还是PLC。西门子PLC已有50年的发展历史，在全球PLC市场的占有率常年位居第一。本书以西门子S7-1200 PLC为研究对象，配套使用博途V16编程软件进行编程与仿真。

本书按照“岗课赛证”四位一体的培养思路，将理论知识与实操进行整合，结合职业技能竞赛与技能评价标准的要求，以PLC编程技术岗位的工作任务为载体进行编排，共分为28个学习任务，每个任务都配备了相应的视频二维码，读者可以通过手机扫描二维码观看实操讲解视频。同时，书中结合课程内容，融入了工匠精神、安全意识、职业素养、技能成才、技能报国等元素，致力于培养能从事自动化生产线编程与调试技术岗位的高素质高技能人才。

本书是由广东汇邦智能装备有限公司与合作院校联合编写的“双元制”一体化教材，广东汇邦智能装备有限公司陈乾、四川省青神中等职业学校冉鹏峰、安徽宿州技师学院覃常池担任主编，湖南生物机电职业技术学院王少华、湖南省汽车技师学院陈德喜、湖南科技大学谢娟担任副主编，参与编写的还有韩伟、李浩、邱志荣、熊海林、王孝凡、杜连娣。

由于编者水平有限，书中难免存在错误和不足之处，恳请读者提出宝贵的意见和建议，可通过E-mail与我们联系：505389379@qq.com。

编 者

目录

项目 1　PLC 基础知识

PLC（Programmable Logic Controller，可编程控制器）是一种专门用于工业自动化控制的计算机设备。它采用微电子技术、计算机技术、自动控制技术和通信技术，是综合了这些技术的优点而发展起来的一种通用的工业自动控制装置。PLC 以其高度的可靠性、灵活性和强大的功能，成为现代工业控制系统中不可或缺的一部分，也是实现自动化生产的核心控制设备。

任务 1　认识 PLC

任务目标

1. 知识目标

1）了解 PLC 的定义、常用 PLC 品牌及其型号。

2）了解 PLC 的特性和分类以及应用领域。

3）了解 PLC 控制系统与继电器－接触器控制系统的区别。

2. 技能目标

1）能正确描述 PLC 的特性和分类。

2）能够上网查阅各大 PLC 品牌官网并搜集相关 PLC 的使用手册。

3. 素质目标

1）能与他人合作完成资料查阅，培养团队合作精神。

2）培养勇于探索、创新实践的精神。

任务布置

通过各知名 PLC 品牌官网，综合了解 PLC 的定义、常用 PLC 品牌及其型号、PLC 的产生与发展、PLC 的特性、PLC 的分类、PLC 的应用领域等基础知识。

任务分析

对于初学者而言，应学会通过 PLC 教材内容去学习和巩固 PLC 基础知识，这是学习 PLC 的一项基本技能；同时结合 PLC 品牌官网搜索 PLC 对应的手册，夯实 PLC 基础知识，不断提升学习 PLC 的兴趣和动力。

任务实施

1. PLC 的定义

早期的 PLC 称作可编程逻辑控制器，用来代替继电器控制系统实现逻辑控制。随着微电子技术、计算机技术、通信技术等的飞速发展，其功能已大大超过了逻辑控制的范围，目前人们都把这种装置称作可编程控制器（Programmable Controller），简称 PC。为了避免与目前应用十分广泛的个人计算机（Personal Computer）的简称 PC 相混淆，仍将可编程控制器简称为 PLC。

PLC 的发展极为迅速。为了确定它的性

质，国际电工委员会（IEC）于 1982 年颁布了 PLC 标准草案第一稿，1987 年 2 月颁布了第三稿，对 PLC 作了如下定义：

PLC 是一种数字运算操作的电子系统，专为在工业环境下应用而设计。它采用可编程的存储器，用来存储执行逻辑运算、顺序控制、定时、计数和算术运算等操作指令，并通过数字式或模拟式的输入 / 输出，控制各种类型的机械或生产过程。PLC 及其相关设备都应按易于与工业控制系统形成一个整体和易于扩展其功能的原则设计。

2. PLC 产品

随着 PLC 市场的不断扩大，PLC 生产已经发展成为一个庞大的产业，其主要厂商集中在一些欧美国家及日本。美国与欧洲一些国家的 PLC 是在相互隔离的情况下独立研究开发的，产品有比较大的差异；日本的 PLC 则是从美国引进的，对美国的 PLC 产品有一定的继承性。另外，日本的主推产品定位在小型 PLC 上，而欧美则以大、中型 PLC 为主。我国 PLC 市场各企业占比如图 1-1 所示。

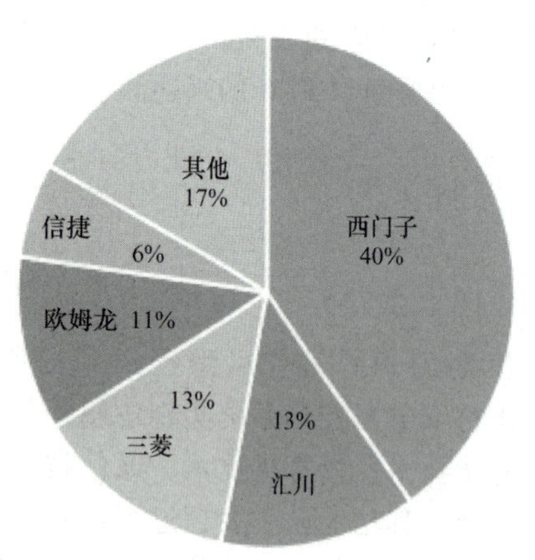

图 1-1　我国 PLC 市场各企业占比

（1）欧洲的 PLC 产品　德国的西门子（SIEMENS）公司和法国的 TE 公司、施耐德（Schneider）公司是欧洲著名的 PLC 制造商。德国西门子公司的电子产品以性能精良而久负盛名，在大、中型 PLC 产品领域与美国的 AB 公司齐名。

西门子公司 PLC 的主要产品有 S5 及 S7 系列，其中 S7 系列是开发出来代替 S5 系列的新产品。S7 系列包含 S7-200 SMART、S7-300、S7-400、S7-1200、S7-1500 等机型，其中 S7-1200、S7-200 SMART 是微型机，S7-1500 是中大型机。S7 系列机型性价比较高，近年来在中国市场的份额有不断上升之势。西门子 S7 系列 PLC 具有标准化、体积小、速度快、网络通信能力强、可靠性高、编程简易、软（硬）件成熟等优点。常见的西门子 PLC 外形如图 1-2 所示。

图 1-2　常见的西门子 PLC 外形

（2）日本的 PLC 产品　日本的 PLC 产品在小型机领域颇具盛名。某些用欧美中型或大型机才能实现的控制，日本小型机就可以解决。日本有许多 PLC 制造商，如三菱、欧姆龙、松下、富士、日立和东芝等。在世界小型机市场上，日本的产品约占 70% 的份额。

三菱 PLC 主要以微型机为主，在我国市场常见的型号有 FX2N、FX3U、FX5U，中大型机有 Q 系列等。常见的三菱 PLC 外形如图 1-3 所示。

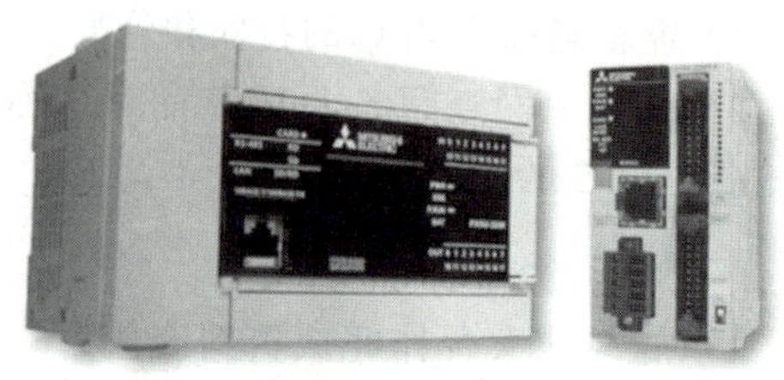

图 1-3　常见的三菱 PLC 外形

欧姆龙（OMRON）公司的PLC产品大、中、小和微型规格齐全，微型机以CP系列为代表，小型机有CPM2C、CQM1H、CJ1M、NSJ系列等，中型机有C200H、CJ1、CS1、NX1P系列，大型机以NJ501为代表。常见的欧姆龙PLC外形如图1-4所示。

图1-4　常见的欧姆龙PLC外形

（3）我国的PLC产品　国内PLC生产厂商已超过了40家，主要领头企业包括汇川、信捷、台达等。经过近些年不断努力，国产PLC在技术、产品和市场等层面均取得了显著成果。汇川研制的PLC包括AM中型PLC、H5U小型PLC等系列，主要应用于新能源、3C行业、太阳能、隧道工程、纺织机械、动力设备、煤矿设备等领域的中小型控制场景。常见的汇川PLC外形如图1-5所示，常见的台达PLC外形如图1-6所示。

图1-5　常见的汇川PLC外形

图1-6　常见的台达PLC外形

3. PLC的产生与发展

PLC产生于20世纪60年代末。1968年，美国通用汽车公司提出取代继电器控制装置的要求，第二年美国数字设备公司研制出第一台PLC，应用于通用汽车公司的生产线，取代生产线上的继电器控制系统，开创了工业控制的新纪元。1971年，日本开始生产PLC，德、英、法等各国相继开发了适于本国的PLC，并推广使用。1974年，我国也开始研制生产PLC，1977年应用于工业。经过50多年的发展，PLC已经成为工业自动化的三大支柱（PLC技术、机器人、计算机辅助设计和制造）之一。

目前，为了适应市场的需求，增强PLC在自动化产业的应用程度，PLC正在向着两个方向发展：

1）为了更加深层次地取代继电器控制，低档PLC向体积小型化、操作简易、价格低廉方向发展。

2）为了扩大PLC在复杂工业控制中的综合应用，中高档PLC向大型、高速、功能多样化方向发展。

4. PLC的特性

（1）PLC的特点

1）使用灵活，通用性强。PLC用程序代替了继电器控制逻辑，生产工艺流程改变时，只需修改用户程序，不必重新安装布线，十分方便。结构上采用模块组合式，可像搭积木那样扩充控制系统规模，增减其功能，容易满足系统要求。

2）编程简单，易于掌握。PLC采用专门的编程语言，指令少，简单易学。通用的梯形图语言直观清晰，对于熟悉继电器线路的工程技术人员和现场操作人员来讲很容易掌握。

3）可靠性高，能适应各种工业环境。PLC面向工业生产现场，采取了屏蔽、隔离、滤波、联锁等安全防护措施，可有效地抑制外部干扰，能适应各种恶劣的工业环境，具有极高的可靠性；其内部处理过程不依赖机械触点，所用元器件都经过严格筛选，其寿命几乎不用考虑；在软件上有故障诊断与处理功能。

4）接口简单，维护方便。PLC 的输入、输出接口设计成可直接与现场强电相接，有 24V、48V、110V、220V 等电压等级产品，组成系统时可直接选用。接口电路一般为模块式，便于维修更换。有的 PLC 的输入、输出模块可带电插拔，实现不停机维修，大大缩短了故障修复时间。

5）体积小，重量轻，功耗低。由于 PLC 采用半导体大规模集成电路，因此整个产品结构紧凑，体积小、重量轻、功耗低。以三菱公司生产的 FX3G-24M 为例，其外形尺寸仅为 130mm × 90mm × 87mm，重量只有 600g，功耗小于 50W。所以，PLC 很容易装入机械设备内部，是实现机电一体化理想的控制设备。

（2）PLC 控制系统与继电器 - 接触器控制系统的比较

1）组成器件不同。继电器 - 接触器控制系统是由许多硬件继电器、接触器组成的，而 PLC 控制系统则是由许多“软继电器”组成的。传统的继电器 - 接触器控制系统用了大量的机械触点，因物理性能疲劳、尘埃的隔离性及电弧的影响，系统可靠性大大降低。而 PLC 控制系统采用无机械触点的微电子技术，复杂的控制由 PLC 控制系统内部的运算器完成，故寿命长、可靠性高。

2）触点数量不同。继电器和接触器的触点数较少，一般只有 4 ～ 8 对；而“软继电器”可供编程的触点数有无限对。

3）控制方法不同。继电器 - 接触器控制系统是通过元器件之间的硬接线来实现的，其控制功能是固定的；而 PLC 控制功能是通过软件编程来实现的，只要控制负载不变，改变程序即可改变功能。

4）工作方式不同。在继电器 - 接触器控制电路中，当电源接通时，电路中各继电器都处于受制约状态；而在 PLC 控制系统中，各“软继电器”都处于周期性循环扫描接通中，每个“软继电器”受制约接通的时间是短暂的。

5. PLC 的分类

（1）按容量分类　大致可分为小型、中型、大型三种。

1）小型 PLC。I/O 点总数一般小于或等于 256 点。其特点是体积小、结构紧凑，整个硬件融为一体，除了开关量 I/O，还可以连接模拟量 I/O 以及其他各种特殊功能模块。它能执行逻辑运算、计时、计数、算术运算、数据处理和传送、通信联网以及各种应用指令。小型 PLC 有三菱的 FX3U、FX5U 系列，西门子的 S7-1200 系列等。

2）中型 PLC。I/O 点总数通常为 256 ～ 2048 点，内存在 8KB 以下，I/O 的处理方式除了采用一般 PLC 通用的扫描处理方式，还能采用直接处理方式，即在扫描用户程序的过程中，直接读输入、刷新输出。它能连接各种特殊功能模块，通信联网功能更强，指令系统更丰富，内存容量更大，扫描速度更快。

3）大型 PLC。一般 I/O 点数在 2048 点以上的称为大型 PLC。大型 PLC 的软、硬件功能极强，具有极强的自诊断功能，通信联网功能强，有各种通信联网的模块，可以构成三级通信网，实现工厂生产管理自动化。大型 PLC 有三菱的 Q 系列，西门子的 S7-1500 系列等。

（2）按硬件结构分类　按结构分可将 PLC 分为整体式、模块式、叠装式三类。

1）整体式 PLC。它是将 PLC 各组成部分集装在一个机壳内，输入、输出接线端子及电源进线分别在机箱的上、下两侧，并有相应的发光二极管显示输入 / 输出状态。面板上留有编程器的插座、EPROM 插座、扩展单元的接口插座等。编程器和主机是分离的，程序编写完毕后即可拔下编程器。

具有这种结构的 PLC 结构紧凑、体积小、价格低。只有小型 PLC 采用整体式结构，而且 I/O 点数固定，不便于系统升级。如西门子 S7–1200 系列 PLC 便是整体式 PLC，其外形如图 1-7 所示。

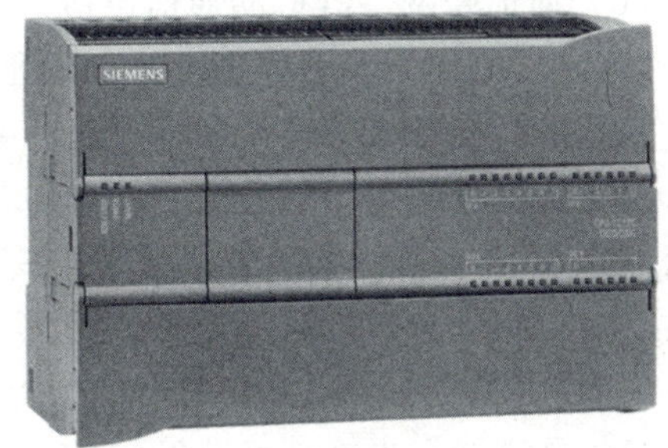

图 1-7　西门子 S7–1200 系列 PLC 的外形

2）模块式 PLC。I/O 点数较多的大型、中型和部分小型 PLC 采用模块式结构。

模块式 PLC 采用积木搭接的方式组成系统，便于扩展，其 CPU、输入、输出、电源等都是独立的模块，有的 PLC 的电源包含在 CPU 模块之中。PLC 由框架和各模块组成，各模块插在相应插槽上，通过总线连接。PLC 厂家备有不同槽数的框架供用户选用。用户可以选用不同档次的 CPU 模块、品种繁多的 I/O 模块和其他特殊模块，硬件配置灵活，维修时更换模块也很方便。采用这种结构形式的有西门子的 S5 系列、S7–300/400 系列，欧姆龙的 C500、C1000H、C2000H 等及小型 CQM 系列。常见的西门子 S7–1500 系列 PLC 外形如图 1-8 所示。

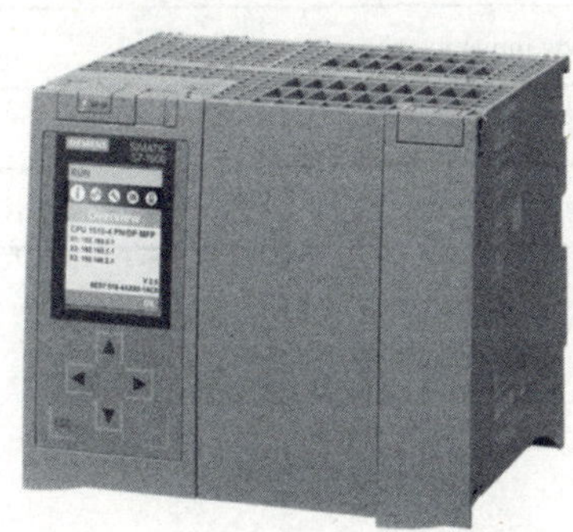

图 1-8　常见的西门子 S7–1500 系列 PLC 外形

3）叠装式 PLC。上述两种结构各有特色，整体式 PLC 结构紧凑、安装方便、体积小，易于与被控设备组成一体，但有时系统所配置的 I/O 点不能被充分利用，且不同 PLC 的尺寸大小不一致，不易安装整齐；模块式 PLC 的 I/O 点数配置灵活，但是尺寸较大，很难与小型设备连成一体。为此开发了叠装式 PLC，它吸收了整体式 PLC 和模块式 PLC 的优点，其基本单元、扩展单元等高等宽，它们不用基板，仅用扁平电缆连接，紧密拼装后组成一个整齐的、体积小巧的长方体，而且 I/O 点数的配置也相当灵活。例如带扩展功能的 PLC，其扩展后的结构即为叠装式 PLC。常见的带扩展单元的西门子 1200 系列 PLC 外形如图 1-9 所示。

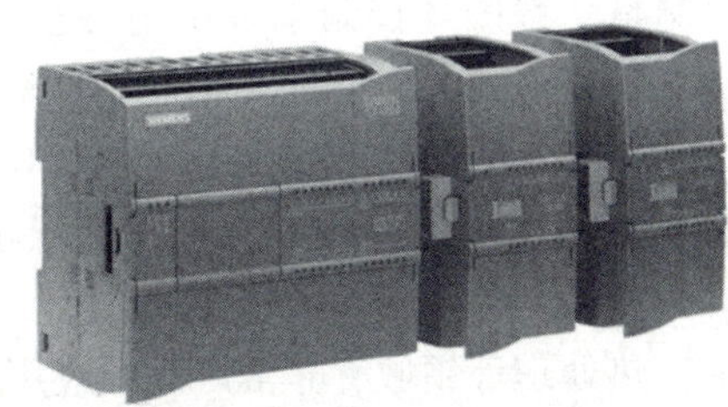

图 1-9　常见的带扩展单元的西门子 1200 系列 PLC 外形

6. PLC 的应用领域

PLC 作为自动化领域重要的控制设备，应用非常广泛，其用途大致可以归纳为以下几个方面：

（1）开关量的逻辑控制　这是 PLC 最基本、最广泛的应用领域。PLC 具有“与”“或”“非”等逻辑指令，可以实现触点和电路的串、并联，代替继电器进行组合逻辑控制、定时控制与顺序逻辑控制，可用于单机控制、多机群控、自动化生产线的控制等，例如注塑机、印刷机、电梯的控制，饮料灌装生产流水线及汽车、化工、造纸、轧钢自动化生产线的控制等。

（2）模拟量控制　在工业控制过程中，有许多连续变化的量，如温度、压力、流量、液位和速度等都是模拟量。为了使 PLC 能处理模拟量，必须实现模拟量和数字量之间的 A/D 转换及 D/A 转换。PLC 制造厂商都有配套的 A/D 和 D/A 转换模块，使 PLC 可以很方便地用于模拟量控制。

（3）运动控制　PLC 可以用于圆周运动或直线运动的控制。早期直接用开关量 I/O 模块连接位置传感器和执行机构，现在一般使用专用的运动控制模块，如可驱动步进电动机或伺服电动机的单轴或多轴位置控制模块。世界上各主要 PLC 厂家的产品几乎都有运动控制功能，广泛地应用于各种机床、机器人、电梯等设备。

（4）过程控制　过程控制是指对温度、压力、流量等连续变化的模拟量的闭环控制。PID 控制是一般闭环控制系统中用得较多的调节方法。目前的大中型PLC都有PID模块，许多小型 PLC 也具有 PID 控制功能。PID 控制功能一般是通过运行专用的 PID 子程序来实现。过程控制在钢铁冶金、精细化工、锅炉控制、热处理等领域有非常广泛的应用。

（5）数据处理　现代的 PLC 具有数学运算（包括四则运算、矩阵运算、函数运算、字逻辑运算以及求反、循环、移位、浮点数运算），数据传送、转换、排序和查表，位操作等功能，可以完成数据的采集、分析及处理。这些数据可以与储存在存储器中的参考值比较，完成一定的控制操作，也可以利用通信功能传送到另外一台智能装置，或将它们打印制表。数据处理通常用于大、中型控制系统，如柔性制造系统、机器人的控制系统等。

（6）通信联网　PLC 的通信包括主机与远程 I/O 之间的通信、多台 PLC 之间的通信、PLC 和其他智能控制设备（如计算机、变频器、数控装置等）之间的通信。PLC 与其他智能控制设备结合，可以组成“集中管理、分散控制”的分布式控制系统，以满足工厂自动化系统发展的需要。各 PLC 或远程 I/O 按功能各自放置在生产现场分散控制，然后采用网络连接构成集中管理信息的分布式网络系统。

任务总结

通过本任务的学习，了解 PLC 的定义、常用 PLC 品牌及其型号、PLC 的产生与发展、PLC 的特性、PLC 的分类、PLC 的应用领域等基础知识。查阅国内外各知名 PLC 品牌官网，了解更多 PLC 的基础知识，培养搜索资料的能力。国内外各知名 PLC 品牌官网网址见表 1-1。

表 1-1　国内外各知名 PLC 品牌官网网址

品牌	官网网址
西门子	https://www.ad.siemens.com.cn
汇川	https://www.inovance.com
三菱	https://www.mitsubishielectric-fa.cn
信捷	https://www.xinje.com

任务评价

任务评价见表 1-2。

表 1-2　任务评价

评价内容	评价标准	配分	得分
PLC 的定义	能正确地阐述 PLC 的定义	10	
PLC 产品	能正确地区分国内外的 PLC 产品	20	
PLC 的特性	能正确地阐述 PLC 的特点，以及 PLC 控制系统与继电器 – 接触器控制系统的区别	20	
PLC 的分类	能正确地区分 PLC 的类型	20	
PLC 的应用领域	能正确地表述 PLC 的应用领域	10	
资料信息查询能力	能正确地查阅国内外 PLC 的相关资料	20	

每课寄语

工匠精神，既是“择一事终一生”的执着，也是“偏毫厘不敢安”的细致，还是“千万锤成一器”的追求。

拓展练习

1）上网搜索 PLC 控制系统与继电器 – 接触器控制系统的区别。

2）上网查阅西门子 PLC 相关使用手册。

任务 2　认识 TIA Portal V16 软件

任务目标

1. 知识目标

1）掌握 TIA Portal V16 的安装步骤与技巧。

2）了解 TIA Portal V16 的视图页面。

3）掌握简单程序的创建与运行监视。

2. 技能目标

1）能够正确安装 TIA Portal V16 软件。

2）能够掌握 TIA Portal V16 视图页面的功能及操作。

3）能够完成简单程序的创建与运行监视。

3. 素质目标

1）能与他人合作完成资料查阅，培养团队合作精神。

2）培养勇于探索、创新实践的精神。

任务布置

1）下载教材资源包中的 TIA Portal V16 软件安装包。

2）安装西门子 TIA Portal V16 软件。

3）完成简单程序的创建和编辑，并进行运行监视。

任务分析

TIA Portal V16 提供了一个用户友好的环境，供用户开发控制器逻辑、组态 HMI 可视化和设置网络通信。

安装 TIA Portal V16 软件对计算机硬件的配置要求见表 1-3。安装 TIA Portal V16 软件对计算机操作系统的要求见表 1-4。

表 1-3　安装 TIA Portal V16 软件对计算机硬件的配置要求

项目	最低配置要求	推荐配置
RAM	8GB	16GB 或更大
硬盘	128GB 固态硬盘	512GB 固态硬盘或更大
CPU	Intel® Core™ i5-8500　3.0 GHz	Intel® Core™ i5-10400　4.3 GHz 或更高
显示器	15.6in（1in=25.4mm）宽屏显示器（1920×1080 像素）	2K 显示器（2560×1440 像素）或更高

表 1-4　安装 TIA Portal V16 软件对计算机操作系统的要求

可以安装的操作系统	推荐操作系统
Windows 10（64 位） Windows 10 Home Version 21H2 Windows 10 Professional Version 21H2 Windows 10 Enterprise Version 21H2	Windows 11（64 位） Windows 11 Home Version 21H2 Windows 11 Professional Version 21H2 Windows 11 Enterprise Version 21H2

任务实施

1. 安装前准备

步骤 1：关闭计算机防火墙、杀毒软件。

步骤 2：打开计算机的控制面板，单击“程序”，如图 1-10 所示。单击“启用或关闭 Windows 功能”，如图 1-11 所示。

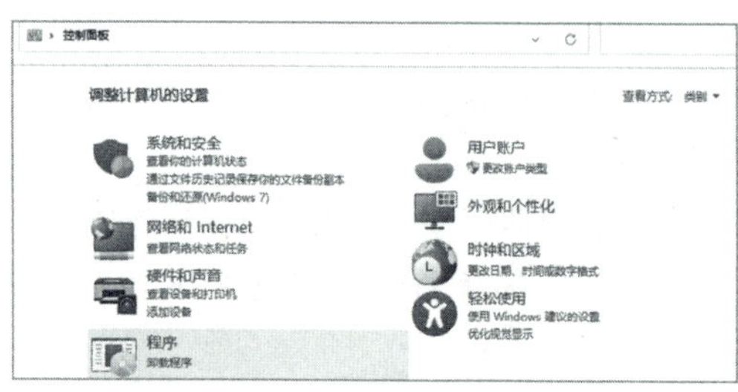

图 1-10　打开控制面板

图 1-11　启用或关闭 Windows 功能

步骤 3：勾选“.NET Framework 3.5（包括 .NET 2.0 和 3.0)”，如图 1-12 和图 1-13 所示。

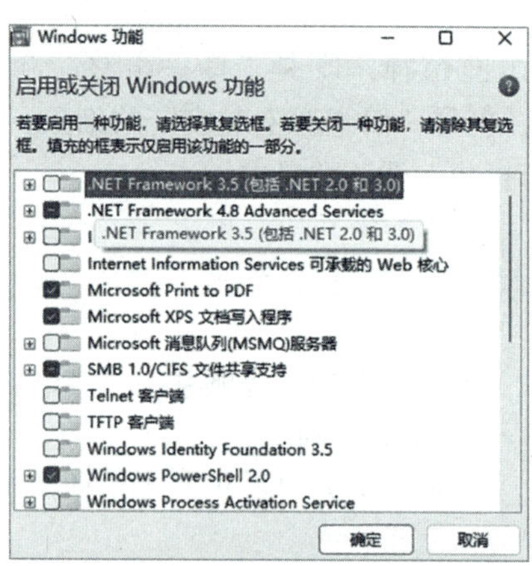

图 1-12　勾选“.NET Framework 3.5（包括 .NET 2.0 和 3.0)”前

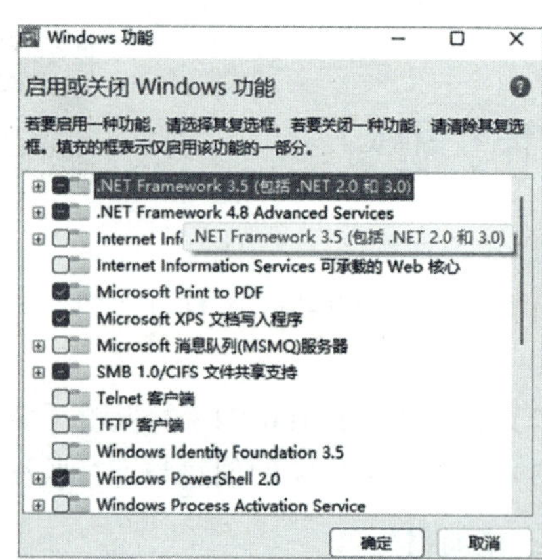

图 1-13　勾选“.NET Framework 3.5（包括 .NET 2.0 和 3.0)”后

步骤 4：下载安装 .NET Framework 3.5 程序框架。选择“让 Windows 更新为你下载文件”，下载完成后程序会自动安装至计算机内，如图 1-14 和图 1-15 所示。

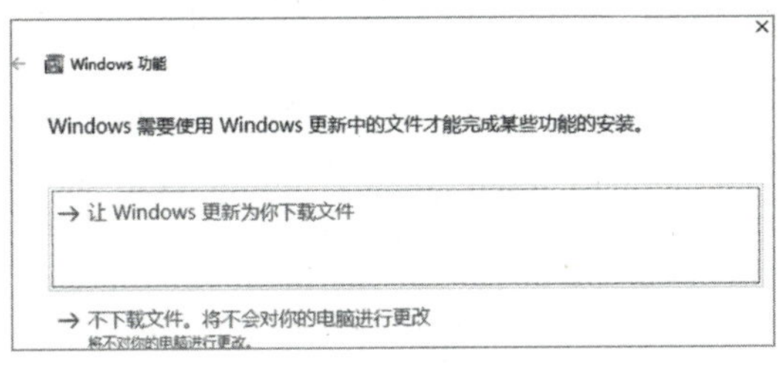

图 1-14　下载更新文件

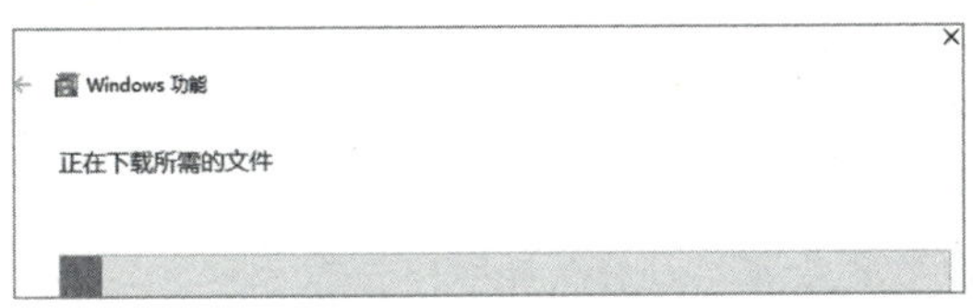

图 1-15　下载所需文件

2. 安装 TIA Portal V16 软件

注意： 软件安装地址不得包含中文字符，最好安装在计算机默认地址内。

步骤 1：右击下载好的压缩包，选择解压方式，如图 1-16 所示。

图 1-16　解压所需要的软件

步骤 2：双击打开解压好的文件夹，如图 1-17 所示。

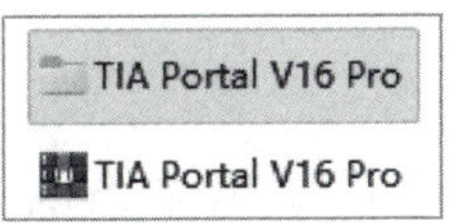

图 1-17　打开 TIA Portal V16 Pro 文件夹

软件安装包各文件夹说明见表 1-5。

表 1-5　TIA Portal V16 软件安装包各文件夹说明

文件夹	说明
Sim_EKB 授权 2022_10_01	软件激活文件
SIMATIC_S7PLCSIM_V16	仿真软件
Startdrive_Advanced_V16	驱动组态调试软件
TIA_Portal_STEP7_Prof_Safety_WINCC_Prof_V16	西门子博途（TIA Portal V16）软件

步骤 3：双击“解除重启提示批注处理”文件，如图 1-18 所示。

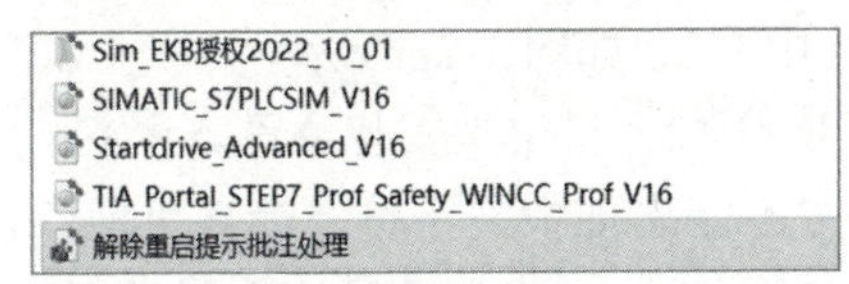

图 1-18　“解除重启提示批注处理”文件

步骤 4：弹出提示“你要允许此应用对你的设备进行更改吗？”，单击“是”按钮允许运行，如图 1-19 所示。

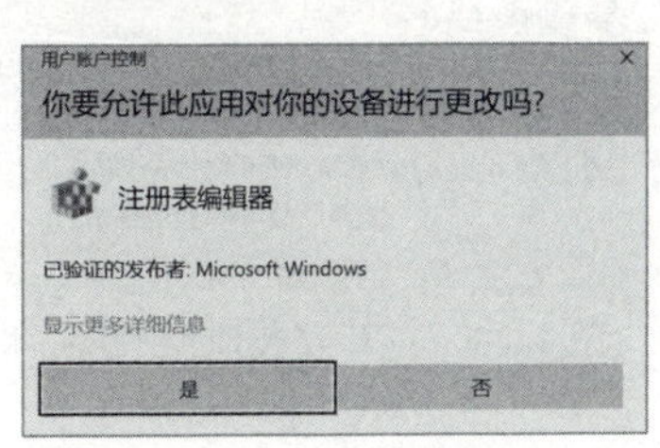

图 1-19　允许用户控制（1）

步骤 5：单击“是”按钮允许更改注册表内容，如图 1-20 所示。

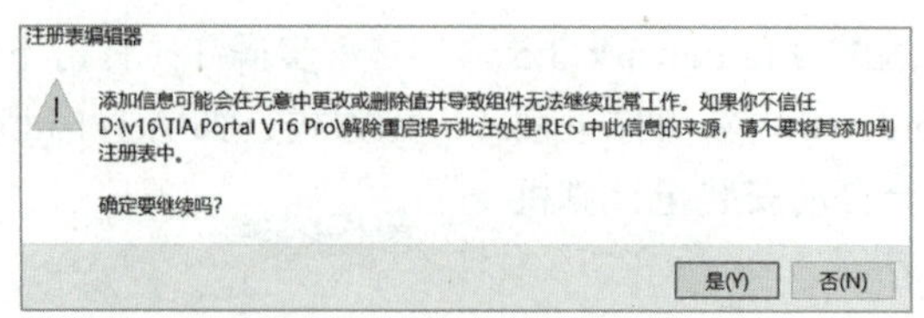

图 1-20　允许更改注册表内容

步骤 6：注册表更改完成，单击“确定”按钮，如图 1-21 所示。

步骤 7：打开“TIA_Portal_STEP7_Prof_Safety_WINCC_Prof_V16”文件夹，如图 1-22 所示。

图 1-21　解除重启提示批注处理完成

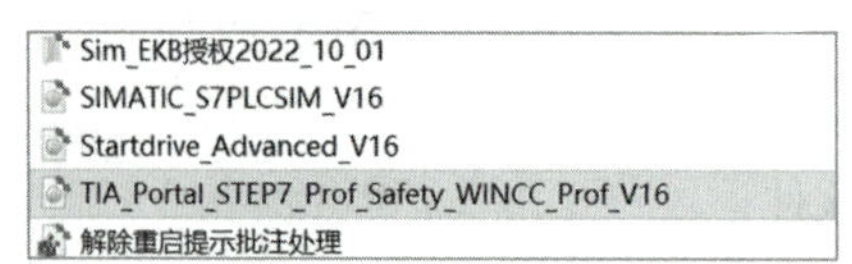

图 1-22　打开“TIA_Portal_STEP7_Prof_Safety_WINCC_Prof_V16”文件夹

步骤 8：右击“Start”文件，选择“以管理员身份运行”进行程序安装，如图 1-23 所示。

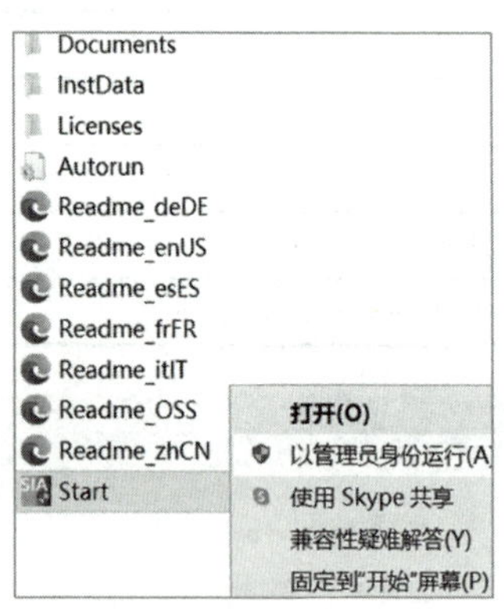

图 1-23　打开安装应用程序

步骤 9：单击“是”按钮允许运行，如图 1-24 所示。

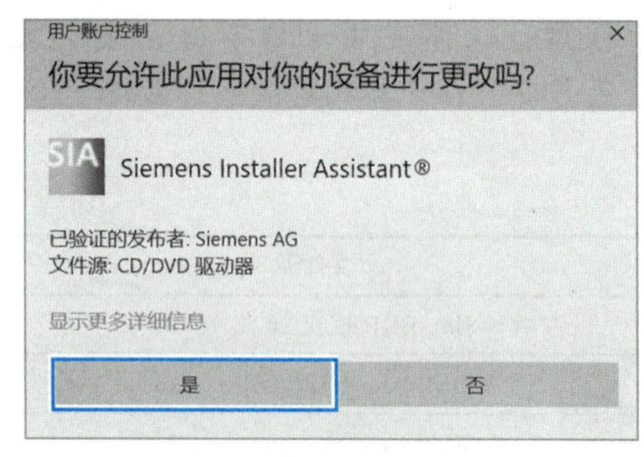

图 1-24　允许用户控制（2）

步骤 10：默认选择“安装语言：中文”，单击“下一步”按钮，如图 1-25 所示。

步骤 11：应用程序安装语言选择默认的“简体中文”，如图 1-26 所示。

步骤 12：自定义安装位置。注意，安装路径中不能出现中文字符，计算机硬盘及内存条件允许下尽量选择默认路径进行安装。单击“下一步”按钮，如图 1-27 所示。

步骤 13：勾选协议，单击“下一步”按钮，如图 1-28 所示。

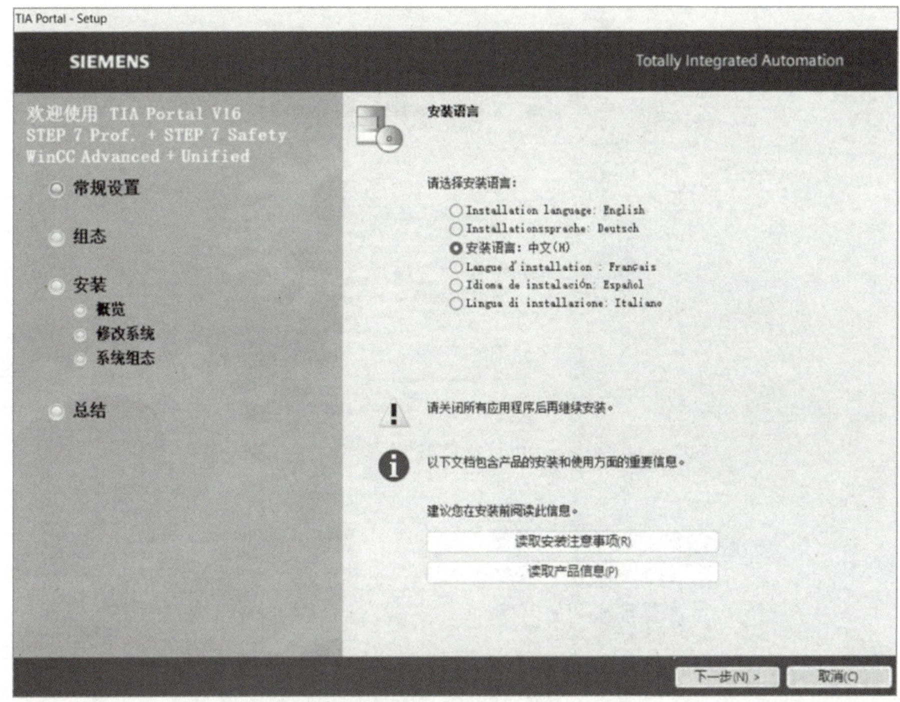

图1-25　选择安装语言

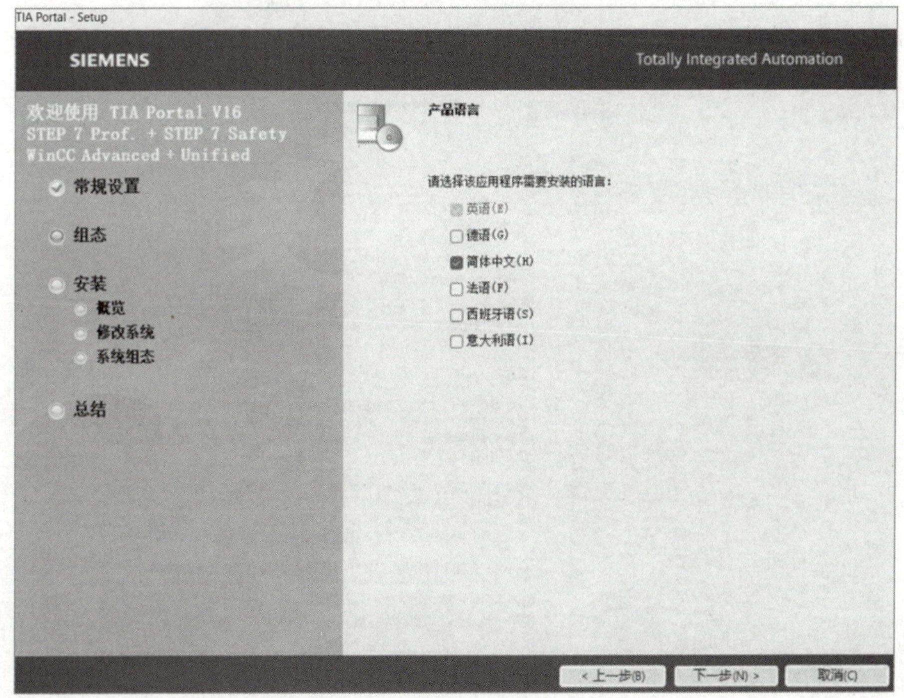

图1-26　安装语言默认为“简体中文”

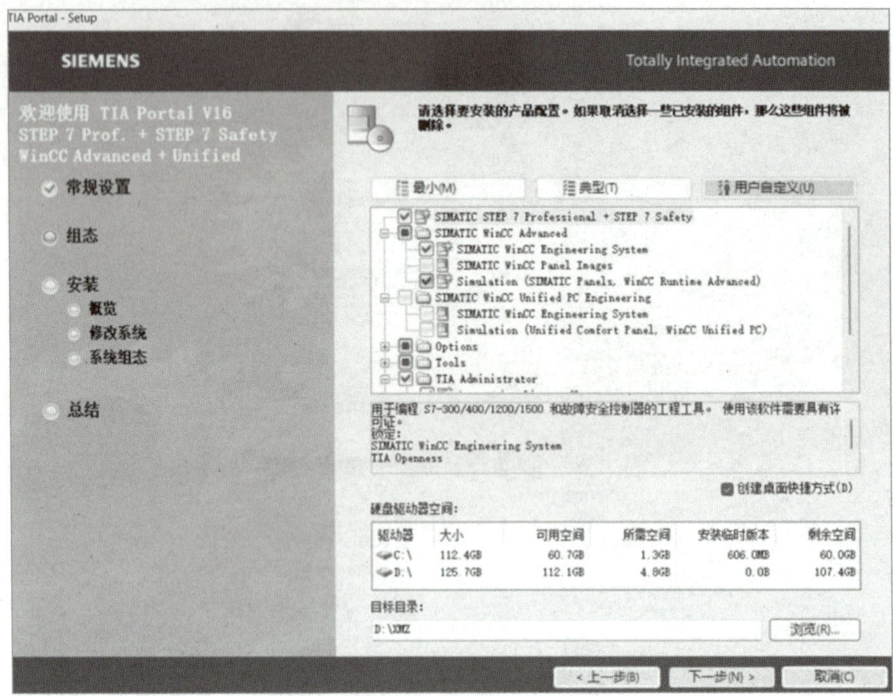

图 1-27　选择安装位置

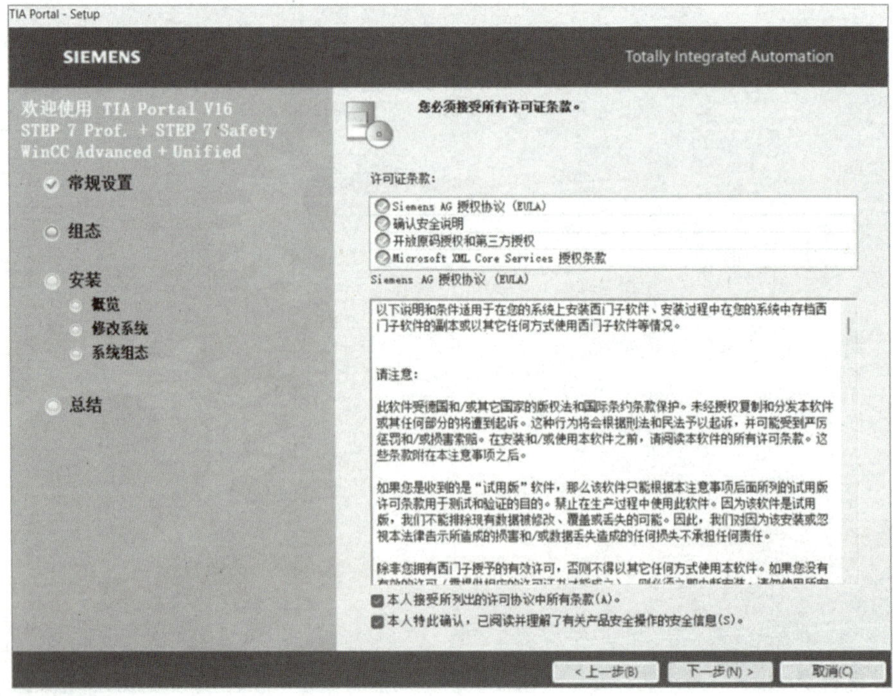

图 1-28　勾选协议

步骤 14：勾选“我接受此计算机上的安全和权限设置”，如图 1-29 所示。

步骤 15：单击“安装”按钮，如图 1-30 所示。

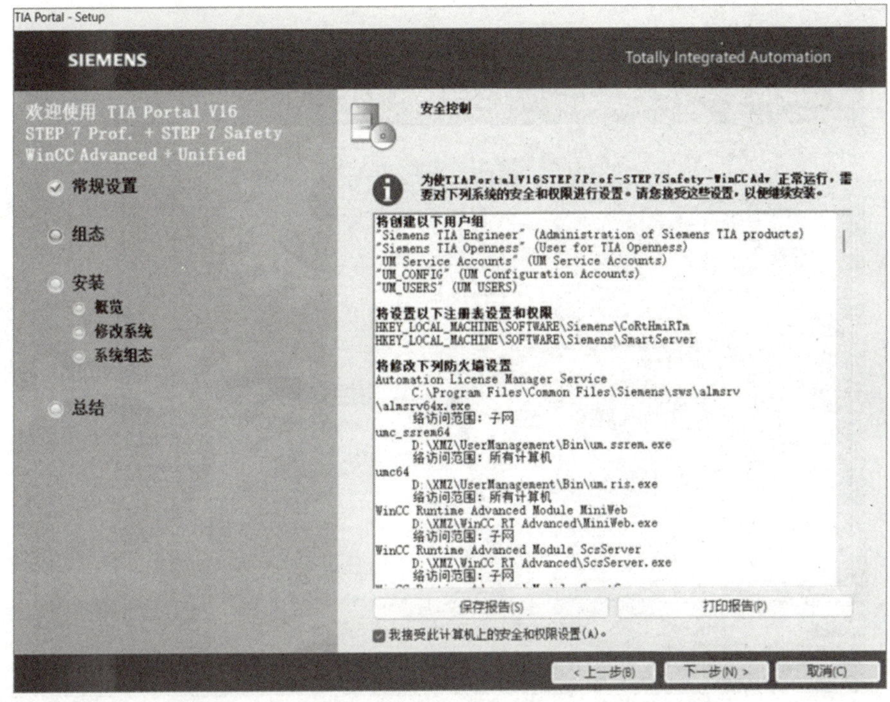

图 1-29　勾选“我接受此计算机上的安全和权限设置”

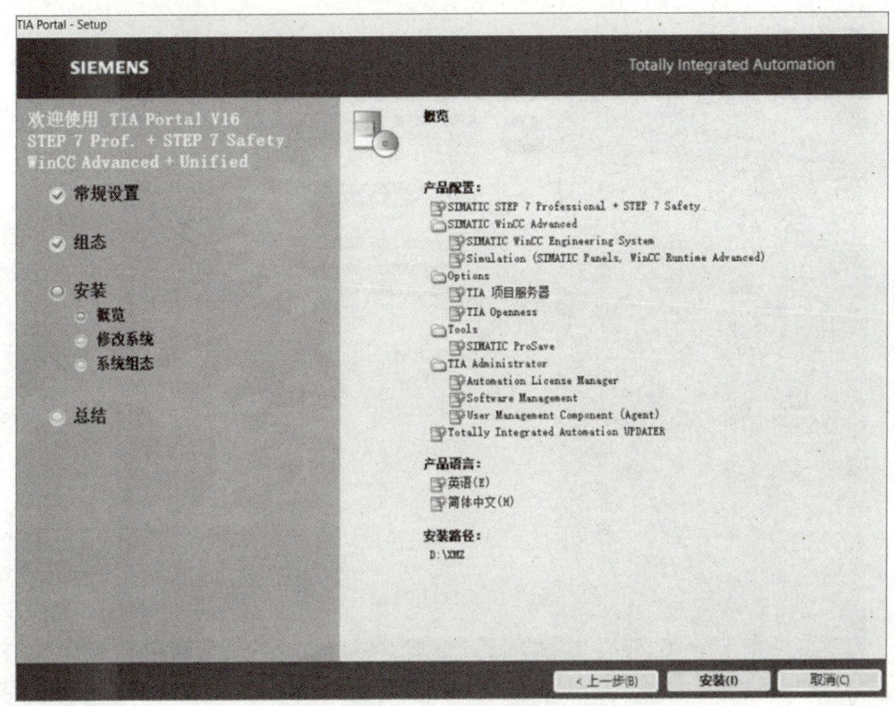

图 1-30　单击“安装”按钮

步骤 16：安装中，请耐心等待安装完成，如图 1-31 所示。

步骤 17：安装完成后，选择“否，稍后重启计算机”，单击“关闭”按钮，如图 1-32 所示。

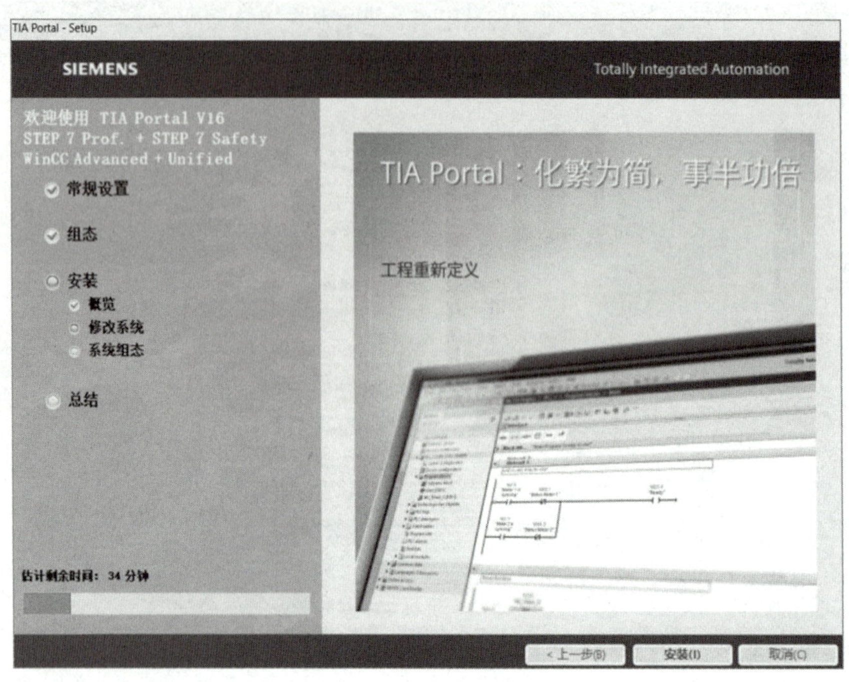

图 1-31　安装进度条显示界面

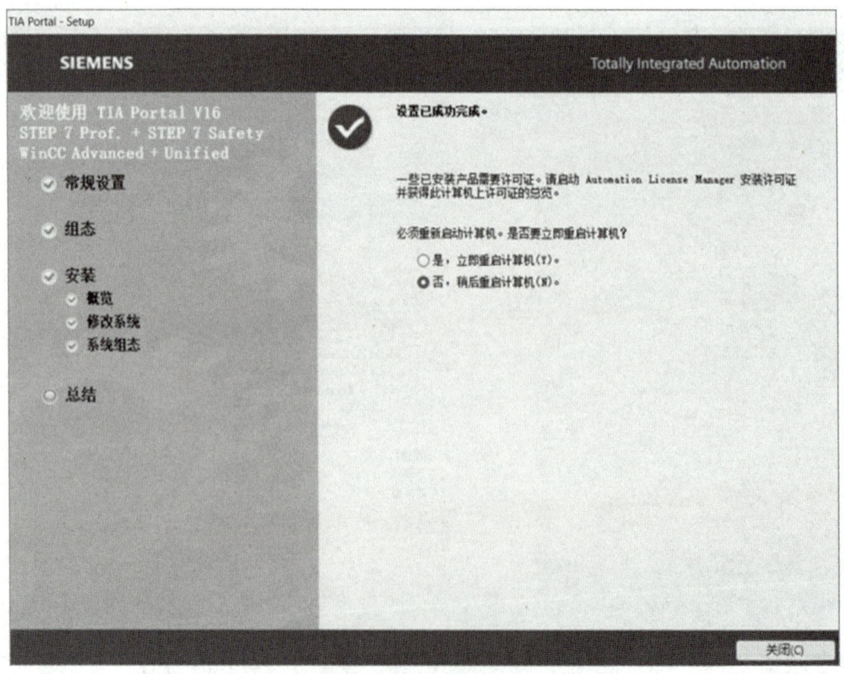

图 1-32　选择“否，稍后重启计算机”

步骤 18：重复步骤 3 ～步骤 6 的操作。

步骤 19：打开“SIMATIC_S7PLCSIM_V16”文件夹，如图 1-33 所示。

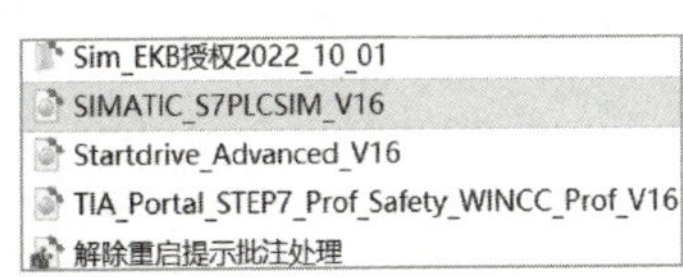

图 1-33　打开“SIMATIC_S7PLCSIM_V16”文件夹

步骤 20：参考步骤 8 ～步骤 17 的操作完成“SIMATIC_S7PLCSIM_V16”文件夹中程序的安装。

注意：TIA Portal V16 软件存在多个版本，低版本软件打不开高版本软件生成的工程文件。

3. TIA Portal V16 视图页面的功能及操作

双击桌面图标启动 TIA Portal V16。

步骤 1：依次单击“启动”→“创建新项目”，输入项目名称“点动控制”，最后单击“创建”按钮完成新项目的创建，如图 1-34 所示。

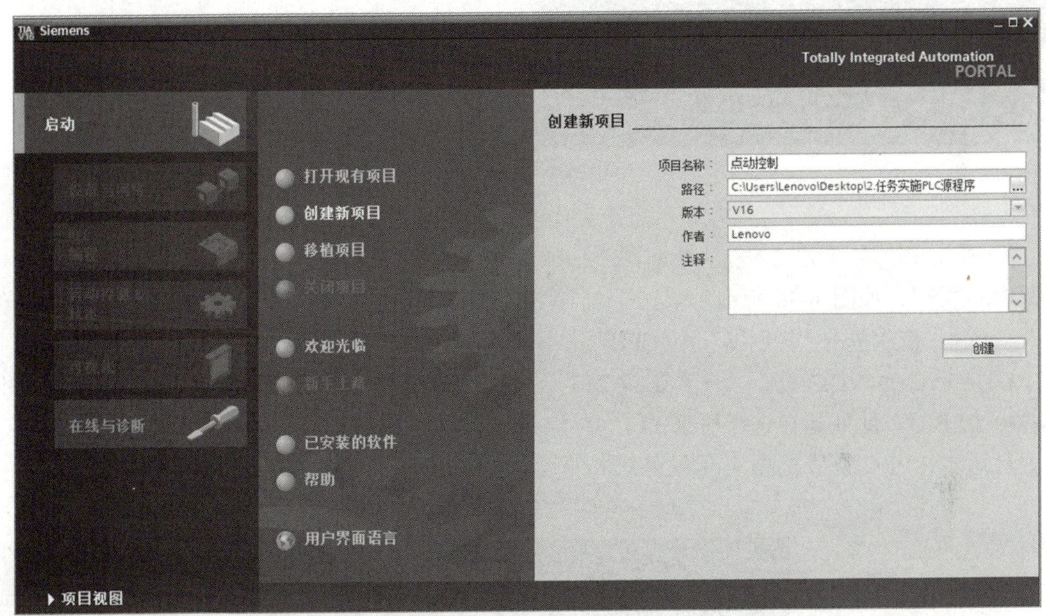

图 1-34　新项目创建界面

新项目创建界面说明见表 1-6。

步骤 2：依次单击“新手上路”→“组态设备”进行设备组态，如图 1-35 所示。

表 1-6　新项目创建界面说明

项目名称	项目名称就是本项目的名字，例如“点动控制”
路径	路径就是本项目保存在计算机中的位置，例如保存在 D 盘的“西门子 PLC”文件夹里
版本	版本就是当前所使用的软件版本，例如“V16”就是 TIA Portal V16
作者	作者就是计算机用户名

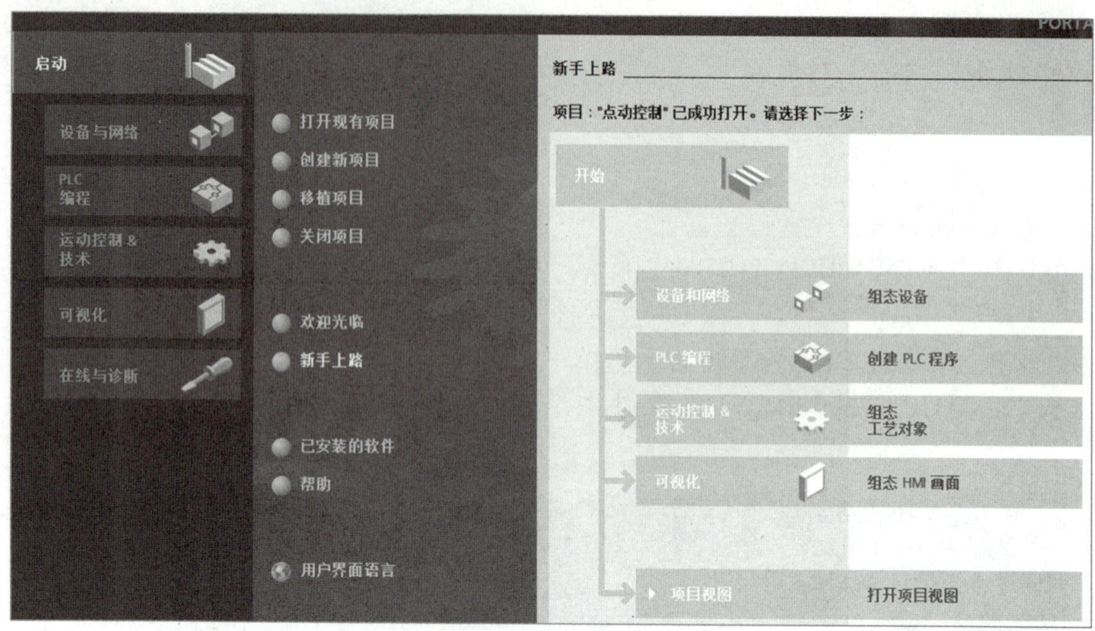

图 1-35　组态设备

步骤 3：依次单击"设备与网络"→"添加新设备"，如图 1-36 所示。

步骤 4：依次单击"控制器"→"CPU"→"CPU 1215C DC/DC/DC"→"6ES7 215-1AG40-0XB0"。此处是在选择所需 PLC 型号与固件版本（PLC 型号根据实际硬件进行选择），本任务选择 CPU 1215C DC/DC/DC 和 6ES7 215-1AG40-0XB0。单击"添加"按钮完成控制器的添加，如图 1-37 所示。

步骤 5：添加完成后，进入项目视图，如图 1-38 所示。

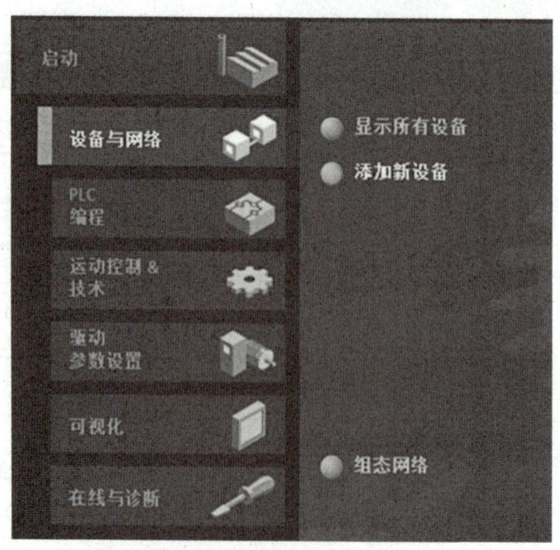

图 1-36　添加新设备

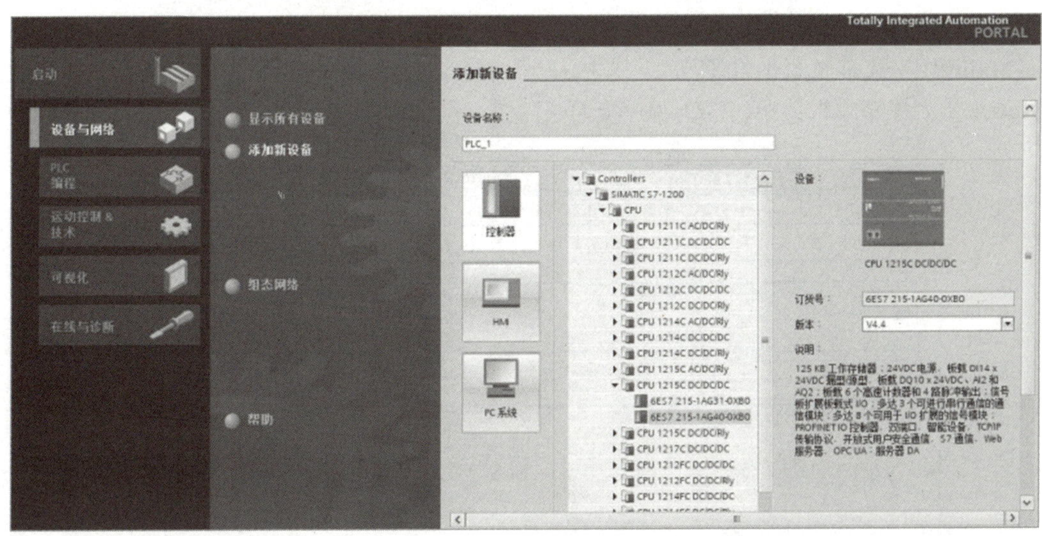

图 1-37　添加控制器

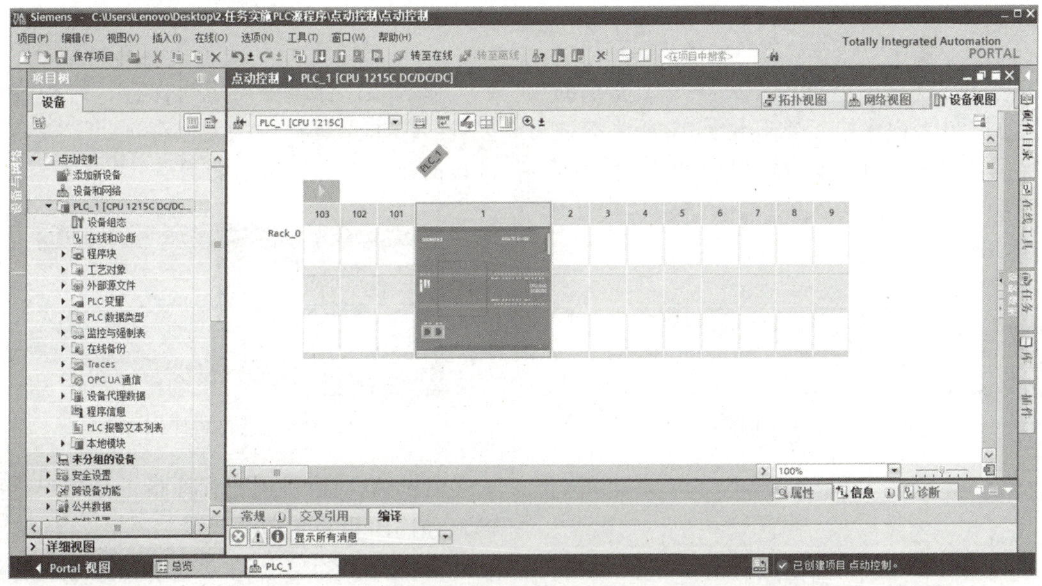

图 1-38　项目视图

4. 简单程序的创建与运行监视

步骤 1：简单程序的创建。在项目树中：依次单击“PLC_1[CPU 1215C DC/DC/DC]”→“程序块”，双击“Main[OB1]”，如图 1-39 所示。

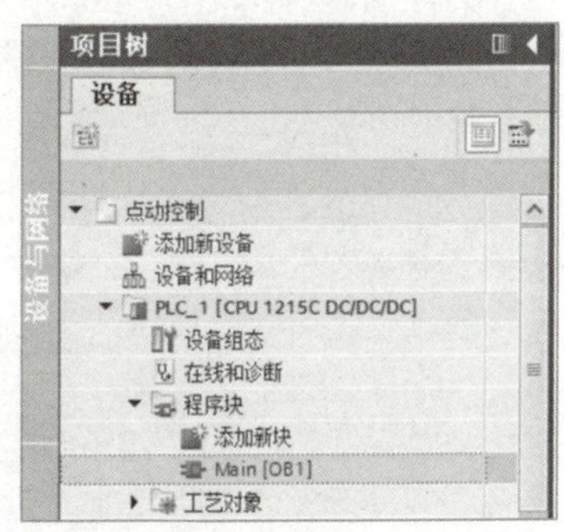

图 1-39　简单程序的创建

步骤 2：打开 Main 程序界面。

Main 程序界面如图 1-40 所示，其中①为目录，②为程序编辑菜单，③为程序变量，④为“收藏夹”按钮（可通过修改收藏夹内容增加或者减少指令），⑤为程序内容。

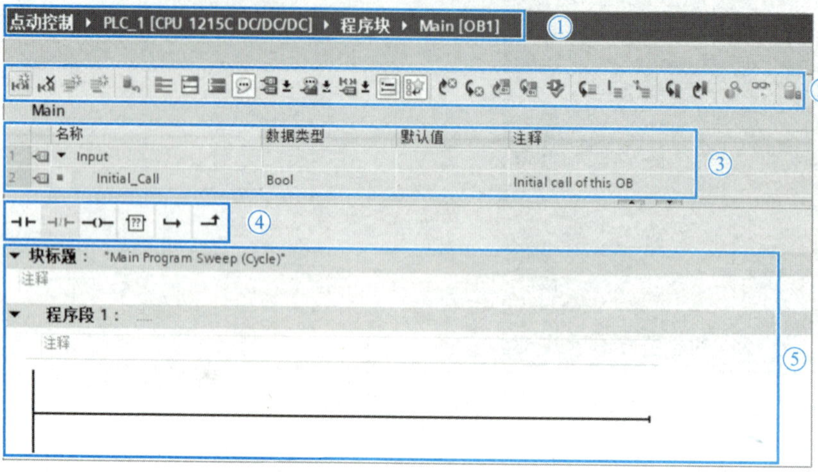

图 1-40　Main 程序界面

步骤 3：在用户程序中创建一个简单的“点动控制”程序段。常开触点在开关接通时提供信号流（电流），在“收藏夹”中单击常开触点⊣⊢，将常开触点插入到程序段中，如图 1-41 所示。

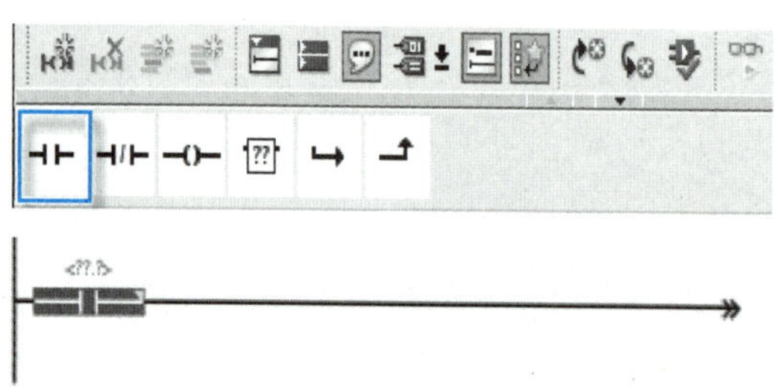

图 1-41　插入常开触点

步骤 4：信号流流过一个触点来为线圈通电，单击线圈–( )–，将线圈插入到程序段中，如图 1-42 所示。

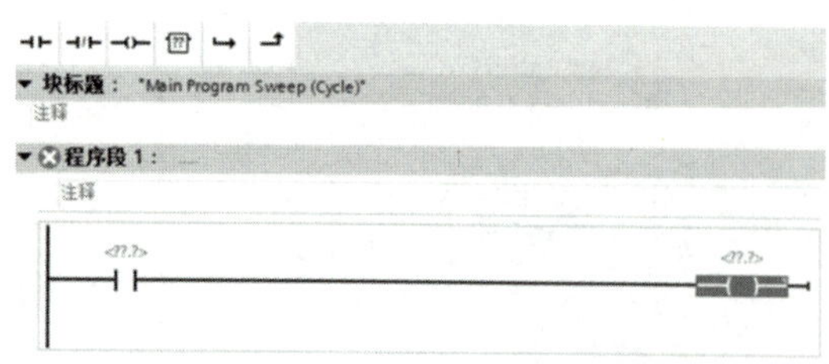

图 1-42　线圈插入程序段中

步骤 5：程序要不定时保存，避免程序丢失。单击工具栏中的“保存项目”按钮来进行保存工作，如图 1-43 所示。

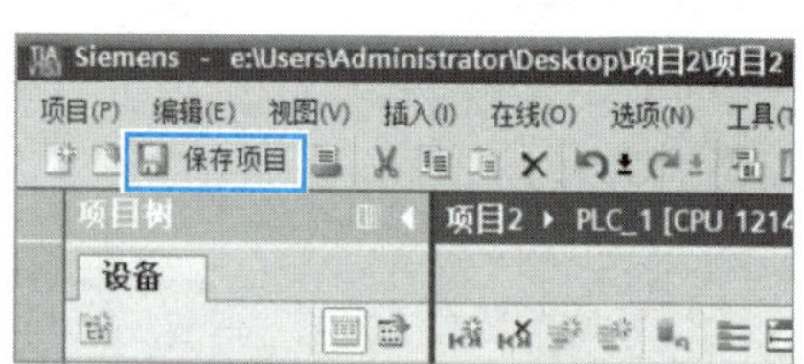

图 1-43　进行程序保存

下面将创建将用户程序指令与用户程序输入和输出相关联的“变量”。

步骤 6：为指令输入变量和地址，将触点和线圈与 CPU 的输入和输出关联，为这些地址创建 PLC 变量。选择常开触点并双击“<??.?>”，如图 1-44 所示。输入地址“I0.0”为该输入创建默认变量，如图 1-45 所示。为线圈输入一个输出地址“Q0.0”，如图 1-46 所示。

图 1-44　选择常开触点并双击“<??.?>”

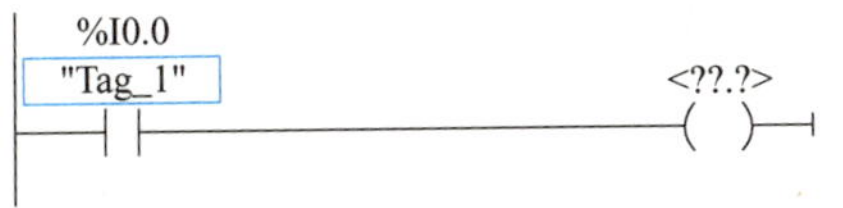

图 1-45　输入地址“I0.0”

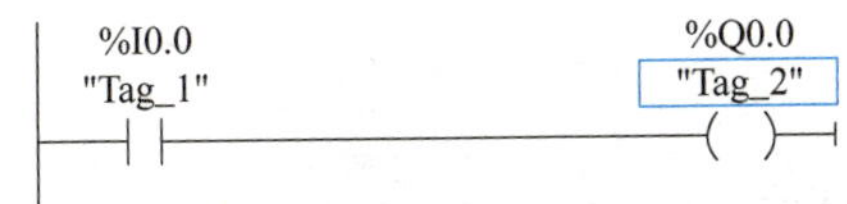

图 1-46　为线圈输入一个输出地址“Q0.0”

此时，程序输入和输出已关联变量地址。

步骤 7：给变量地址备注名称。右击指令（触点或线圈），然后从快捷菜单中选择“重命名变量”，在“名称”下输入“On”，如图 1-47 和图 1-48 所示。

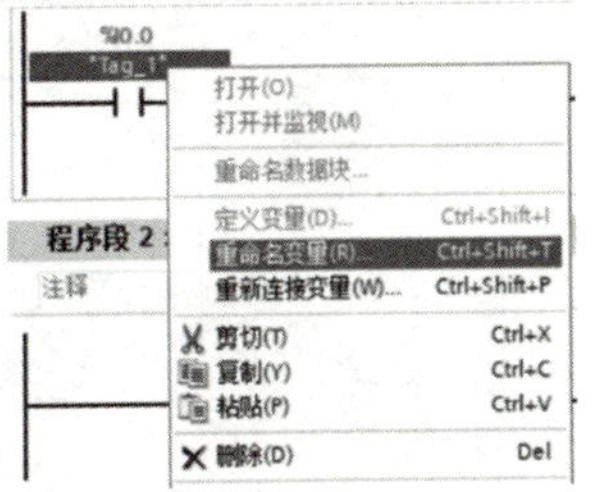

图 1-47　重命名变量

图 1-48　输入变量名称

步骤 8：将变量名称“Tag_1”（I0.0）改为“On”后，再将变量名称“Tag_2”（Q0.0）改为“Run”，如图 1-49 所示。

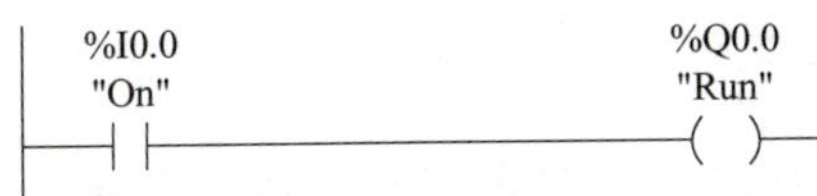

图 1-49　更改变量名称

步骤 9：TIA Portal V16 将变量保存在变量表中，可直接从变量表输入指令的变量名称，如图 1-50 所示。

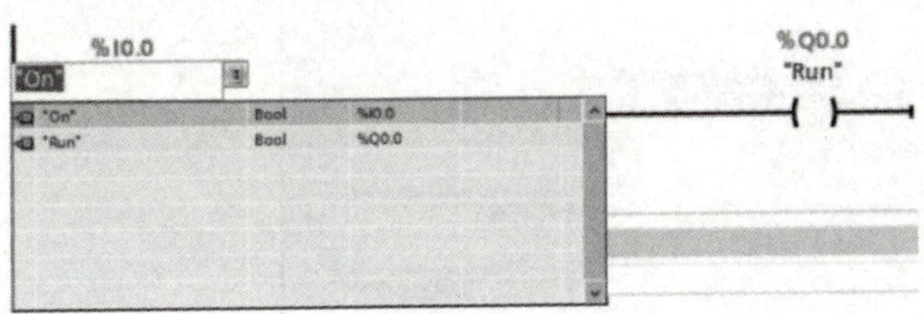

图 1-50　输入指令的变量名称

步骤 10：程序要不定时保存，避免程序丢失。单击工具栏中的“保存项目”按钮来进行保存工作，如图 1-51 所示。

图 1-51　保存项目

步骤 11：需要将写好的 PLC 程序下载到 PLC 中。

单击项目树中的“PLC_1[CPU 1215C DC/DC/DC]”，单击“下载”按钮，将程序下载到 PLC 中，如图 1-52 所示。

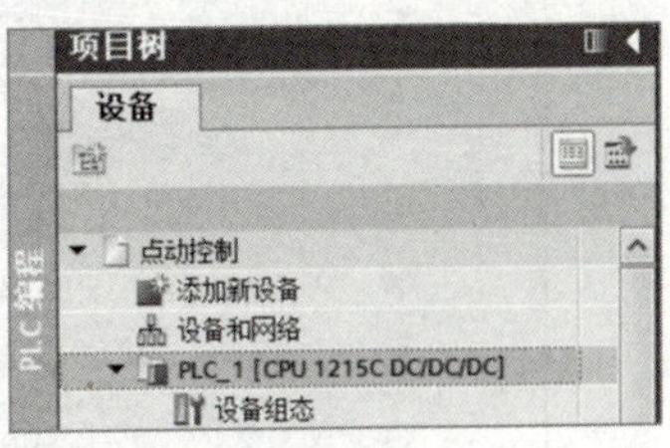

图 1-52　下载程序到 PLC 中

选择需要下载的 PLC，将组态及程序下载到相对应地址的 PLC 中，具体步骤如图 1-53 所示。其中，第①步为查看目标 PLC，第②步为设置 PLC 与计算机连接的端口，第③步为选择目标设备类型，第④步为单击“开始搜索”按钮，第⑤步为选择可以下载的 PLC 设备。

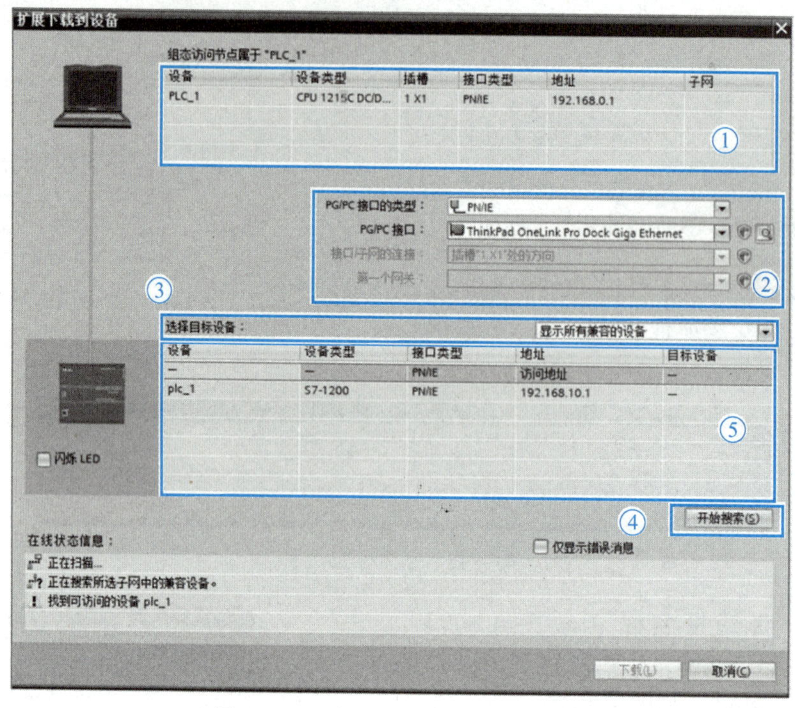

图 1-53　选择需要的 PLC 进行下载

PLC 运行时无法直接下载程序，所以需要在“停止模块”处选择“全部停止”后单击“装载”按钮才可以下载程序，如图 1-54 所示。

步骤 12：程序下载完成后，单击“监视”按钮监视程序运行，如图 1-55 所示。

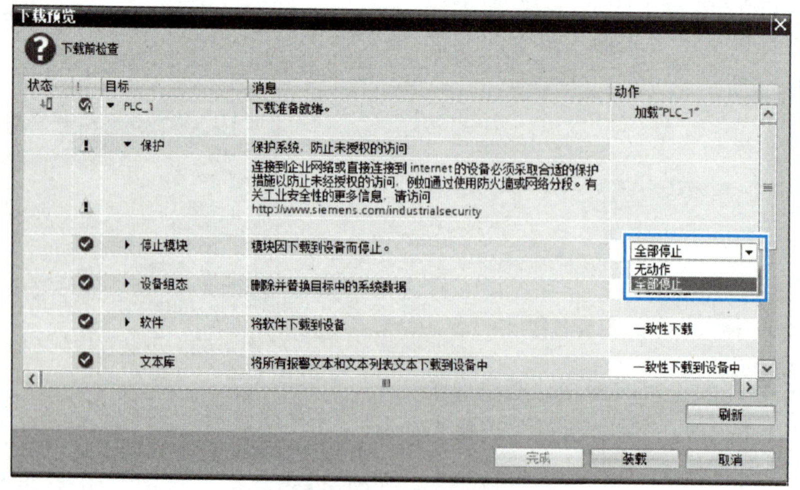

图 1-54　装载到 PLC

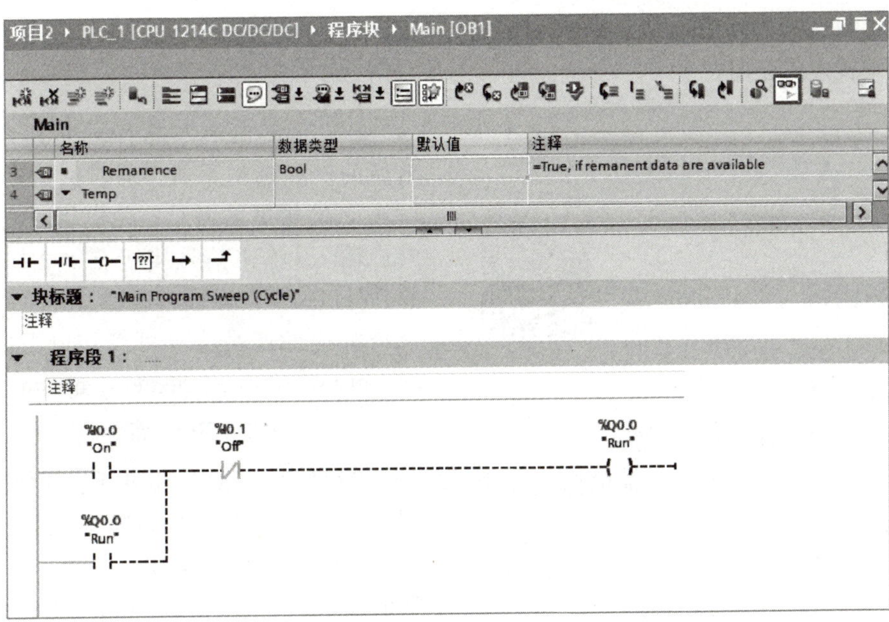

图 1-55　“监视”按钮

任务总结

1）掌握安装 TIA Portal V16 软件前的准备工作。

2）掌握从资源包中下载 TIA Portal V16 的方法，并进行解压和安装。

3）掌握简单程序的创建与运行监视。

任务评价

任务评价见表 1-7。

表 1-7　任务评价

评价内容	评价标准	配分	得分
下载博途软件	正确下载教材资源包中的 TIA Portal V16 软件安装包	10	
安装博途软件	正确安装 TIA Portal V16 软件	20	
TIA Portal V16 视图页面的功能及操作	熟练掌握 TIA Portal V16 视图页面的功能及操作	30	
创建工程项目	熟练掌握工程项目的创建	10	
创建简单程序	能够完成简单程序的创建	20	
程序运行监视	能够完成简单程序的运行监视	10	

每课寄语

心心在一艺，其艺必工；心心在一职，其职必举。

拓展练习

1）在自己的计算机上安装 TIA Portal V16。

2）查阅资料，了解 TIA Portal V16 视图页面在编程中的应用。

任务 3　认识 S7-1200 PLC

任务目标

1. 知识目标

1）了解 S7-1200 PLC 产品。

2）了解 S7-1200 PLC 产品的命名原则及 CPU 参数。

3）了解 S7-1200 PLC 的扩展能力。

4）了解 S7-1200 PLC 的选型。

2. 技能目标

1）能阐述 S7-1200 PLC 各型号产品的特性。

2）能正确使用 S7-1200 PLC 的扩展模块。

3）能完成 S7-1200 PLC 的选型。

3. 素质目标

1）能与他人合作，培养团队合作精神。

2）形成不断学习、持续进步的习惯。

3）安全第一，预防为主。

任务布置

现有一台电子产品——自动装配机，请为该设备的 PLC 选型。设备有起动、停止、复位、急停 4 个按钮，4 个磁性开关，1 个有料检测光电开关，1 个到位检测光电开关，1 个三色灯，4 个气缸，1 个伺服电动机。

设备动作说明：装配机从输送带上取料然后放到加工位进行装配，装配完成后装配机取料放到码垛工位。

任务分析

S7-1200 PLC 产品样本是西门子公司出品的产品选型手册，通过阅读产品样本，对 PLC 的扩展能力、各种模块的技术规范、PLC 输入 / 输出信号接线有一个初步认识，并且可以按照产品样本选型。

相应的产品样本可以在以下网址中查阅：https://www.ad.siemens.com.cn。

1. S7-1200 PLC 简介

S7-1200 PLC 使用灵活、功能强大，可用于控制各种各样的设备满足自动化需求。S7-1200 PLC 设计紧凑、组态灵活且具有功能强大的指令集，这些特点的组合使它成为控制各种应用的完美解决方案。CPU 将微处理器、集成电源、输入和输出电路、内置 PROFINET、高速运动控制 I/O 以及板载模拟量输入组合到一个设计紧凑的外壳中来形成功能强大的控制器。在下载用户程序后，CPU 将包含监控应用中设备所需的逻辑。CPU 根据用户程序逻辑监视输入并更改输出，用户程序可以包含布尔逻辑、计数、定时、复杂数学运算以及与其他智能设备的通信。

CPU 提供一个 PROFINET 端口用于通过 PROFINET 网络进行通信，还可使用附加模块通过 PROFIBUS、GPRS、RS-485 或 RS-232 网络进行通信。在西门子 S7-1200 PLC 基本单元 I/O 点数不足或需要用到特殊模拟量输入 / 输出时，可通过添加“数字量输入 / 输出”“模拟量输入 / 输出”扩展模块来完成系统的控制。西门子 S7-1200 PLC 系统模块如图 1-56 和图 1-57 所示。

2. S7-1200 系列 PLC 产品的命名原则及 CPU 参数

（1）S7-1200 系列 PLC 产品的命名原则　为满足各种控制要求的需要，S7-1200 PLC 具有丰富的产品线，除 CPU 外还有各种通信模块、信号模块、信号板以及 CPU 电源等。不管是 CPU 还是各种扩展模块，都有其命名原则，整个命名原则主要分为三部分，如图 1-58 所示。

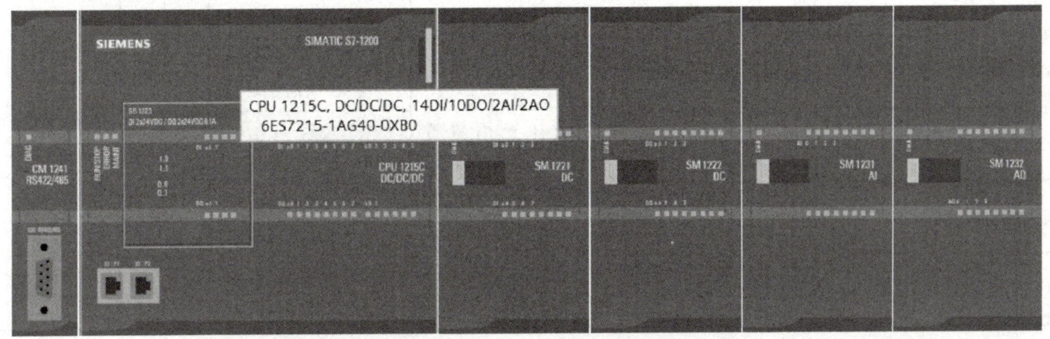

图 1-56　西门子 S7–1200 PLC 系统模块（1）

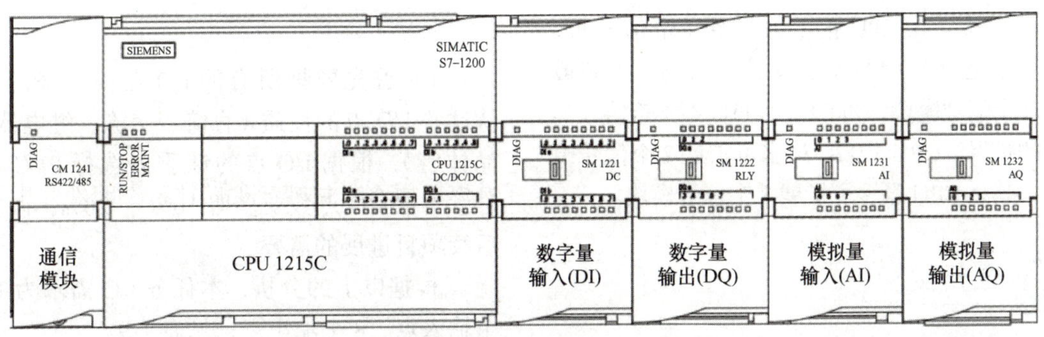

图 1-57　西门子 S7–1200 PLC 系统模块（2）

CPU 1215C DC/DC/DC

①　②③　④　⑤　⑥

图 1-58　产品命名原则

① 模块标识符：例如 CPU、PM、SM、SB、CM 等，其中 CPU 代表中央处理器模块，PM 代表电压模块，SM 代表信号模块，SB 代表信号板，CM 代表通信模块。

② PLC 系列：12 代表 1200 系列，15 代表 1500 系列。

③ 各数值含义：第 1 位数字代表不同的模块，其中 1 代表 CPU 模块，2 代表数字量模块，3 代表模拟量模块，4 代表通信模块；第 2 位数字代表不同型号的产品；第 3 位代表设计类型或功能特性，如 C 代表紧凑型设计。

④ CPU 供电电压：DC 代表直流 24V 供电 AC 代表交流 220V 供电。

⑤ 输入信号供电：DC 代表输入信号为 24V 供电。

⑥ CPU 的输出型号：DC 代表晶体管输出型，RLY 代表继电器输出型。

（2）CPU 基本参数说明　S7–1200 PLC 的 CPU 主要有 CPU 1211C、CPU 1212C、CPU 1214C、CPU 1215C 等型号，各型号 CPU 的基本参数见表 1-8。

表 1-8　各型号 CPU 的基本参数

CPU 型号	AI/AQ	DI/DQ	脉冲	高速计数器	可扩展	网口	类型
CPU 1211C	2/0	6/4	最多可组态 4 个任意内置或 SB 输出的脉冲输出	最多可组态 6 个任意内置或 SB 输入的高速计数器	0 信号模块 +1 信号板 +3 通信模块	1	AC/DC/RLY DC/DC/DC DC/DC/RLY
CPU 1212C	2/0	8/6			2 信号模块 +1 信号板 +3 通信模块	1	
CPU 1214C	2/0	14/10			8 信号模块 +1 信号板 +3 通信模块	1	
CPU 1215C	2/2	14/10			8 信号模块 +1 信号板 +3 通信模块	2	
CPU 1217C	2/2	14/10			8 信号模块 +1 信号板 +3 通信模块	2	

3. S7-1200 PLC 的扩展能力

每个 CPU 都可支持在左侧扩展最多 3 个通信模块，在 CPU 正上方扩展 1 个信号板，但并不是每个 CPU 都能支持在右侧扩展到最多 8 个信号模块，如 CPU 1211C 不支持信号模块的扩展，CPU 1212C 最多可扩展 2 个信号模块，其余 CPU 最多可扩展 8 个信号模块。

任务实施

当项目确认由 PLC 来完成控制后，接下来要解决西门子 S7-1200 系列 PLC 的选型问题。

1. I/O 选择

1）首先要把所有的 I/O 点找出来，确认这些 I/O 点的性质（直流、交流、继电器、晶体管），根据 I/O 点的性质去选择 PLC 型号。一般 I/O 点数要多留 10% ～ 20%，以备后续项目进展的需要。

根据以上的分析，本任务 I/O 需求为 10 个输入点、8 个输出点，见表 1-9。

表 1-9　I/O 需求

输入		输出	
电器	地址	电器	地址
起动按钮	I0.0	三色灯绿灯	Q0.0
停止按钮	I0.1	三色灯黄灯	Q0.1
复位按钮	I0.2	三色灯红灯	Q0.2
急停按钮	I0.3	气缸 1	Q0.3
磁性开关 1	I0.4	气缸 2	Q0.4
磁性开关 2	I0.5	气缸 3	Q0.5
磁性开关 3	I0.6	气缸 4	Q0.6
磁性开关 4	I0.7	伺服电动机	Q0.7
有料检测光电开关	I1.0		
到位检测光电开关	I1.1		

2）然后要考虑程序步数问题，程序步数和占用 I/O 点数、模拟量 I/O 点数、用户编程水平等紧密关联。

根据以上对 I/O 点数的需求来分析，可选用的 S7-1200 PLC 的 CPU 型号有 CPU 1214C、CPU 1215C、CPU 1217C；不可选用的 S7-1200 PLC 的 CPU 型号有 CPU 1211C（数字量 I/O 点数分别为 6 点输入 /4 点输出）、CPU 1212C（数字量 I/O 点数分别为 8 点输入 /6 点输出），它们不满足本任务对数字量 I/O 点数的要求。

2. 模块选择

根据任务分析，基本模块能够满足控制需求，所以无须再选用扩展模块。根据以上对 PLC 模块的需求来分析，可选用的 S7-1200 PLC 的 CPU 型号有 CPU 1214C、CPU 1215C、CPU 1217C。

3. CPU 输出型号选择

根据任务分析，伺服电动机需要使用能够发送脉冲的 S7-1200 PLC，所以可选用的 S7-1200 PLC 型号有 CPU 1214C DC/DC/DC、CPU 1215C DC/DC/DC、CPU 1217C DC/DC/DC。

4. 网口选择

根据任务分析，需用到 1 个网口，所以可选用的 S7-1200 PLC 型号有 CPU 1214C DC/DC/DC、CPU 1215C DC/DC/DC、CPU 1217C DC/DC/DC。

5. 经济成本因素

因考虑到经济成本因素，在同样能达到控制要求及稳定性相差不大的情况下，一般选用经济实惠的 PLC 产品，所以可选用的 S7-1200 PLC 型号有 CPU 1214C DC/DC/DC、CPU 1215C DC/DC/DC。

综合选型见表 1-10。

表 1-10　综合选型

序号	名称	型号 / 规格	数量	单位
1	PLC 系列	S7-1200	1	套
2	CPU	1215C	1	套
3	CPU 供电电压	DC 24V	1	—
4	输入信号供电	DC 24V	1	—
5	CPU 的输出型号	DC	1	—
6	数字量输入	DI	14	点
7	数字量输出	DQ	10	点
8	网口	PROFINET	2	套

综上所述，最后得出本任务选用的 S7-1200 PLC 型号为 CPU 1215C DC/DC/DC。

任务总结

了解 S7-1200 PLC 产品样本，了解 PLC 的扩展能力和各模块的技术规范，这是 PLC 选型的基础，要根据设备需求选择 I/O 模块、通信模块、模拟量模块等。

任务评价

任务评价见表 1-11。

表 1-11　任务评价

评价内容	评价标准	配分	得分
S7-1200 PLC 产品	能正确地阐述 S7-1200 PLC 各型号产品	10	
S7-1200 PLC 产品的命名原则及 CPU 参数	能明确知道 S7-1200 PLC 产品的命名原则及 CPU 参数	20	
S7-1200 PLC 的扩展能力	能正确地阐述 S7-1200 PLC 通信、信号等模块的扩展能力	20	
S7-1200 PLC 选型依据	能正确地描述 S7-1200 PLC 选型依据	20	
S7-1200 PLC 的选型	能完成 S7-1200 PLC 的选型	30	

每课寄语

秉持心无旁骛、严谨细致的匠心，摒弃“差不多”“大概其”心态，才能积累深厚专业知识，练就过硬专业技能。

拓展练习

通过本任务的学习，为以下设备来进行 PLC 选型。设备有起动、停止、复位、急停 4 个按钮，1 个三色灯，20 个磁性开关，7 个有料检测光电开关，5 个到位检测光电开关，10 个气缸，5 个伺服电动机，2 路变频器电压（模拟量输出）控制。

任务 4　S7-1200 PLC 的外部接线

任务目标

1. 知识目标

1）掌握 PLC 的两种输出类型及其特点。

2）掌握 PLC 的 I/O 接线类型。

2. 技能目标

1）按照 PLC 的 I/O 接线图进行正确接线。

2）比较不同类型的电器接入 PLC 的接线方式。

3. 素质目标

1）强化专业技能，提升自身的专业素质。

2）强化综合素质，培养探索创新实践的精神。

3）勤学苦练，技艺精湛。

任务布置

完成使用 PLC 控制工作台左右移运行以及输入 / 输出端的接线。

任务分析

S7-1200 PLC 产品样本是 PLC 的选型手册，通过阅读产品样本查找 CPU 1215C 的输入 / 输出信号接线。

S7-1200 PLC 主电源有 AC 与 DC 两种，AC 型的 L1 接入交流 220V 相线，N 接入交流 220V 中性线，DC 型的 L+ 接入直流 24V，M 接入直流 0V。

注意：根据国家标准，交流 220V 相线颜色为红色，中性线颜色为蓝色；直流 24V 导线颜色为棕色，直流 0V 导线颜色为蓝色。

S7-1200 PLC 输入类型均为 DC，由 1M 决定 DI 信号电平的高低。

S7-1200 PLC 输出类型有 RLY 与 DC 两种。

RLY 型 PLC 只能直接驱动 2A 以下的交流和直流负载，例如常见的电磁阀、继电器，如果驱动的负载大于 2A，则可通过使用中间继电器进行信号中转控制，但其触点的寿命较短，响应速度慢。

DC 型 PLC 只能驱动 0.5A 以下的直流负载，响应速度快，一般应用于输出高速脉冲，可以控制步进或伺服电动机。

CPU 1215C AC/DC/RLY、CPU 1215C DC/DC/RLY、CPU 1215C DC/DC/DC 三种类型 PLC 的接线图如图 1-59 ～图 1-61 所示。

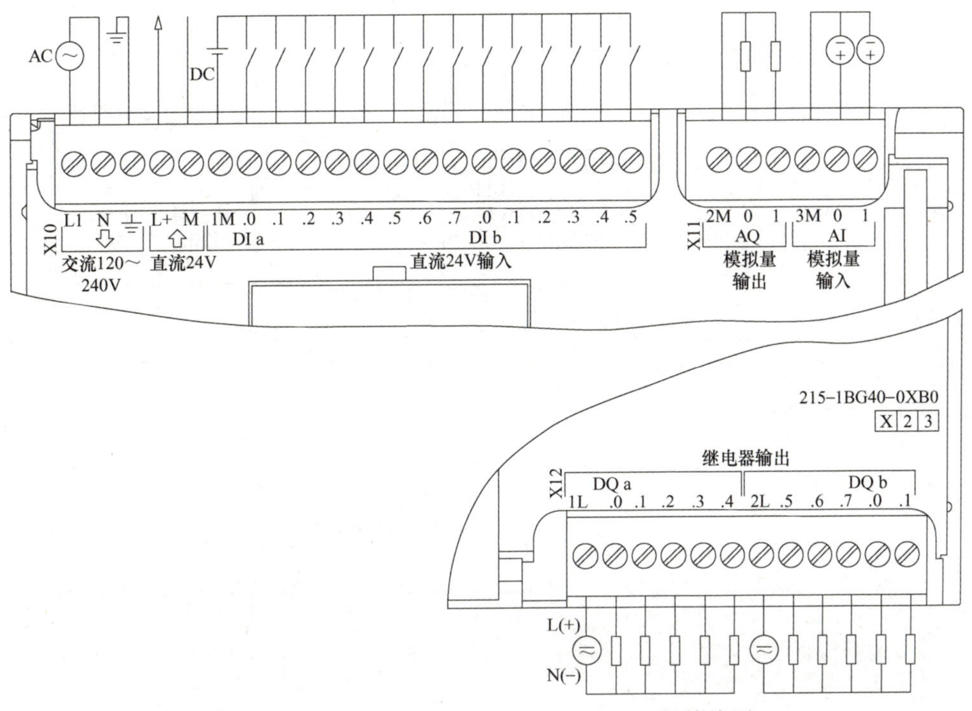

图 1-59 CPU 1215C AC/DC/RLY 型 PLC 的接线图

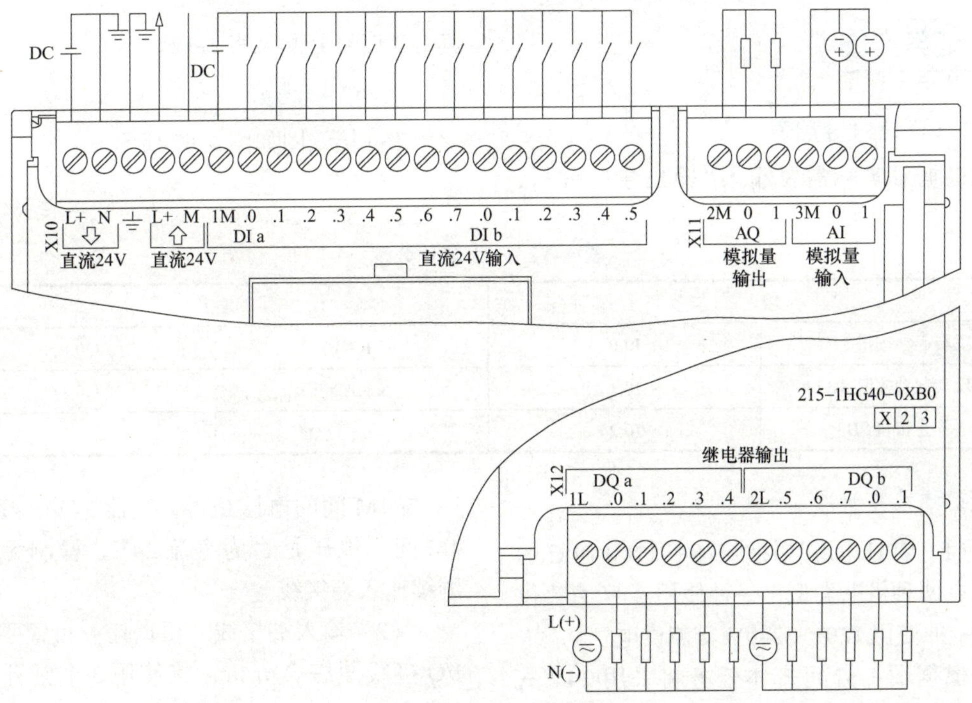

图 1-60 CPU 1215C DC/DC/RLY 型 PLC 的接线图

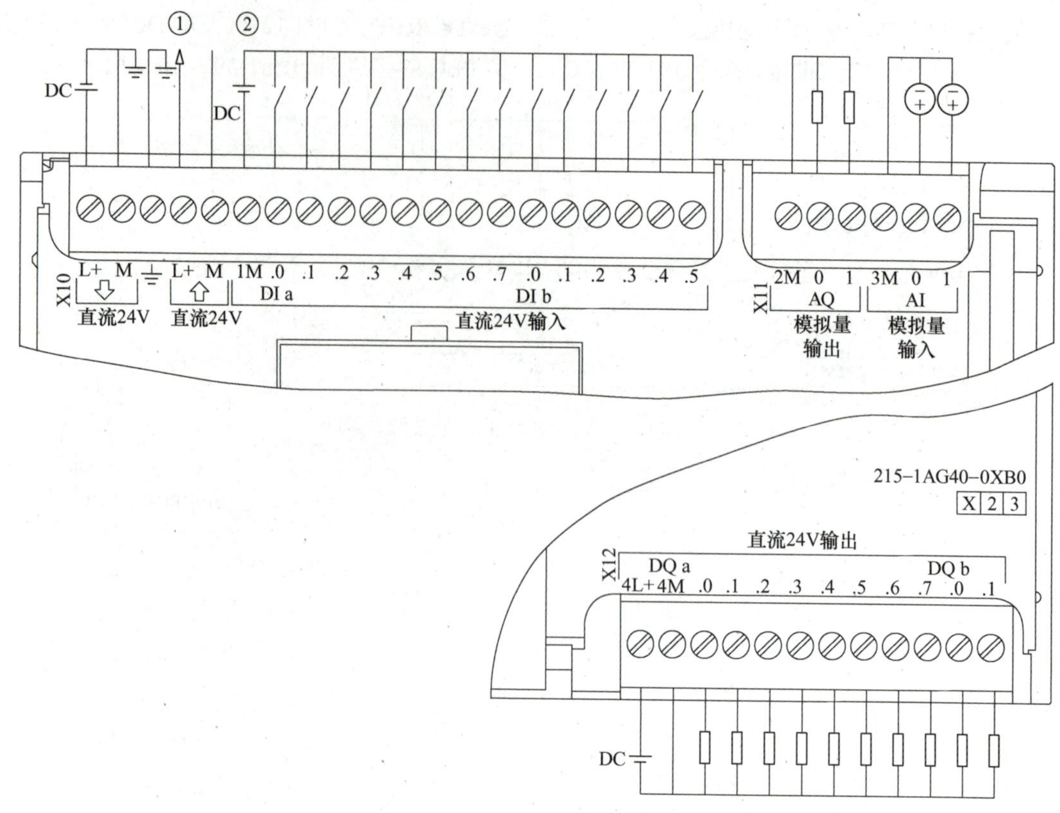

图 1-61　CPU 1215C DC/DC/DC 型 PLC 的接线图

任务实施

1. I/O 信号分配表

根据对实际需要输入 / 输出量的分析，其 I/O 信号分配见表 1-12。

2. I/O 接线图

I/O 接线图如图 1-62 所示。

表 1-12　I/O 信号分配

输入		输出	
正转起动按钮 SB1	I0.0	KA1	Q0.0
反转起动按钮 SB2	I0.1	KA2	Q0.1
停止按钮 SB3	I0.2		

3. 接线及排故

（1）CPU 电源端接线　S7-1200 PLC 的 CPU 有两种供电类型，一种使用 24V 直流供电，一种使用 120 ~ 240V 交流供电。

根据图 1-62 可知本任务将采用 24V 直流电源，将 L+、4L+ 接入 24V，M、1M、4M 接入 0V，并通过万用表检测 L+ 与 M 或 L+ 与 1M 间的电压是否为直流 24V，4L+ 与 4M 间的电压是否为直流 24V，检测无误后继续输入端接线。

（2）输入端接线　根据任务布置要求和 I/O 接线图综合分析，将使用 3 个常开型按钮与 PLC 输入端进行连接，分别将按钮 SB1 接入 I0.0 输入端、按钮 SB2 接入 I0.1 输入端、按钮 SB3 接入 I0.2 输入端，3 个按钮的另一端同时接入直流 24V，并通过万用表检测各按钮和各输入端的通断情况，以及各按钮与直流 24V 间的通断情况，检测无误后继续输出端接线。

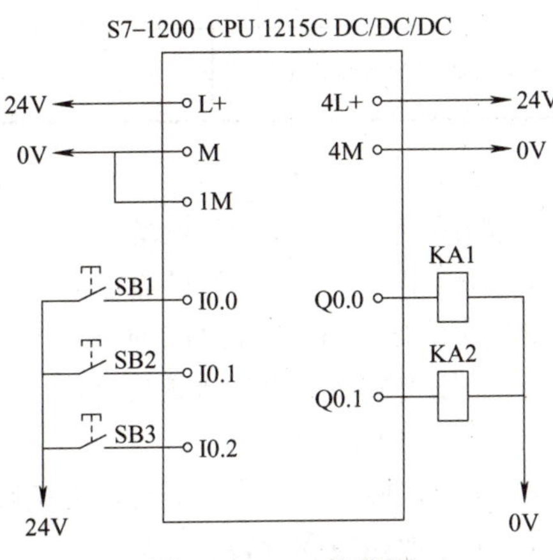

图 1-62　I/O 接线图

（3）输出端接线　根据任务布置要求和 I/O 接线图综合分析，将使用 2 个中间继电器与 PLC 输出端进行连接，分别将 KA1 的 14 号引脚接入 Q0.0 输出入端、KA2 的 14 号引脚接入 Q0.1 输出入端，KA1 和 KA2 的 13 号引脚同时接入 0V，各引脚如图 1-63 所示。通过万用表检测各中间继电器引脚和各输出端的通断情况，以及各引脚与 0V 间的通断情况，检测无误后继续输出端接线。

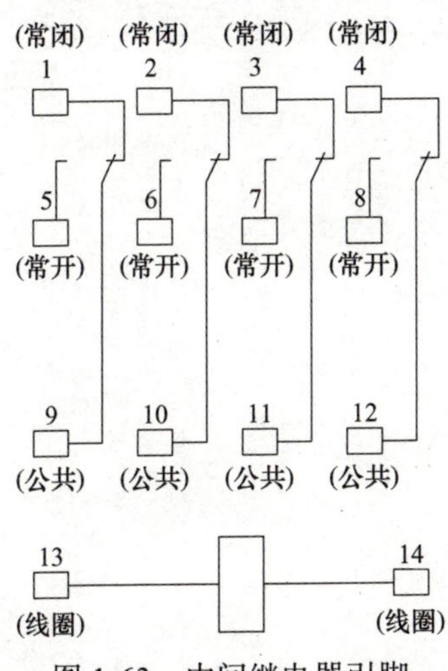

图 1-63　中间继电器引脚

中间继电器说明：

14 号引脚为电源正极，13 号引脚为电源负极。

共 4 路，9、5、1 为一路，10、6、2 为一路，11、7、3 为一路，12、8、4 为一路。

9 为公共端 COM，5 为常开端 NO，1 为常闭端 NC。

通电前，9 和 5 之间断路，9 和 1 之间通路；通电后，9 和 5 之间通路，9 和 1 之间断路。

同理，10 为 COM，6 为 NO，2 为 NC；11 为 COM，7 为 NO，3 为 NC；12 为 COM，8 为 NO，4 为 NC。

注意：4 路互为独立，通电之后常开端与常闭端马上改变。

任务总结

电气接线一般要先根据电气工程师设计好的图样进行元器件布局，然后根据公司制定的工艺标准进行装配。装配工艺水平的高低，在很大程度上影响着整台设备的安全性和可靠性。因此，想要成为一名合格的装配工程师，就必须熟悉电气装配的相关工艺规定和要求。接线工艺要求如下：

1）电线剥皮长度适中，不能过长或者过短。

2）剥线口要和端子口平齐。

3）端子压线要牢固无松动，铜丝不超过端面。

4）强电接线要使用绝缘端子。

5）号码套管方向正确，从左往右、从下往上方向一致（按公司的实际规定）。

6）单芯线颜色按客户要求。

7）并线要使用并线端子，同一接线处最多只能接 2 根线。

任务评价

任务评价见表 1-13。

表 1-13 任务评价

评价内容	评价标准	配分	得分
PLC 的两种输出类型及其特点	能正确阐述 S7-1200 PLC 的两种输出类型及其特点	20	
PLC 的 I/O 接线类型	能够正确区分 S7-1200 PLC 的 I/O 接线类型	20	
PLC 控制工作台左右移运行，以及输入 / 输出端的接线	能根据任务要求完成 S7-1200 PLC 输入 / 输出端的接线	40	
比较不同类型的电器接入 PLC 的接线方式	能正确比较区分不同类型的电器接入 PLC 的接线方式	20	

每课寄语

企业 9S 管理：整理、整顿、清扫、清洁、节约、安全、服务、满意、素养。

拓展练习

1. 选择题

1）用万用表检测单条线路时，电阻值显示为无穷大。表示该条线路可能（　　）。

A. 断路　　B. 短路

C. 未通电　　D. 已通电

2）使用螺丝刀拧螺钉时要（　　）。

A. 先用力旋转，再插入螺钉槽口

B. 始终用力旋转

C. 先确认插入螺钉槽口，再用力旋转

D. 不停地插拔和旋转

2. 简答题

电气装配中有哪些不当操作可能会导致电器烧毁？

项目 2　TIA 博途软件使用入门及基础程序设计

TIA 博途（TIA Portal）的全称为全集成自动化软件 TIA Portal，是西门子工业自动化集团发布的一款革命性的全集成自动化软件。它作为业内首个采用统一工程组态和软件项目环境的自动化软件，为用户提供了快速、直观开发和调试自动化系统的平台。本项目将介绍 TIA 博途软件的基础使用方法和基础程序设计流程。

任务 1　传送带连续运行程序设计

任务目标

1. 知识目标

1）掌握基础指令的应用。

2）掌握电动机连续控制程序的编写。

2. 技能目标

1）完成电动机连续运行输入 / 输出端的接线。

2）完成电动机连续运行 PLC 程序的编写。

3. 素质目标

1）能与他人合作完成资料查阅，培养团队合作精神。

2）培养勇于探索、创新实践的精神。

3）勤学苦练，技艺精湛。

任务布置

图 2-1 所示为物料传送带，要求按下起动按钮，传送带运行，物料进行输送；按下停止按钮，传送带停止运行。可以用 PLC 来实现该系统。

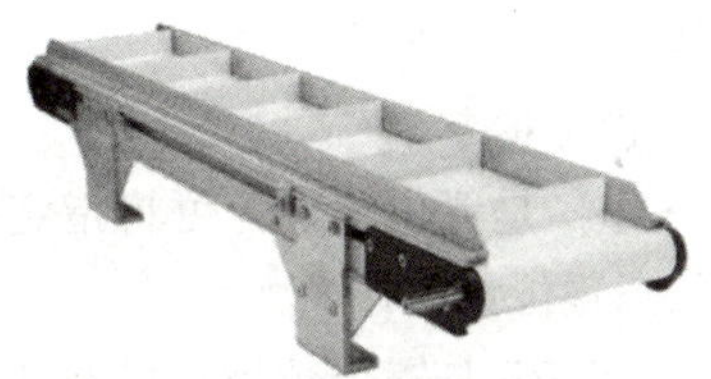

图 2-1　物料传送带

任务分析

1. 触点与线圈指令

常开与常闭触点指令类似继电器控制电路中操作按钮的常开与常闭触点。

（1）触点指令

1）⊣ ⊢是常开触点：当操作数的信号状态为“1”时，常开触点将关闭，同时输出的信号状态置位为输入的信号状态；当操作数的信号状态为“0”时，不会激活常开触点，同时该指令输出的信号状态复位为“0”。

2）⊣/⊢是常闭触点：当操作数的信号状态为“1”时，常闭触点将打开，同时该指令输出的信号状态复位为“0”；当操作数的信号状态为“0”时，不会启用常闭触点，同时将该输入的信号状态传输到输出。

3）⊣NOT⊢是取反 RLO：如果该指令输入的信号状态为“1”，则输出的信号状态为“0”；如果该指令输入的信号状态为“0”，则输出的信号状态为“1”。

（2）线圈指令

1）–( )–是线圈：如果线圈输入的逻辑运算结果（RLO）的信号状态为“1”，则将指定操作数的信号状态置位为“1”；如果线圈输入的信号状态为“0”，则指定操作数的位将复位为“0”。

2）–(/)–是赋值取反：将逻辑运算的结果（RLO）进行取反，然后将其赋值给指定操作数。线圈输入的 RLO 为“1”时，复位操作数；线圈输入的 RLO 为“0”时，操作数的信号状态置位为“1”。

2. 置位和复位指令

（1）置位指令

1）–(S)–是置位输出：可将指定操作数的信号状态置位为“1”。

2）SET_BF 是置位位域：可对从某个特定地址开始的多个位进行置位。

3）RS 是置位优先触发器：输入 S1 的优先级高于输入 R，当输入 R 和 S1 的信号状态均为“1”时，将指定操作数的信号状态置位为“1”。

（2）复位指令

1）–(R)–是复位输出：可将指定操作数的信号状态复位为“0”。

2）RESET_BF 是复位位域：复位从某个特定地址开始的多个位。

3）SR 是复位优先触发器：输入 R1 的优先级高于输入 S，当输入 S 和 R1 的信号状态均为“1”时，指定操作数的信号状态将复位为“0”。

3. 边沿检测指令

1）⊣P⊢是扫描操作数的信号上升沿：如果该指令检测到逻辑运算结果（RLO）从“0”变为“1”，则说明出现了一个上升沿。检测到信号上升沿时，信号状态将在一个程序周期内保持置位为“1”；在其他任何情况下，操作数的信号状态均为“0”。

2）⊣N⊢是扫描操作数的信号下降沿：如果该指令检测到逻辑运算结果（RLO）从“1”变为“0”，则说明出现了一个下降沿。检测到信号下降沿时，信号状态将在一个程序周期内保持置位为“1”；在其他任何情况下，操作数的信号状态均为“0”。

3）–(P)–是在信号上升沿置位操作数：将当前 RLO 与保存在边沿存储位中上次查询的 RLO 进行比较，如果该指令检测到 RLO 从“0”变为“1”，则说明出现了一个信号上升沿。

4）–(N)–是在信号下降沿置位操作数：将当前 RLO 与保存在边沿存储位中上次查询的 RLO 进行比较，如果该指令检测到 RLO 从“1”变为“0”，则说明出现了一个信号下降沿。

任务实施

1. I/O 信号分配表

根据对实际需要输入 / 输出量的分析，其 I/O 信号分配见表 2-1。

表 2-1　I/O 信号分配

输入		输出	
起动按钮	I0.0	运行指示灯	Q0.0
停止按钮	I0.1	电动机起动	Q0.1

2. I/O 接线图

I/O 接线图如图 2-2 所示。

3. PLC 程序变量表

步骤 1：在项目树中展开“PLC_1[CPU 1215C DC/DC/DC]”，单击“PLC 变量”，如图 2-3 所示。

步骤 2：依次单击展开“PLC 变量”→“显示所有变量”，如图 2-4 所示。

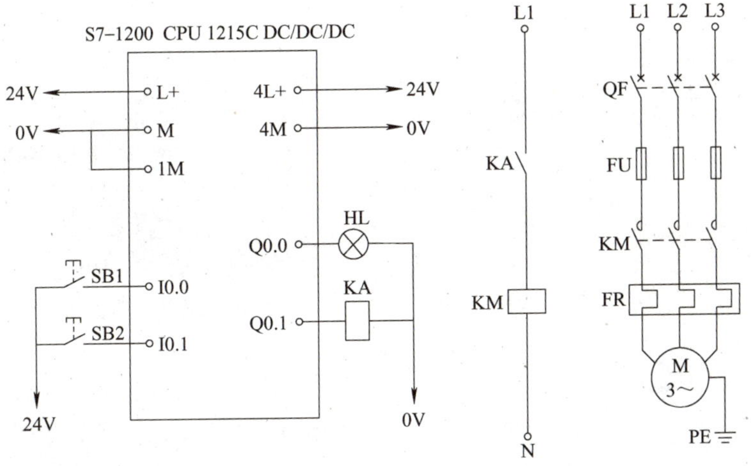

图 2-2　I/O 接线图

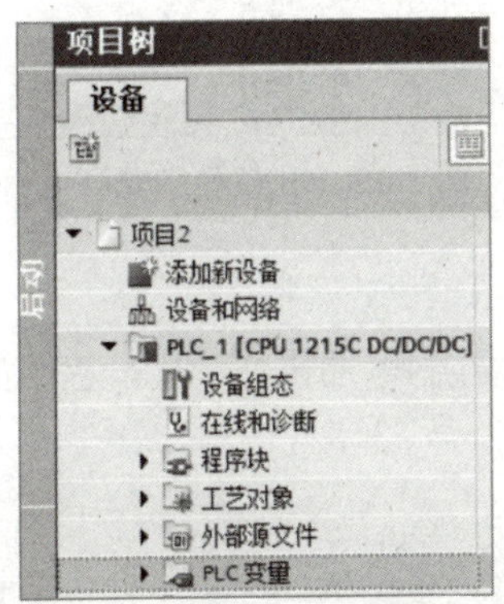

图 2-3　单击“PLC 变量”

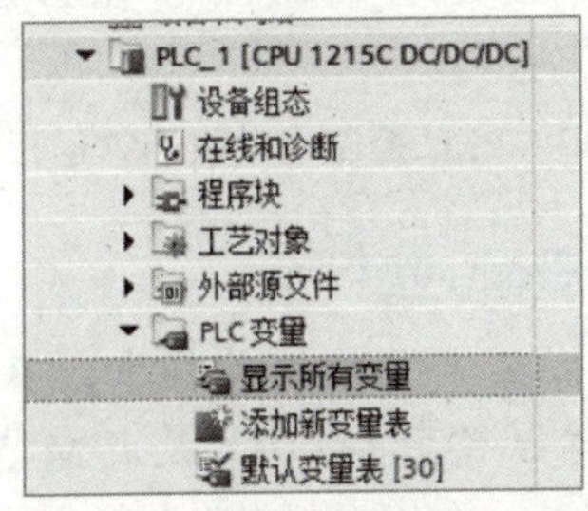

图 2-4　单击“显示所有变量”

步骤 3：双击“< 新增 >”进行变量名称编辑，如图 2-5 所示。

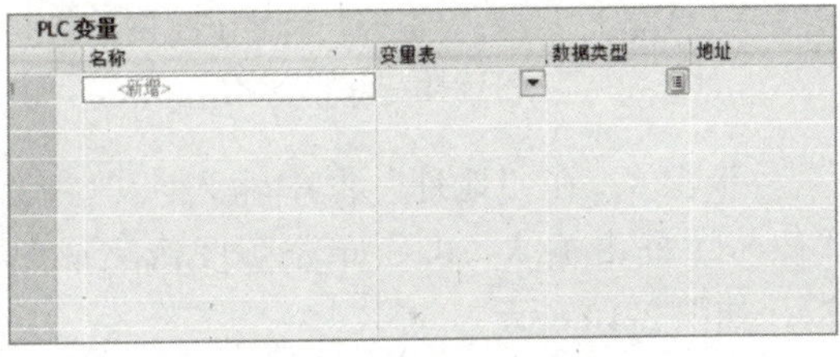

图 2-5　双击“< 新增 >”

步骤 4：在“< 新增 >”框中输入文字“起动按钮”后单击“名称”列下第二行的“< 新增 >”框，会自动生成变量表“默认变量表”、数据类型“Bool”、地址“%I0.0”，如图 2-6 所示。

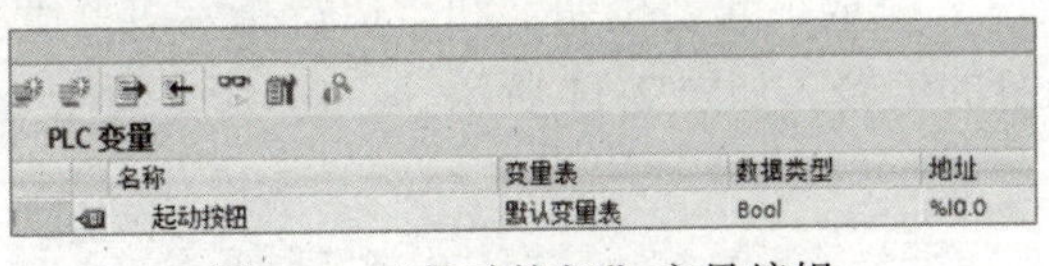

图 2-6　“起动按钮”变量编辑

步骤 5：单击第二行“< 新增 >”框，输入文字“运行指示灯”后单击“名称”列下第三行“< 新增 >”框，如图 2-7 所示。

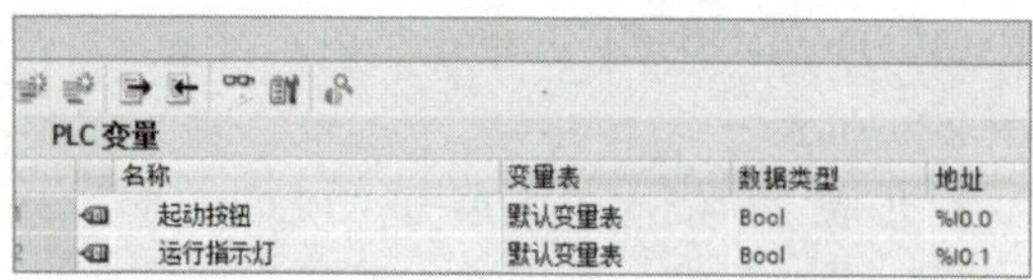

图 2-7　输入文字“运行指示灯”

步骤 6：单击“地址”列下“%I0.1”右侧的下拉倒三角按钮，如图 2-8 所示。

步骤 7：单击“操作数标识符”后的下拉倒三角按钮选择“Q”，如图 2-9 所示。

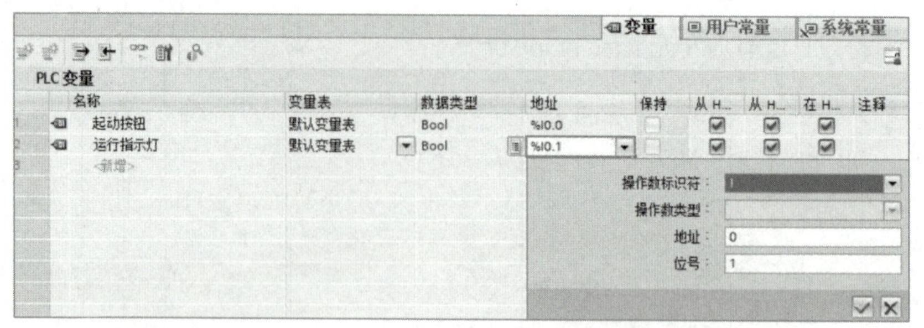

图 2-8　单击“地址”列下“%I0.1”右侧的下拉倒三角按钮

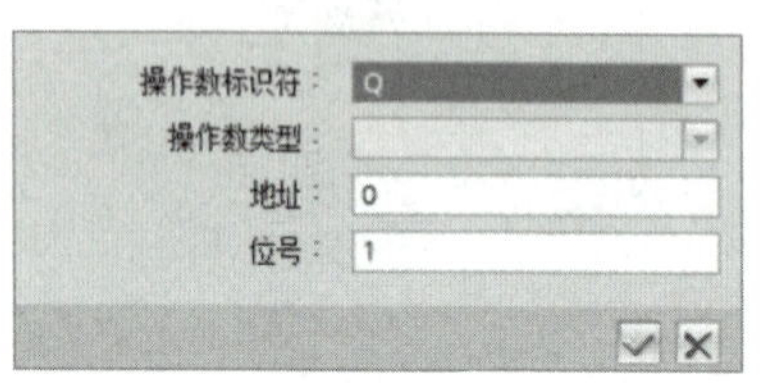

图 2-9　单击“操作数标识符”后的下拉倒三角按钮选择“Q”

步骤 8：在“地址”框中输入“0”，在“位号”框中输入“0”，单击☑按钮完成编辑，如图 2-10 所示。

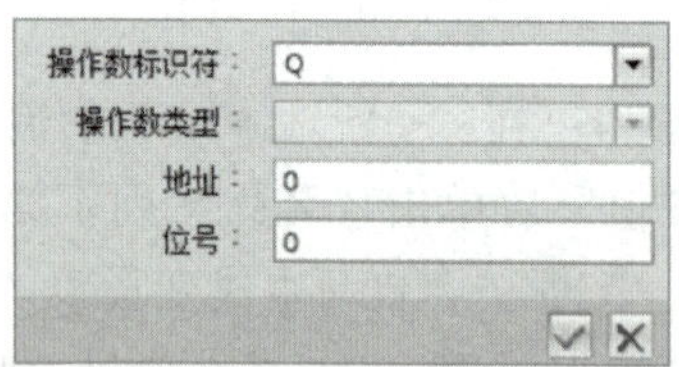

图 2-10　编辑“地址”和“位号”

完成“起动按钮”和“运行指示灯”变量的编辑，如图 2-11 所示。

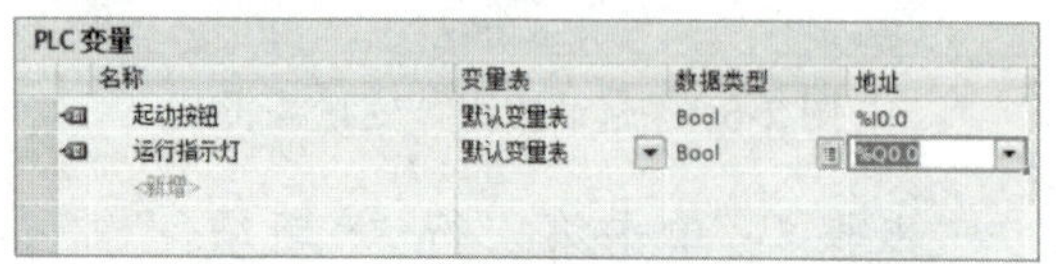

图 2-11　完成“起动按钮”和“运行指示灯”变量的编辑

参照步骤 5～步骤 8，完成名称为“停止按钮”“电动机起动”“起动按钮 1”“停止按钮 1”的变量的创建，如图 2-12 所示。

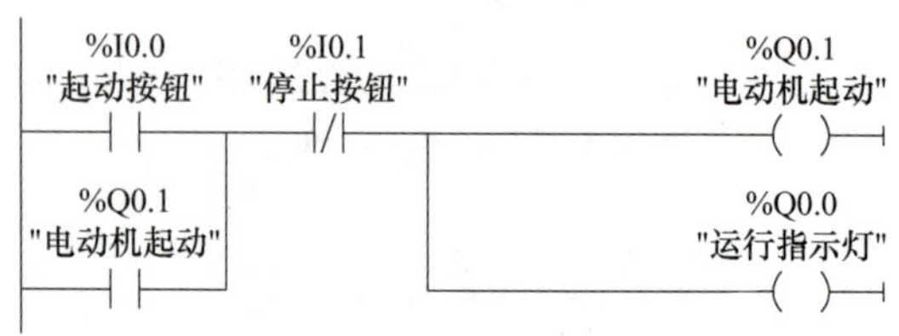

名称	变量表	数据...	地址
起动按钮	默认变量表	Bool	%I0.0
运行指示灯	默认变量表	Bool	%Q0.0
停止按钮	默认变量表	Bool	%I0.1
电动机起动	默认变量表	Bool	%Q0.1
起动按钮1	默认变量表	Bool	%M0.0
停止按钮1	默认变量表	Bool	%M0.1

图 2-12　PLC 程序变量表

4. PLC 控制程序

PLC 控制电动机连续运行程序如图 2-13 所示。

%I0.0 "起动按钮"　%I0.1 "停止按钮"　%Q0.1 "电动机起动"

%Q0.1 "电动机起动"　%Q0.0 "运行指示灯"

图 2-13　PLC 控制电动机连续运行程序

5. 仿真调试过程

注意：在使用 PLC 仿真中，不能强制 I 点输入信号，需把 I 点输入改成 M 点。

步骤 1：启用仿真模拟程序。先单击“PLC_1[CPU 1215C DC/DC/DC]”，再单击按钮，如图 2-14 所示。

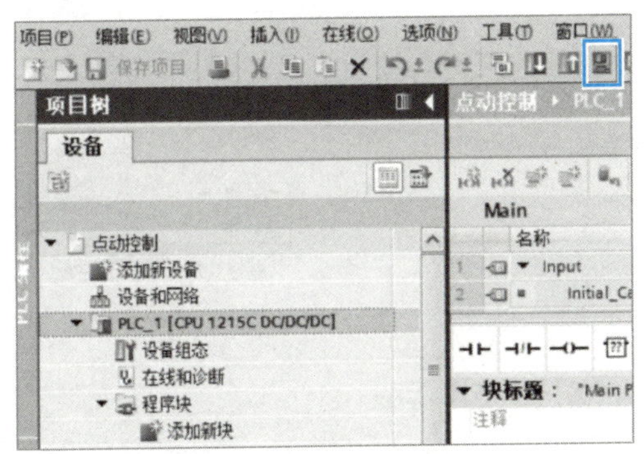

图 2-14　启用仿真模拟

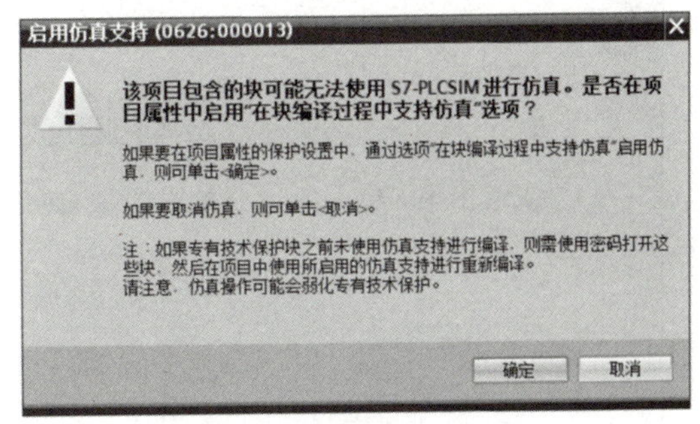

图 2-15　启用仿真支持（1）

步骤 2：弹出“启用仿真支持”对话框，出现提示：“该项目包含的块可能无法使用 S7–PLCSIM 进行仿真。是否在项目属性中启用‘在块编译过程中支持仿真’选项？”单击“确定”按钮，如图 2-15 所示。

步骤 3：出现提示：“启动仿真将禁用所有其他的在线接口。”单击“确定”按钮，如图 2-16 所示。

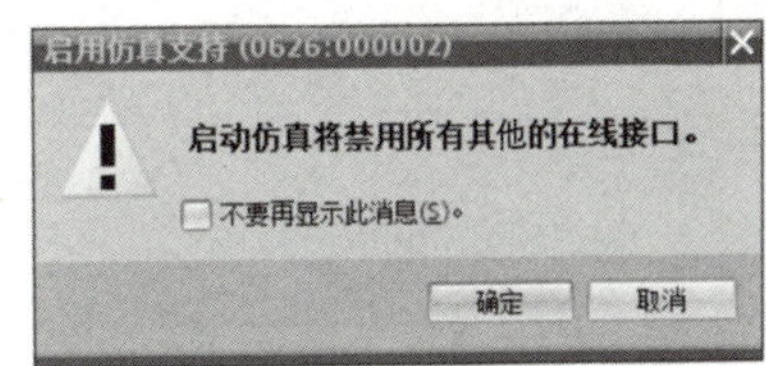

图 2-16　启用仿真支持（2）

步骤 4：装载到 PLC 仿真，单击“装载”按钮，如图 2-17 所示。

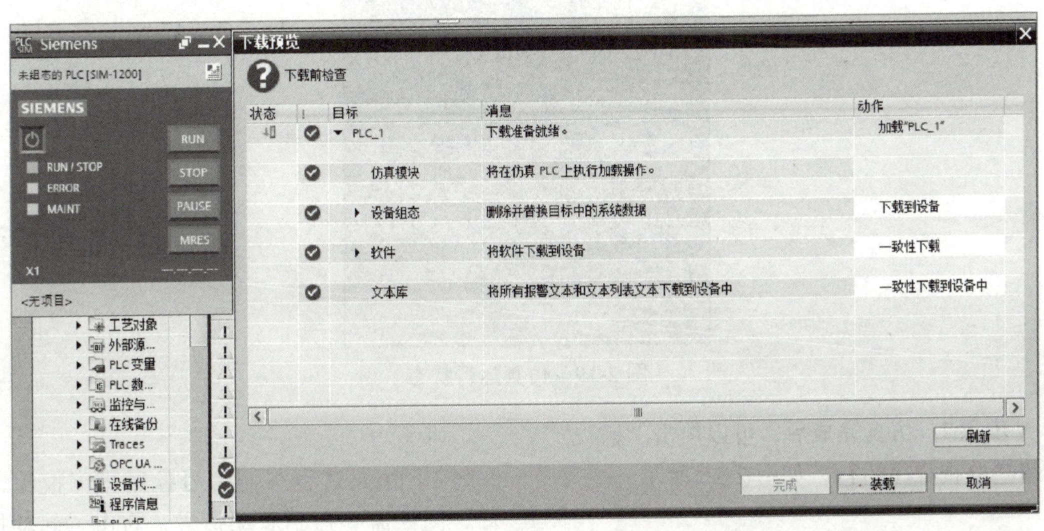

图 2-17　装载到 PLC 仿真

步骤 5：出现“下载结果”对话框，显示下载到设备后的状态和动作。单击图标▼，选择“启动模块”，单击“完成”按钮，如图 2-18 所示。

步骤 6：出现下载完成后的状态界面，当“RUN/STOP”指示灯亮绿色就说明 PLC 仿真开启成功，如图 2-19 所示。

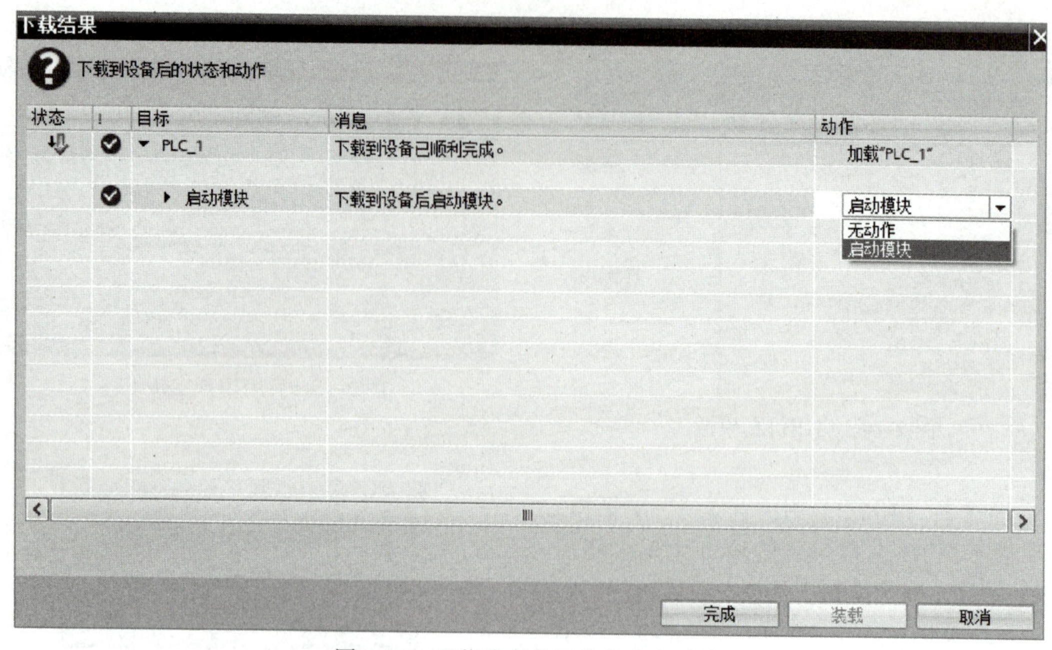

图 2-18　下载到设备后的状态和动作

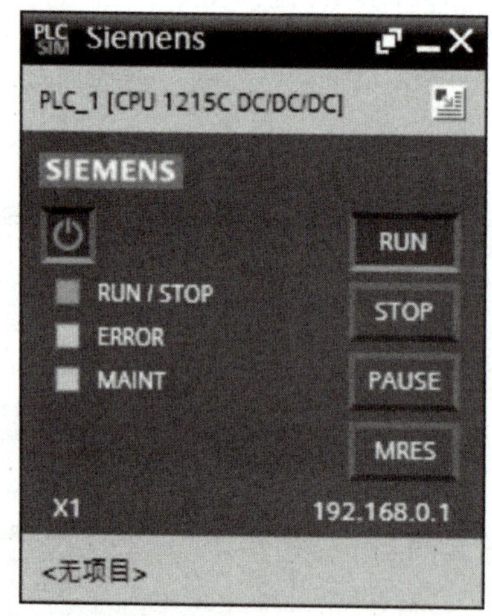

图 2-19　仿真运行状态

步骤 7：仿真完成后，可以单击“监视”按钮监视程序运行，如图 2-20 所示。

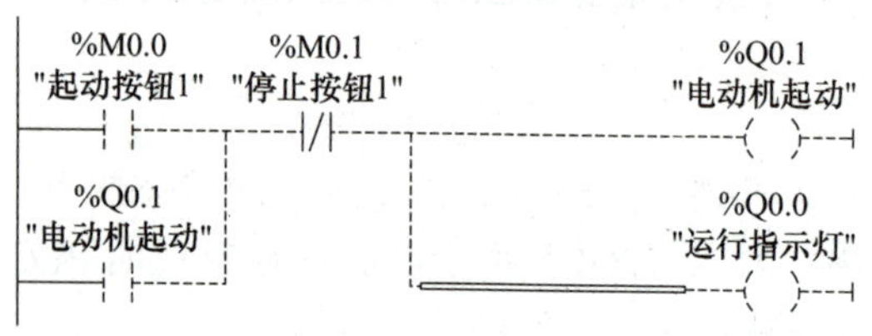

图 2-20　监视程序运行

步骤 8：

1）仿真过程强制信号控制程序模拟运行。例如需要强制起动信号，右击“起动按钮 1”，选择“修改”→“修改为 1”，起动信号就会接通电流，如图 2-21 所示。

2）程序强制信号接通运行，如图 2-22 所示。

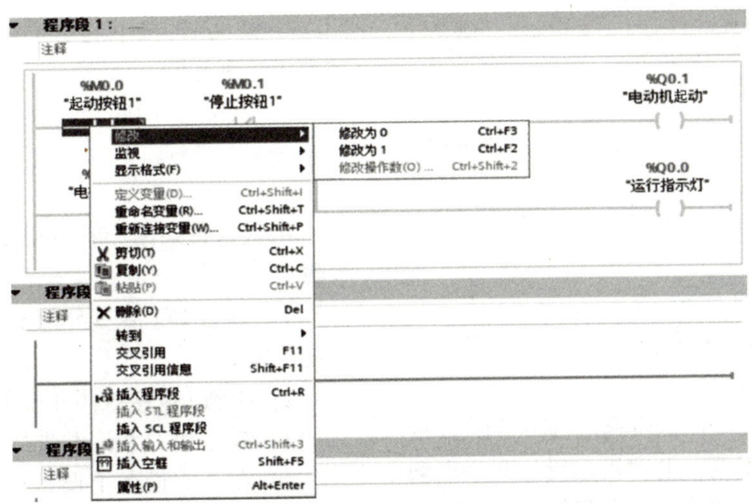

图 2-21　信号强制控制过程（1）

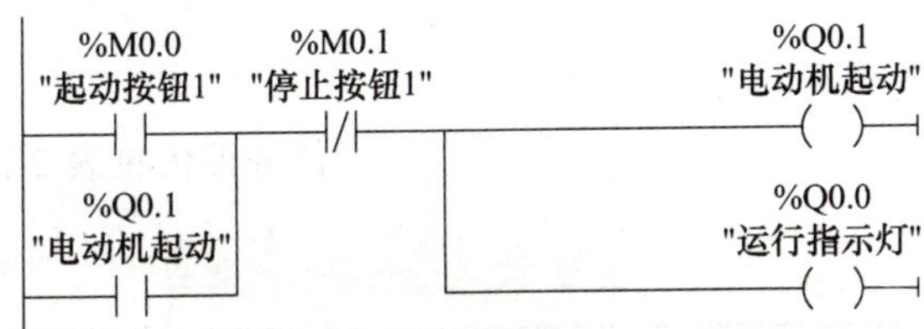

图 2-22　强制信号接通运行

步骤 9：

1）仿真过程强制控制信号复位。例如需要强制复位信号，右击“起动按钮 1”，选择“修改”→“修改为 0”命令，起动信号就会失电，如图 2-23 所示。

2）程序强制信号关断运行，如图 2-24 所示。

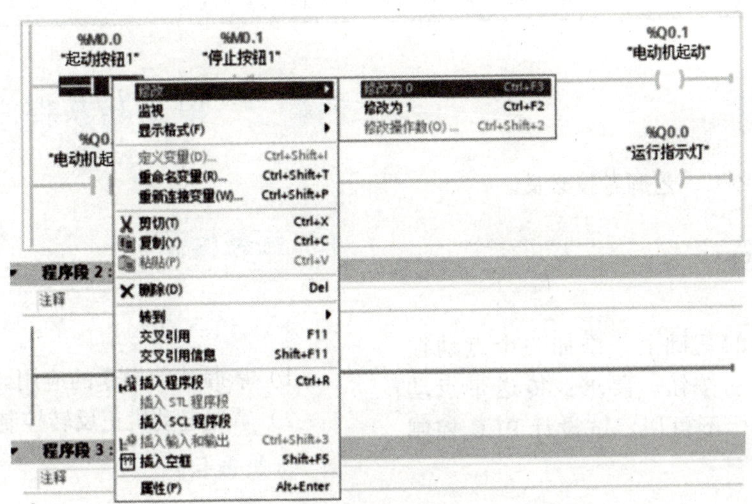

图 2-23　信号强制控制过程（2）

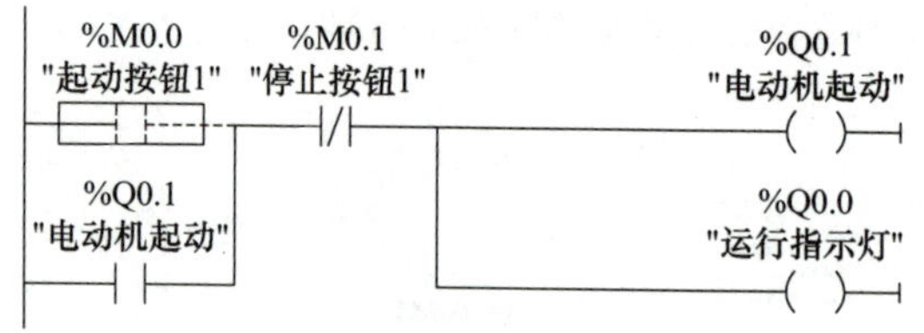

图 2-24　强制信号关断运行

6. PLC 程序调试

步骤 1：将编写好的 PLC 程序装载到 PLC 中。

步骤 2：按下传送带起动按钮 SB1，接触器线圈吸合得电，电动机运行。观察电动机由起动到运行的状态，观察接触器 KM 和电动机动作是否符合控制要求，如不符合要求则检查接线及 PLC 程序。

步骤 3：按下停止按钮 SB2，电动机都应无条件停止运行。

步骤 4：再按下起动按钮 SB1，电动机又重新起动运行。

任务总结

电气项目案例一般的实施流程分为以下步骤：

1）编写 I/O 信号分配表，对电气元器件进行选型。

2）绘制 I/O 接线图并按图接线。

3）编写 PLC 程序并进行仿真调试。

4）在真实设备上调试程序并根据客户要求优化程序。

任务评价

任务评价见表 2-2。

表 2-2　任务评价

评价内容	评价标准	配分	得分
I/O 信号分配	合理分配 I/O 地址	10	
外部接线与布线	按照接线图，正确、规范接线	30	
PLC 程序设计	正确编写 PLC 程序	30	
程序检查与运行	下载、运行、监控正确的程序	10	
理解、总结能力	能正确理解实训任务，善于总结实训经验	10	
语言表达能力	能清楚地表达实训操作步骤并合理解释实训现象	10	

每课寄语

书痴者文必工，艺痴者技必良。

拓展练习

在本任务的基础上，添加一个点动控制传送带的点动按钮。要求：传送带点动运行时连续运行不可用。试设计 PLC 控制程序。

任务 2　电动葫芦程序设计

任务目标

1. 知识目标

1）掌握基础指令的应用。

2）掌握电动机正反转控制程序的编写。

2. 技能目标

1）完成电动机正反转输入/输出端的接线。

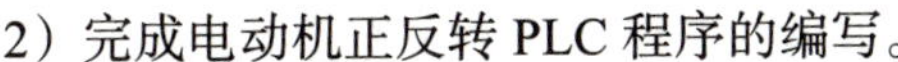

2）完成电动机正反转 PLC 程序的编写。

3. 素质目标

1）能与他人合作完成资料查阅，培养团队合作精神。

2）培养勇于探索、创新实践的精神。

3）严格要求，精益求精。

任务布置

电动葫芦（见图 2-25）是生活中常见的设备，其通过按钮控制电动机正反转实现升降作业，要求用 PLC 实现电动葫芦的升降运行。

图 2-25　电动葫芦

任务分析

1. 控制分析

根据任务要求，电动葫芦在实际运行中不能同时进行正转、反转运行，所以在控制程序中必须要进行正反转互锁控制。

2. 编程注意事项

（1）避免双线圈输出　在同一程序中同一元件线圈使用两次或多次，称为双线圈输出。

注意： 双线圈输出时，前一次输出无效，只有最后一次输出才有效。

（2）梯形图编程规则　按从左到右（串联）、自上而下（并联）的顺序编制。每个继电器线圈表示一逻辑行，每个逻辑行起于左母线，经过触点、线圈止于右母线。

任务实施

1. I/O 信号分配表

根据对实际需要输入 / 输出量的分析，其 I/O 信号分配见表 2-3。

表 2-3　I/O 信号分配

输入		输出	
正转按钮	I0.0	电动机正转	Q0.0
反转按钮	I0.1	电动机反转	Q0.1
停止按钮	I0.2		

2. I/O 接线图

I/O 接线图如图 2-26 所示。

3. PLC 程序变量表

PLC 程序变量表如图 2-27 所示。

4. PLC 控制程序

PLC 控制电动机正反转运行程序如图 2-28 所示。

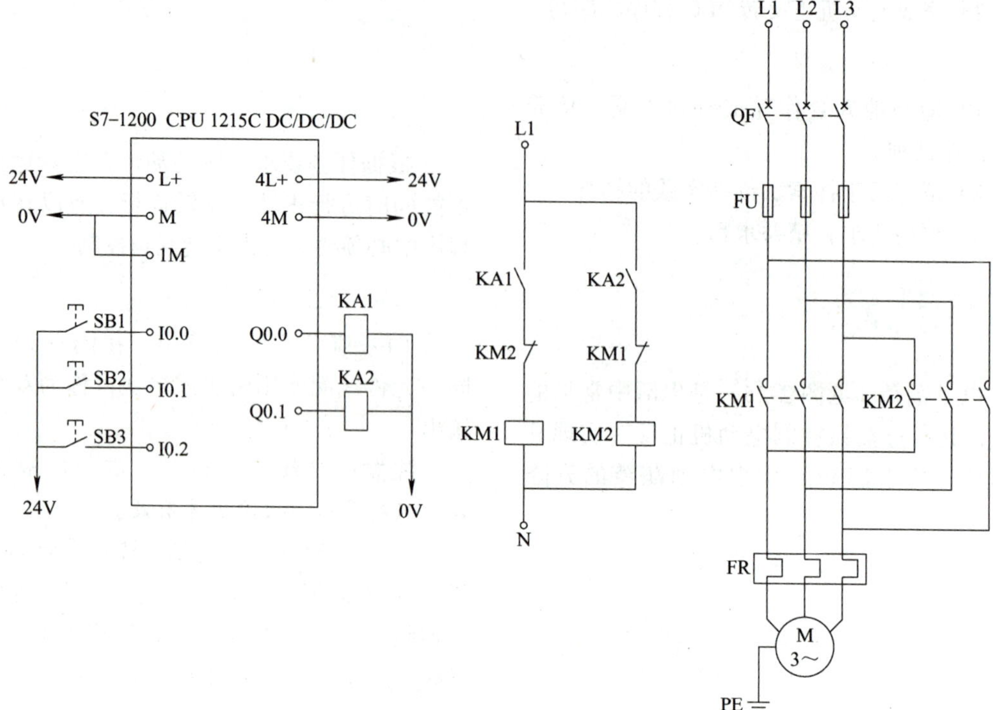

图 2-26　I/O 接线图

PLC 变量

	名称	变量表	数据类型	地址
	正转按钮	默认变量表	Bool	%I0.0
	反转按钮	默认变量表	Bool	%I0.1
	停止按钮	默认变量表	Bool	%I0.2
	电动机正转	默认变量表	Bool	%Q0.0
	电动机反转	默认变量表	Bool	%Q0.1

图 2-27　PLC 程序变量表

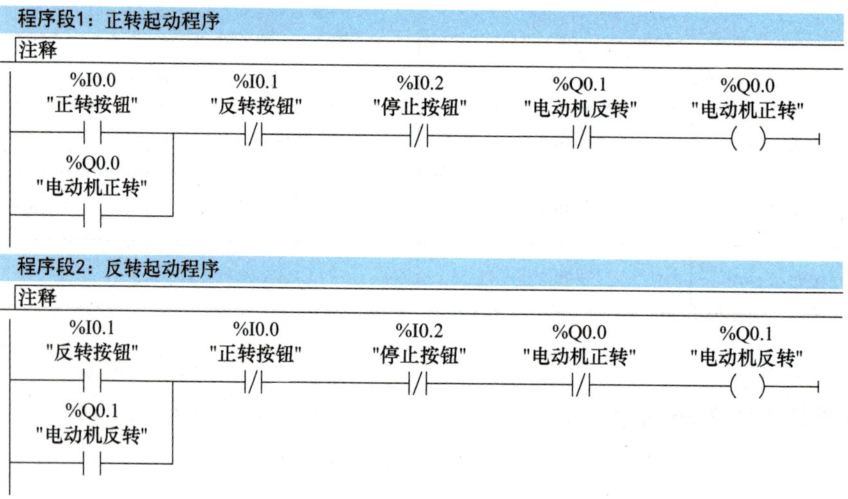

图 2-28　PLC 控制电动机正反转运行程序

5. PLC 程序调试

步骤 1：仿真调试 PLC 程序验证其是否正确。

步骤 2：检查硬件接线，将程序下载至 PLC。

步骤 3：按下正转按钮 SB1，观察 PLC 输出指示灯 Q0.0 与电动机的状态。

步骤 4：按下停止按钮 SB3，观察 PLC 输出指示灯 Q0.0、Q0.1 的状态。

步骤 5：按下反转按钮 SB2，观察 PLC 输出指示灯 Q0.1 与电动机的状态。

任务总结

电动机正反转运行过程中一定不能出现正反转同时工作，所以在程序和线路中进行双重互锁，避免造成短路事故。

任务评价

任务评价见表 2-4。

表 2-4 任务评价

评价内容	评价标准	配分	得分
I/O 信号分配	合理分配 I/O 地址	10	
外部接线与布线	按照接线图，正确、规范接线	30	
PLC 程序设计	正确编写 PLC 程序	30	
程序检查与运行	下载、运行、监控正确的程序	10	
理解、总结能力	能正确理解实训任务，善于总结实训经验	10	
语言表达能力	能清楚地表达实训操作步骤并合理解释实训现象	10	

每课寄语

无畏挑战，敢于突破，用技能书写精彩人生！

拓展练习

在本任务的基础上，添加一个上升极限检测开关和一个下降极限检测开关。要求：实现上升或下降到达极限时停止运行。试设计 PLC 程序。

任务 3 工作台自动往返运行程序设计

任务目标

1. 知识目标

1）掌握 PLC 基本指令的用法。

2）掌握 PLC 外部接线。

3）掌握 PLC 程序的编写及调试。

2. 技能目标

1）完成工作台自动往返运行控制输入 / 输出端的接线。

2）完成工作台自动往返运行控制 PLC 程序的编写。

3）完成工作台的调式。

3. 素质目标

1）能与他人合作完成资料查阅，培养团队合作精神。

2）培养勇于探索、创新实践的精神。

3）严格要求，精益求精。

任务布置

请编写 PLC 程序来控制工作台自动往返运行。本设备是由一个电动机通过齿轮带动工作台在规定的区域左右平移，并能实现自动控制的一个系统，SQ1、SQ2 为位置行程开关，SQ3、SQ4 为极限限位开关，工作台开始位置在中间如图 2-29 所示。

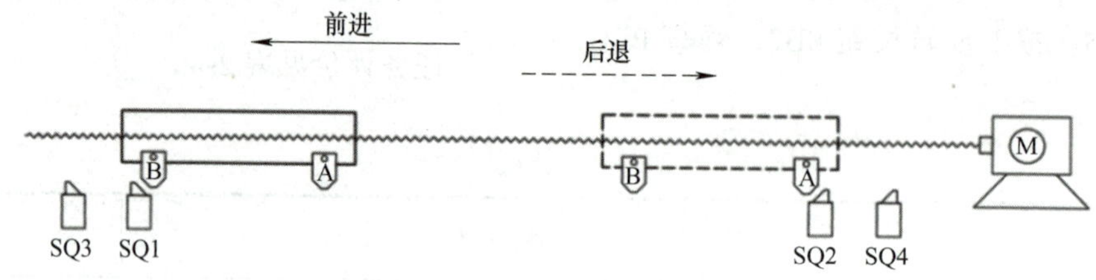

图 2-29　工作台自动往返运行

任务分析

控制要求：

1）在任意一点，小车能正向或反向起动运行及停止。

2）当工作台到达终点，挡块 B 碰到左行程开关 SQ1 时，电动机正转停，同时通过行程开关变化，使电动机反转，拖动工作台向右移动，为下次正转做准备。

3）当电动机反转拖动工作台向右移动到一定位置时，挡块 A 碰到行程开关 SQ2，电动机停转，然后再次开始正转。如此反复循环，使工作台在预定行程内自动反复往返运动。

4）若行程开关未响应，使挡块碰到限位开关 SQ3、SQ4，电动机应立即停止运行。

任务实施

1. I/O 信号分配表

根据对实际需要输入 / 输出量的分析，其 I/O 信号分配见表 2-5。

表 2-5　I/O 信号分配

输入		输出	
正转起动按钮	I0.0	电动机正转	Q0.0
反转起动按钮	I0.1	电动机反转	Q0.1
停止按钮	I0.2		
SQ1	I0.3		
SQ2	I0.4		
SQ3	I0.5		
SQ4	I0.6		

2. I/O 接线图

I/O 接线图如图 2-30 所示。

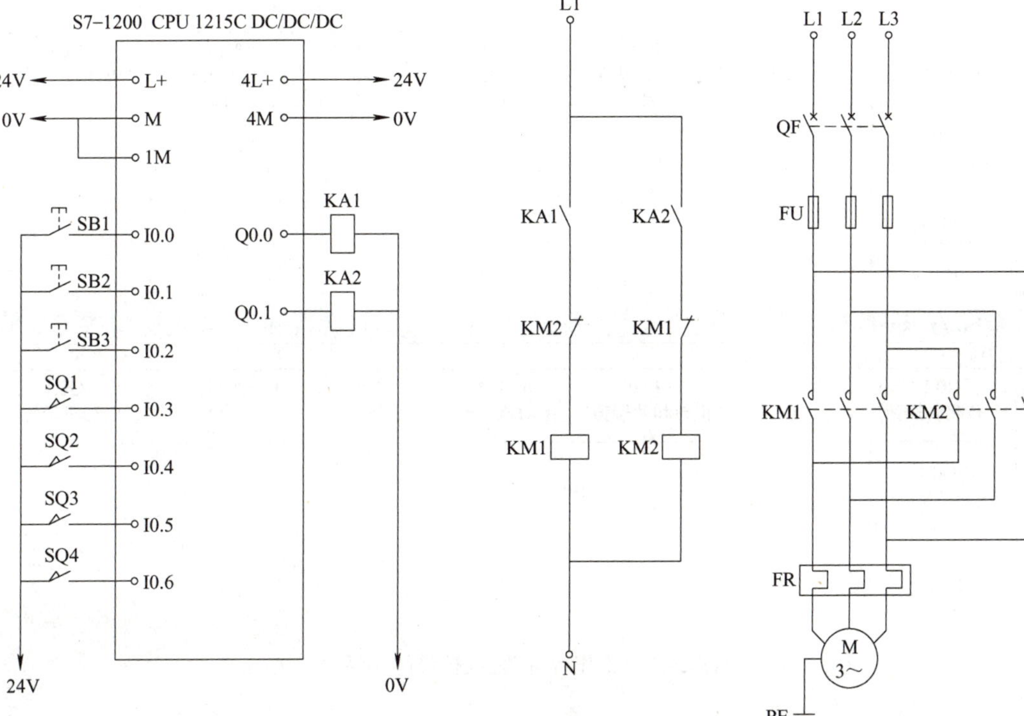

图 2-30　I/O 接线图

3. PLC 程序变量表

PLC 程序变量表如图 2-31 所示。

4. PLC 控制程序

工作台自动往返运行控制程序，如图 2-32 所示。

5. PLC 程序调试

步骤 1：仿真调试 PLC 程序验证其是否正确。

步骤 2：检查硬件接线，将程序下载至 PLC。

步骤 3：按下正转起动按钮，观察工作台是否正向移动；工作台碰到 SQ1 正转马上停止，反转起动，观察工作台状态。

步骤 4：按下反转起动按钮，观察工作台是否反向移动；工作台碰到 SQ2 反转马上停止，正转起动，观察工作台状态。

步骤 5：按下停止按钮，观察工作台是否停止移动。

PLC 变量

名称	变量表	数据类型	地址
正转起动按钮	默认变量表	Bool	%I0.0
反转起动按钮	默认变量表	Bool	%I0.1
停止按钮	默认变量表	Bool	%I0.2
SQ1	默认变量表	Bool	%I0.3
SQ2	默认变量表	Bool	%I0.4
SQ3	默认变量表	Bool	%I0.5
SQ4	默认变量表	Bool	%I0.6
电动机正转	默认变量表	Bool	%Q0.0
电动机反转	默认变量表	Bool	%Q0.1

图 2-31　PLC 程序变量表

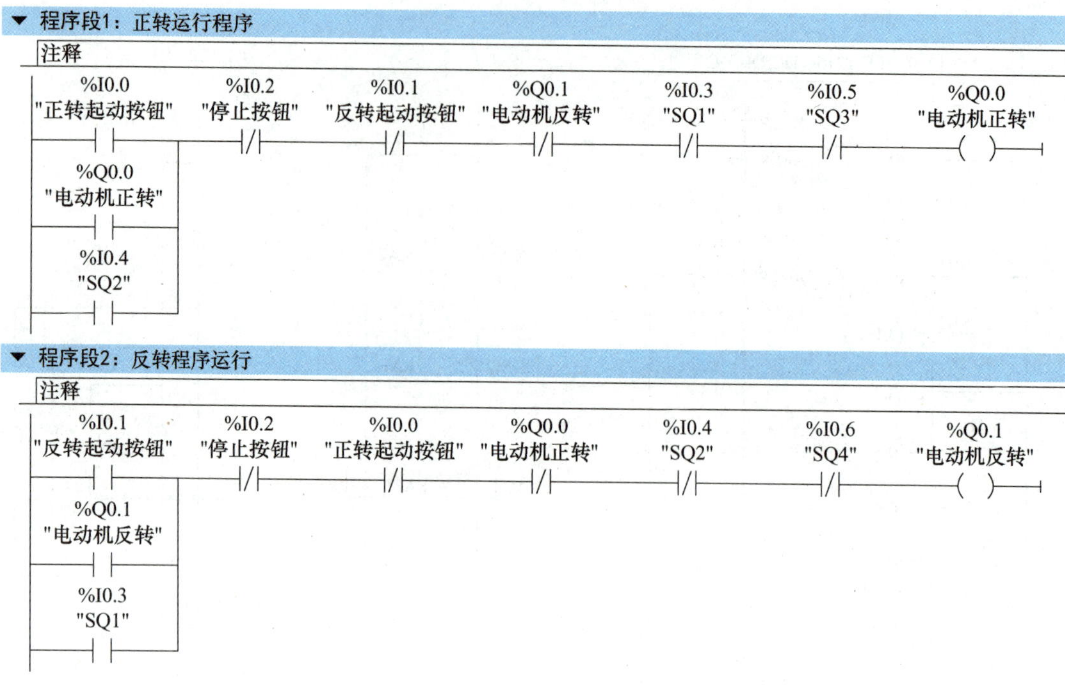

图 2-32　工作台自动往返运行控制程序

任务总结

考虑到工作台在运行过程中需避免发生超出行程位置的安全事故，所以在工作台左右极限位置安装对应的行程开关。在 PLC 程序设计中，当左右极限行程开关触点一旦动作后，PLC 程序控制电动机立即停止，工作台停止运行。

任务评价

任务评价见表 2-6。

表 2-6　任务评价

评价内容	评价标准	配分	得分
I/O 信号分配	合理分配 I/O 地址	10	
外部接线与布线	按照接线图，正确、规范接线	30	
PLC 程序设计	正确编写 PLC 程序	30	
程序检查与运行	下载、运行、监控正确的程序	10	
理解、总结能力	能正确理解实训任务，善于总结实训经验	10	
语言表达能力	能清楚地表达实训操作步骤并合理解释实训现象	10	

每课寄语

实用技术学到手，天南地北任我走。

拓展练习

1. 选择题

1）行程开关的文字符号是（　　）。

A. QS　　B. SQ

C. SA　　D. KM

2）三相异步电动机的起停控制电路中需要有（　　）、过载保护和失电压保护功能。

A. 短路保护　　B. 超速保护

C. 失磁保护　　D. 零速保护

3）保持电气设备正常运行要做到（　　）。

A. 保持电压、电流、温升等不超过允许值

B. 保持电气设备绝缘良好，保持各导电部分连接可靠良好

C. 保持电气设备清洁、通风良好

D. 以上都是

2. 简答题

在控制电气设备时为什么要考虑行程极限相关问题?

任务 4　电动机顺序起动程序设计

任务目标

1. 知识目标

1）学会计时器的应用。

2）掌握多台电动机顺序起动逆序停止的编程方法。

2. 技能目标

1）完成 PLC 的输入 / 输出端的接线。

2）完成 PLC 程序的编写。

3. 素质目标

1）能与他人合作完成资料查阅，培养团队合作精神。

2）培养勇于探索、创新实践的精神。

3）团结协作，共同进步。

任务布置

本任务中设置了起动按钮 SB1、停止按钮 SB2、急停按钮 SB3 各 1 个，1 台主轴电动机，1 台冷却电动机，动作流程是顺序起动逆序停止，如图 2-33 所示。

注意：按下急停按钮 SB3，报警指示灯要以 1s 的频率闪烁。

控制要求：

1）按下起动按钮 SB1，冷却电动机起动过 3s 后，主轴电动机再起动。

2）按下停止按钮 SB2，主轴电动机停止过 5s 后，冷却电动机再停止。

3）按下急停按钮 SB3，两台电动机全部停止。

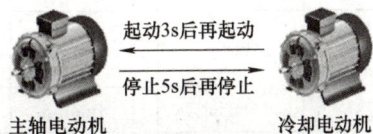

图 2-33　电动机顺序起动逆序停止

任务分析

根据任务要求，该任务需要用到 PLC 的脉冲定时器、接通延时定时器、置位指令、复位指令等知识内容。

（1）-(TP)- 为脉冲定时器　在输入信号 IN 位为上升沿时，计时器 ET 开始计时，当 ET<PT 时输出信号 Q 为“1”，当 ET=PT 时输出信号 Q 为“0”，如图 2-34 所示。给一

个上升沿信号到 IN 接口，Q 会持续有信号，Q 的输出时间根据 PT 接口来定，见表 2-7。

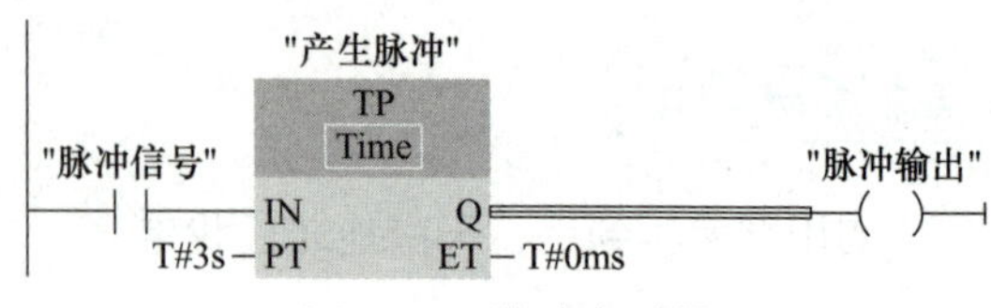

图 2-34　脉冲定时器

表 2-7　脉冲定时器引脚说明

参数	声明	数据类型	存储区	说明
IN	Input	Bool	I、Q、M、D、L 或常数	启动输入
PT	Input	Time、LTime	I、Q、M、D、L 或常数	脉冲的持续时间，PT 参数的值必须为正数
Q	Output	Bool	I、Q、M、D、L	脉冲输出
ET	Output	Time、LTime	I、Q、M、D、L	当前时间值

（2）–(TON)– 为接通延时定时器　在输入信号 IN 位为上升沿时，计时器 ET 开始计时。当 ET=PT 时输出信号 Q 为“1”，在任意条件下，当输入信号 IN 位为下降沿时，复位接通延时定时器，输出信号 Q 为“0”，如图 2-35 和表 2-8 所示。

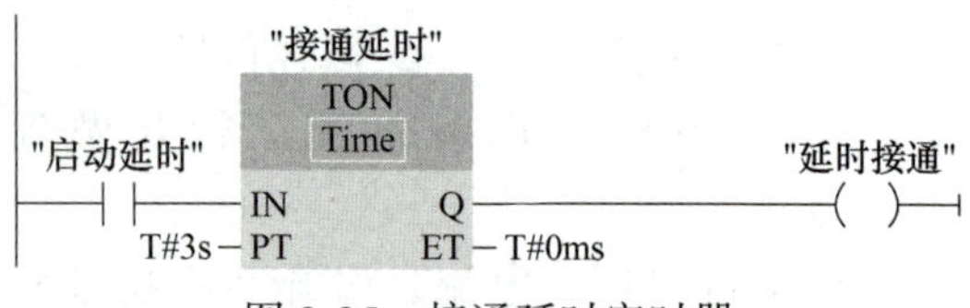

图 2-35　接通延时定时器

表 2-8　接通延时定时器引脚说明

参数	声明	数据类型	存储区	说明
IN	Input	Bool	I、Q、M、D、L 或常数	启动输入
PT	Input	Time	I、Q、M、D、L 或常数	接通延时的持续时间，PT 参数的值必须为正数
Q	Output	Bool	I、Q、M、D、L	超过时间 PT 后，置位的输出
ET	Output	Time	I、Q、M、D、L	当前时间值

（3）–(TOF)– 为关断延时定时器　当 ET<PT，输入信号 IN 位为上升沿时，输出信号 Q 为“1”；在输入信号 IN 位为下降沿时，计时器 ET 开始计时，当 ET=PT 时输出信号 Q 变为“0”，如图 2-36 和表 2-9 所示。

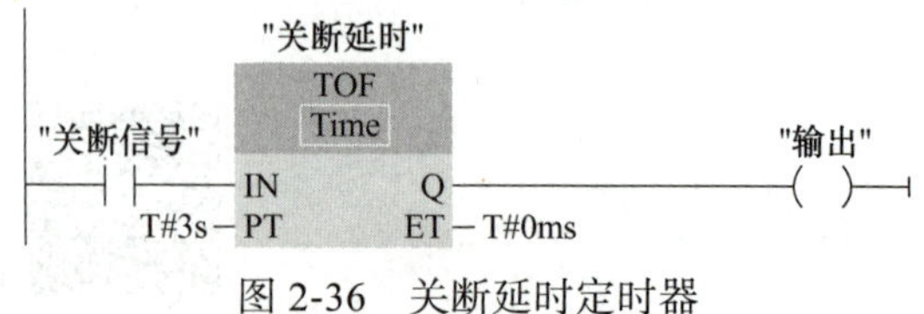

图 2-36　关断延时定时器

表 2-9　关断延时定时器引脚说明

参数	声明	数据类型	存储区	说明
IN	Input	Bool	I、Q、M、D、L 或常数	启动输入

（续）

参数	声明	数据类型	存储区	说明
PT	Input	Time	I、Q、M、D、L 或常数	关断延时的持续时间，PT 参数的值必须为正数
Q	Output	Bool	I、Q、M、D、L	超过时间 PT 后，复位的输出
ET	Output	Time	I、Q、M、D、L	当前时间值

（4）-(TONR)-为时间累加器　当 ET<PT，输入信号 IN 从“0”变为“1”时，累加器 ET 开始计时；当输入信号 IN 从“1”变为“0”时，时间累加器暂停计时。当 ET=PT 时输出信号 Q 为“1”，在任意条件下，当输入信号 R 位为上升沿时，复位时间累加器，输出信号 Q 为“0”，ET 为“0”，如图 2-37、表 2-10 所示。

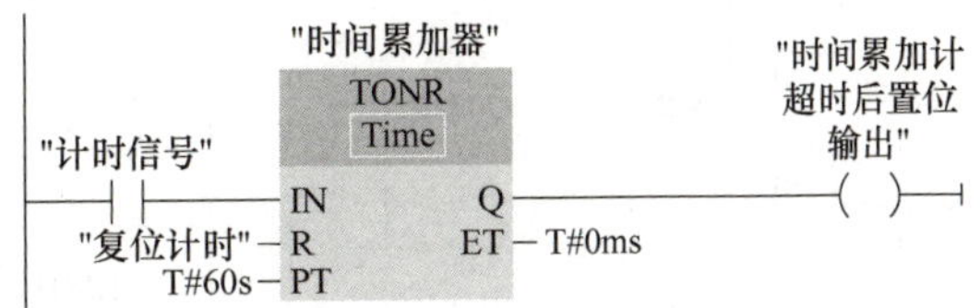

图 2-37　时间累加器

表 2-10　时间累加器引脚说明

参数	声明	数据类型	存储区	说明
IN	Input	Bool	I、Q、M、D、L 或常数	启动输入
R	Input	Bool	I、Q、M、D、L 或常数	复位输入
PT	Input	Time	I、Q、M、D、L 或常数	计时的持续时间，PT 参数的值必须为正数
Q	Output	Bool	I、Q、M、D、L	超过时间 PT 后，置位的输出
ET	Output	Time	I、Q、M、D、L	当前时间值

任务实施

1. I/O 信号分配表

根据对实际需要输入 / 输出的分析，其 I/O 信号分配见表 2-11。

2. I/O 接线图

I/O 接线图如图 2-38 所示。

表 2-11　I/O 信号分配

输入		输出	
起动按钮	I0.0	主轴电动机	Q0.0
停止按钮	I0.1	冷却电动机	Q0.1
急停按钮	I0.2		

3. PLC 程序变量表

PLC 程序变量表如图 2-39 所示。

4. PLC 控制程序

PLC 控制程序如图 2-40 ～图 2-42 所示。

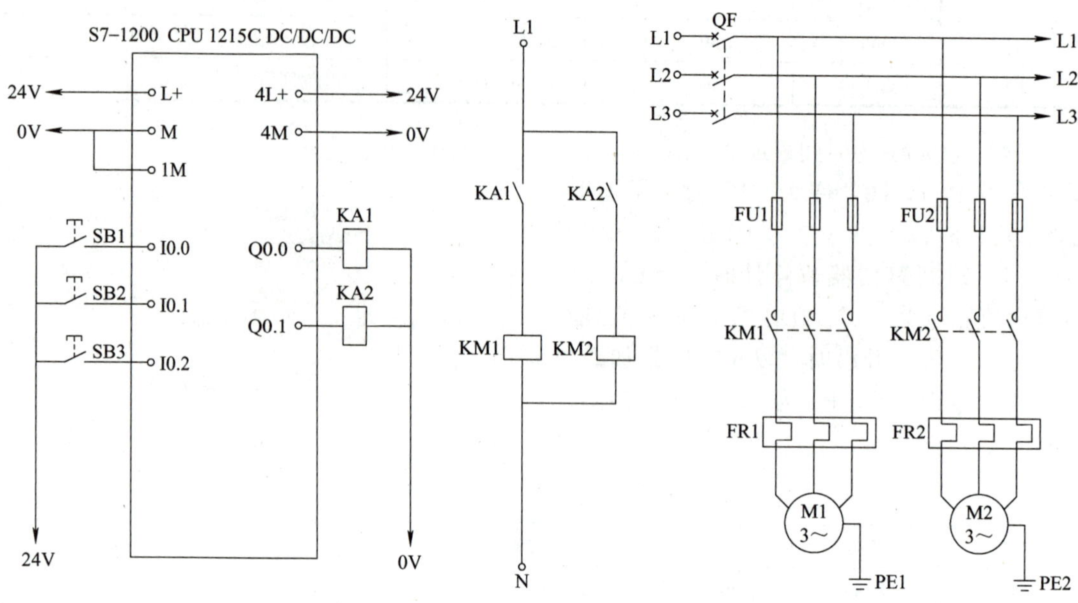

图 2-38　I/O 接线图

名称	变量表	数据类型	地址
起动按钮	默认变量表	Bool	%I0.0
停止按钮	默认变量表	Bool	%I0.1
急停按钮	默认变量表	Bool	%I0.2
主轴电动机	默认变量表	Bool	%Q0.0
冷却电动机	默认变量表	Bool	%Q0.1
运行标志	默认变量表	Bool	%M10.0

图 2-39　PLC 程序变量表

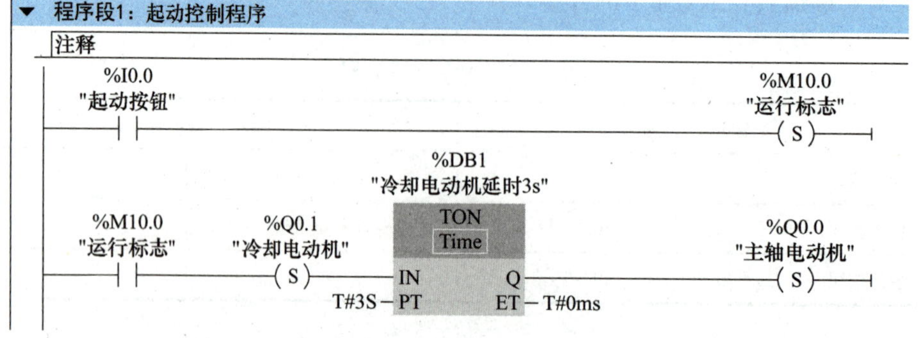

图 2-40　起动控制程序

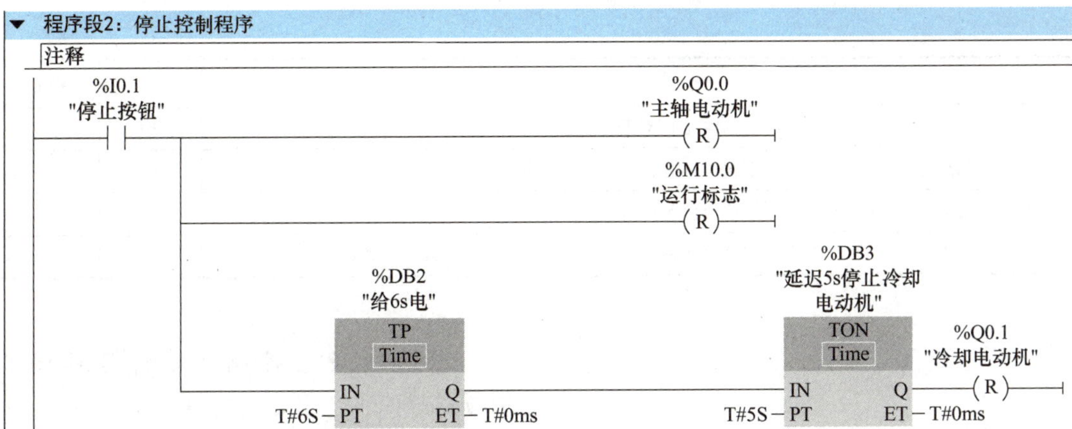

图 2-41　停止控制程序

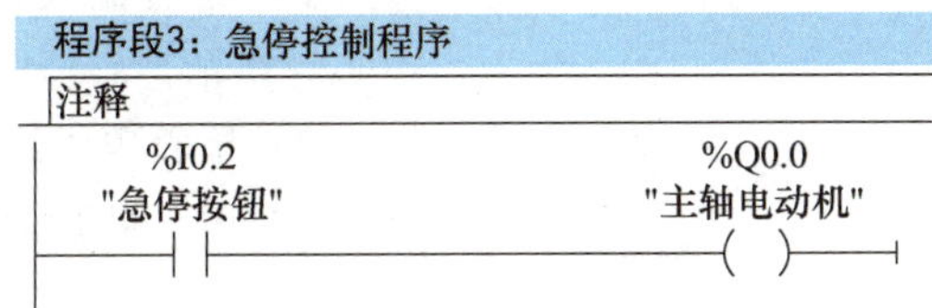

图 2-42　急停控制程序

5. PLC 程序调试

步骤 1：检查硬件接线，编写程序并下载至 PLC。

步骤 2：按下起动按钮 SB1，观察冷却电动机是否起动，过 3s 后主轴电动机是否起动。

步骤 3：按下停止按钮 SB2，观察主轴电动机是否停止，过 5s 后冷却电动机是否是停止。

步骤 4：按下急停按钮 SB3，观察冷却电动机、主轴电动机是否停止。

步骤 5：观察接触器、中间继电器和电动机动作是否符合控制要求。

任务总结

PLC 计时器是工业自动化中不可或缺的设备，它可以实现对时间的精确测量和计数。其原理是通过 PLC 内部的定时器模块来计时，实现自动化操作和控制。使用 PLC 计时器可以提高生产效率和产品质量，并能够确保操作过程的可靠性和准确性。在实际应用中，它广泛用于各种生产流水线、机器控制等场合，大大提高了工作效率和准确性。总之，PLC 计时器是现代工业自动化不可或缺的组成部分。

任务评价

任务评价见表 2-12。

表 2-12　任务评价

评价内容	评价标准	配分	得分
I/O 信号分配	合理分配 I/O 地址	10	
外部接线与布线	按照接线图，正确、规范接线	30	

（续）

评价内容	评价标准	配分	得分
PLC 程序设计	正确编写 PLC 程序	30	
程序检查与运行	下载、运行、监控正确的程序	10	
理解、总结能力	能正确理解实训任务，善于总结实训经验	10	
语言表达能力	能清楚地表达实训操作步骤并合理解释实训现象	10	

每课寄语

困难像弹簧，你弱它就强。

拓展练习

本任务中设置了起动按钮 SB1、停止按钮 SB2、急停按钮 SB3 各 1 个，1 个搅拌机，1 个进料阀门，1 个出料阀门，动作流程是顺序起动逆序停止。

注意：按下急停按钮 SB3，报警指示灯要以 1s 的频率闪烁。

控制要求：

1）按下起动按钮 SB1，进料阀门打开 3s 后，搅拌机起动 5s 后出料阀门打开。

2）按下停止按钮 SB2，进料阀门关闭 5s 后，搅拌机停止，5s 后出料阀门关闭。

3）按下急停按钮 SB3，进料阀门关闭、搅拌机停止、出料阀门关闭。

任务 5　产量计数程序设计

任务目标

1. 知识目标

1）学会计数器的使用。

2）学会系统时钟的使用。

2. 技能目标

1）完成产量计数的输入 / 输出端的接线。

2）完成 PLC 控制产量计数程序的编写。

3. 素质目标

1）能与他人合作完成资料查阅，培养团队合作精神。

2）培养勇于探索、创新实践的精神。

3）勇于创新，挑战自我。

任务布置

请为产量计数编程。按下起动按钮，有一台压力机在冲压垫片，要对所冲压的垫片进行计数，即压力机的滑块下滑一次，接近开关动作，计数器计数，计够 1000 个后自动停机并且计数完成指示灯点亮。要冲压下一批产品时，必须对计数器和指示灯进行复位。出现异常情况时，按下急停按钮；要停止时，按下停止按钮。压力机如图 2-43 所示。

图 2-43　压力机

任务分析

该产量计数编程主要涉及系统时钟的使用及加计数器的使用（在下文中还拓展了减计数器的使用）。

1. 有关系统时钟的使用步骤

步骤 1：双击“设备和网络”，如图 2-44 所示。

步骤 2：双击 PLC 模块，如图 2-45 所示。

步骤 3：单击右下角的“属性”标签，如图 2-46 所示。

图 2-44　双击“设备和网络”

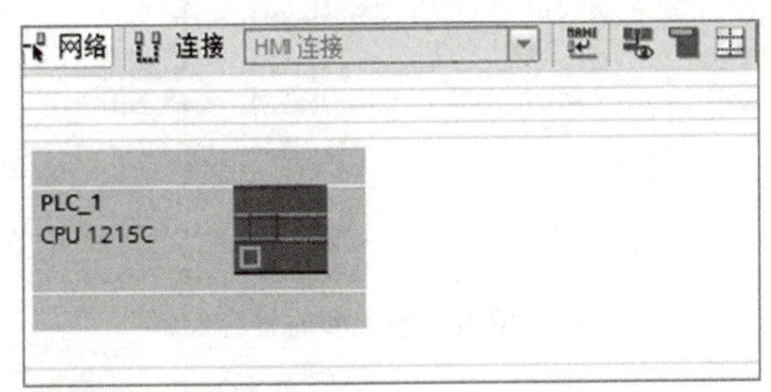

图 2-45　双击 PLC 模块

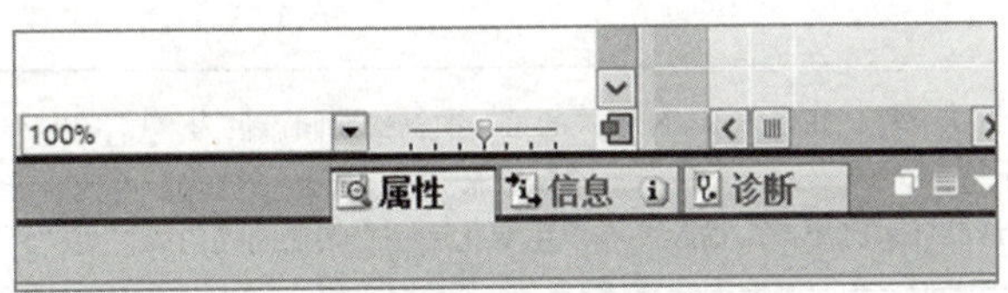

图 2-46　单击“属性”标签

步骤 4：单击“常规”选项卡中的“系统和时钟存储器”，勾选“启用系统存储器字节”和“启用时钟存储器字节”，如图 2-47 所示。

系统存储器字节说明见表 2-13。

系统时钟存储器字节说明见表 2-14。

2. 有关加计数器和减计数器的使用说明

（1）加计数器 CTU 的使用　加计数器 CTU 如图 2-48 所示。

（2）加计数器 CTU 的参数说明　加计数器 CTU 的参数说明见表 2-15。

使用加计数器指令，递增输出 CV 的值。如果输入 CU 的信号状态从“0”变为“1”（信号上升沿），则执行该指令，同时输出 CV 的当前计数值加 1。每检测到一个信号上升沿，计数值就会递增，直至达到输出 CV 中所指定数据类型的上限。达到上限时，输入 CU 的信号状态将不再影响该指令。可以查询输出 Q 中的计数器状态，输出 Q 的信号状态由参数 PV 决定。如果当前计数值大于或等于参数 PV 的值，则将输出 Q 的信号状态置位为“1”；在其他任何情况下，输出 Q 的信号状态均为“0”。输入 R 的信号状态变为“1”时，输出 CV 的值被复位为“0”。只要输入 R 的信号状态仍为“1”，输入 CU 的信号状态就不会影响该指令。

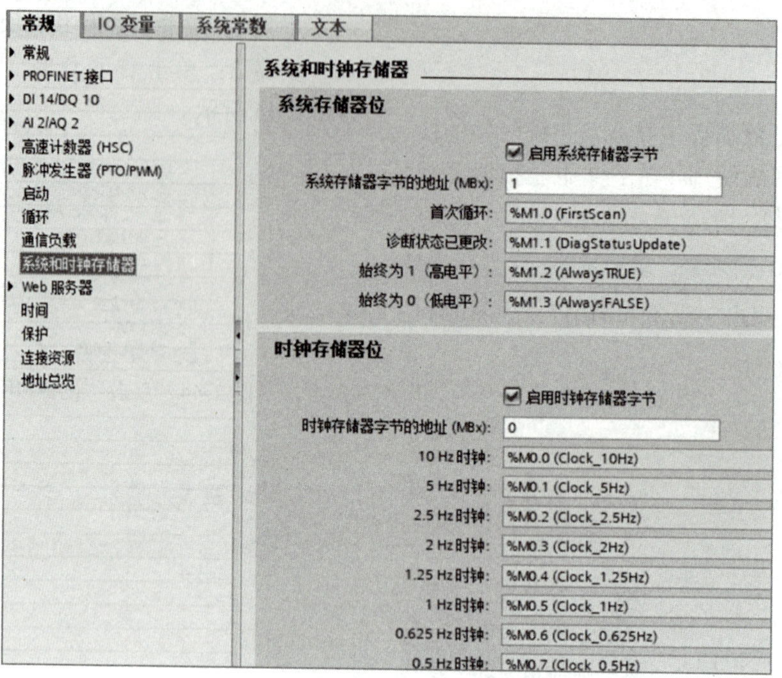

图 2-47 单击“系统和时钟存储器”

表 2-13 系统存储器字节说明

系统存储器	说明
M1.0	首次循环：在进入 RUN 模式的第一次扫描期间该位为“1”，以后均为“0”
M1.1	诊断状态已更改：诊断状态发生变化后一个扫描周期内该位为“1”
M1.2	始终为 1（高电平）：总是为 TRUE，其常开触点总是接通
M1.3	始终为 0（低电平）：总是为 FALSE，其常闭触点总是接通

表 2-14 系统时钟存储器字节说明

时钟存储器	说明
M0.0	频率为 10Hz、周期为 0.1s 的时钟脉冲
M0.1	频率为 5Hz、周期为 0.2s 的时钟脉冲
M0.2	频率为 2.5Hz、周期为 0.4s 的时钟脉冲
M0.3	频率为 2Hz、周期为 0.5s 的时钟脉冲
M0.4	频率为 1.25Hz、周期为 0.8s 的时钟脉冲
M0.5	频率为 1Hz、周期为 1s 的时钟脉冲

（续）

时钟存储器	说明
M0.6	频率为 0.625Hz、周期为 1.6s 的时钟脉冲
M0.7	频率为 0.5Hz、周期为 2s 的时钟脉冲

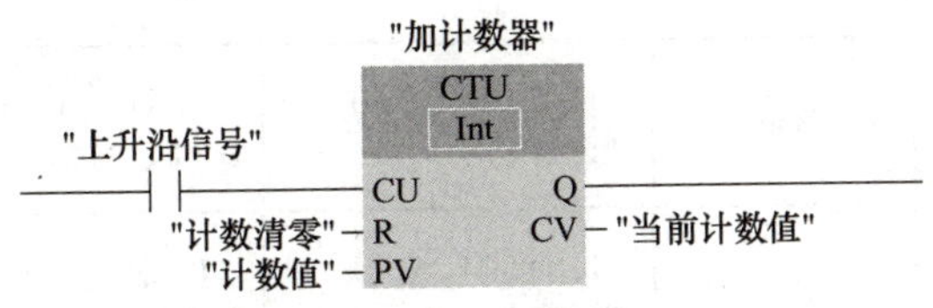

图 2-48　加计数器 CTU

表 2-15　加计数器 CTU 的参数说明

参数	声明	数据类型	存储区		说明
			S7-1200	S7-1500	
CU	Input	Bool	I、Q、M、D、L 或常数	I、Q、M、D、L 或常数	计数输入
R	Input	Bool	I、Q、M、D、L、P 或常数	I、Q、M、T、C、D、L、P 或常数	复位输入
PV	Input	整数	I、Q、M、D、L、P 或常数	I、Q、M、D、L、P 或常数	置位输出 Q 的值
Q	Output	Bool	I、Q、M、D、L	I、Q、M、D、L	计数器状态
CV	Output	整数、Char、WChar、Date	I、Q、M、D、L、P	I、Q、M、D、L、P	当前计数值

（3）减计数器 CTD 的使用　减计数器 CTD 如图 2-49 所示。

（4）减计数器 CTD 的参数说明　减计数器 CTD 的参数说明见表 2-16。

可以使用减计数器指令，递减输出 CV 的值。如果输入 CD 的信号状态从“0”变为“1”（信号上升沿），则执行该指令，同时输出 CV 的当前计数值减 1。每检测到一个信号上升沿，计数值就会递减 1，直至达到指定数据类型的下限为止。达到下限时，输入 CD 的信号状态将不再影响该指令。可以查询输出 Q 中的计数器状态。如果当前计数值小于或等于“0”，则输出 Q 的信号状态将置位为“1”；在其他任何情况下，输出 Q 的信号状态均为“0”。输入 LD 的信号状态变为“1”时，将输出 CV 的值设置为参数 PV 的值。只要输入 LD 的信号状态仍为“1”，输入 CD 的信号状态就不会影响该指令。

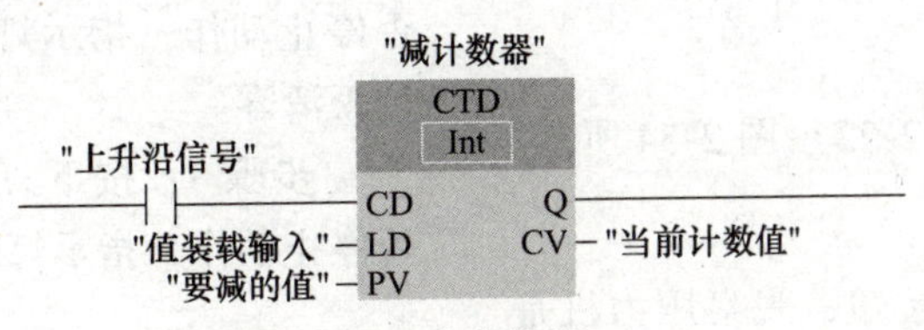

图 2-49　减计数器 CTD

表 2-16　减计数器 CTD 的参数说明

参数	声明	数据类型	存储区		说明
			S7-1200	S7-1500	
CD	Input	Bool	I、Q、M、D、L 或常数	I、Q、M、D、L 或常数	计数输入
LD	Input	Bool	I、Q、M、D、L、P 或常数	I、Q、M、T、C、D、L、P 或常数	装载输入
PV	Input	整数	I、Q、M、D、L、P 或常数	I、Q、M、D、L、P 或常数	使用 LD=1 置位输出 CV 的目标值
Q	Output	Bool	I、Q、M、D、L	I、Q、M、D、L	计数器状态
CV	Output	整数、Char、WChar、Date	I、Q、M、D、L、P	I、Q、M、D、L、P	当前计数值

任务实施

1. I/O 信号分配表

根据对实际需要输入/输出量的分析，其 I/O 信号分配见表 2-17。

2. I/O 接线图

I/O 接线图如图 2-50 所示。

表 2-17　I/O 信号分配

输入		输出	
起动按钮	I0.0	压力机动作	Q0.0
停止按钮	I0.1	计数指示灯	Q0.1
急停按钮	I0.2		
接近开关	I0.3		

3. PLC 程序变量表

PLC 程序变量表如图 2-51 所示。

4. PLC 控制程序

PLC 控制程序如图 2-52 ～图 2-54 所示。

5. PLC 程序调试

步骤 1：按下起动按钮，观察压力机是否有动作。

步骤 2：按下停止按钮，观察压力机是否停止动作，指示灯是否熄灭，计数器数据是否清零。

步骤 3：按下急停按钮，观察压力机是否停止动作，指示灯是否熄灭。

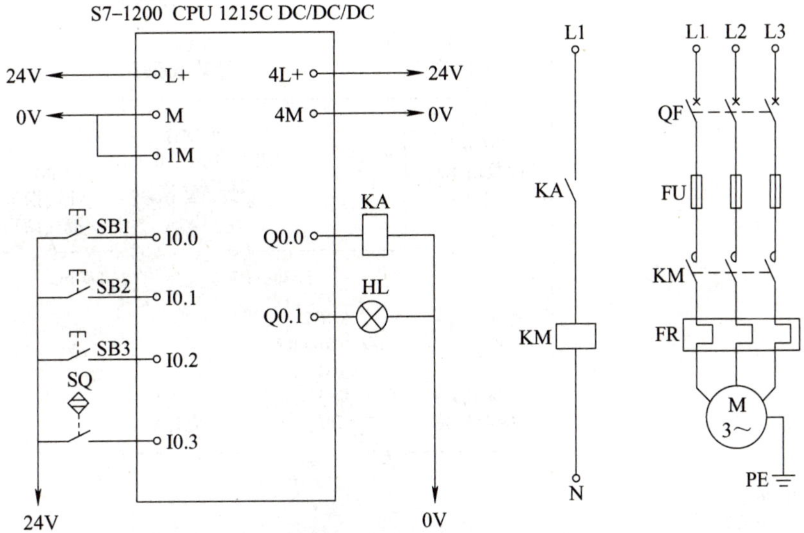

图 2-50　I/O 接线图

PLC 变量

名称	变量表	数据类型	地址
起动按钮	默认变量表	Bool	%I0.0
停止按钮	默认变量表	Bool	%I0.1
急停按钮	默认变量表	Bool	%I0.2
接近开关	默认变量表	Bool	%I0.3
压力机动作	默认变量表	Bool	%Q0.0
计数指示灯	默认变量表	Bool	%Q0.1
Clock_0.625Hz	默认变量表	Bool	%M0.6
接通	默认变量表	Bool	%M10.0
计完件数	默认变量表	Bool	%M6.1
计数指示灯亮完结束	默认变量表	Bool	%M6.2
感应瞬间	默认变量表	Bool	%M6.0

图 2-51　PLC 程序变量表

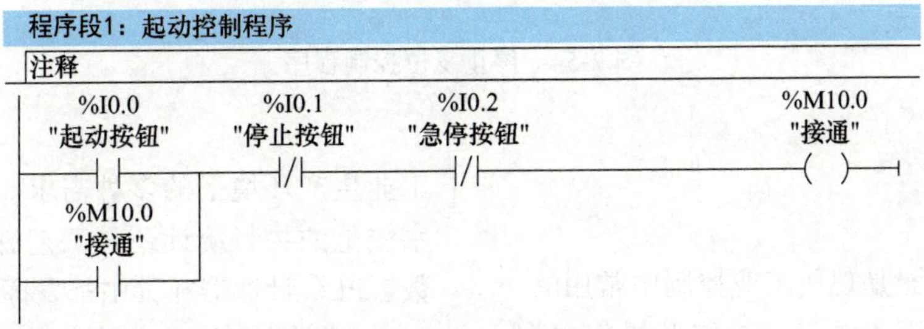

程序段1：起动控制程序

注释

%I0.0 "起动按钮"　%I0.1 "停止按钮"　%I0.2 "急停按钮"　%M10.0 "接通"

%M10.0 "接通"

图 2-52　起动控制程序

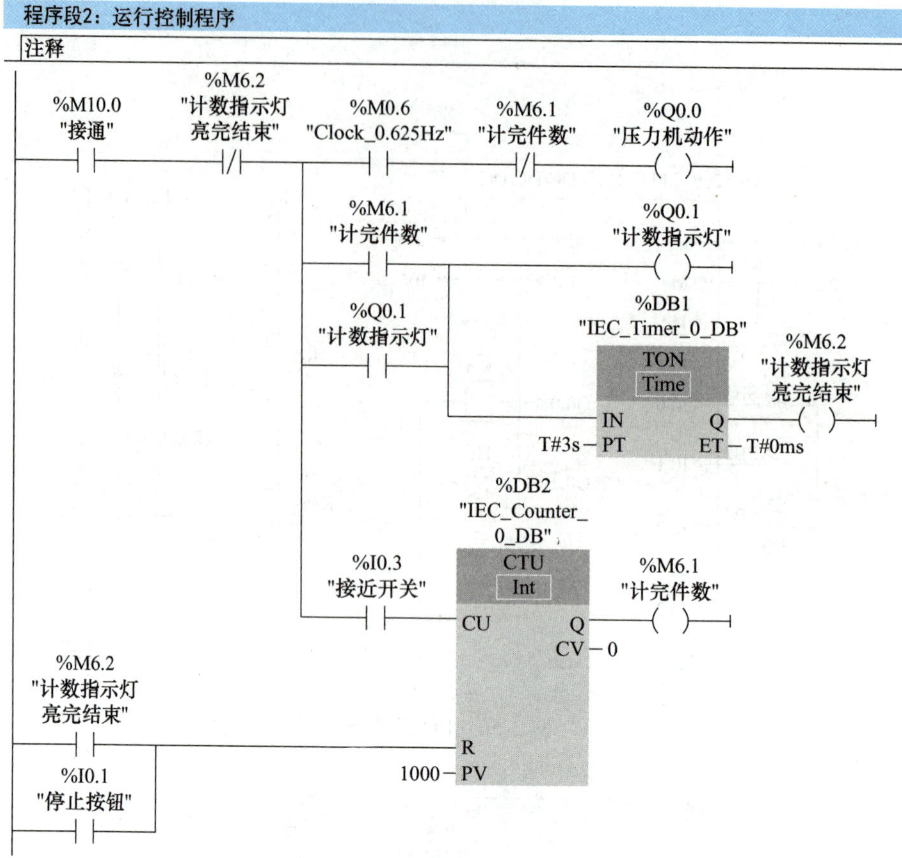

图 2-53　运行控制程序

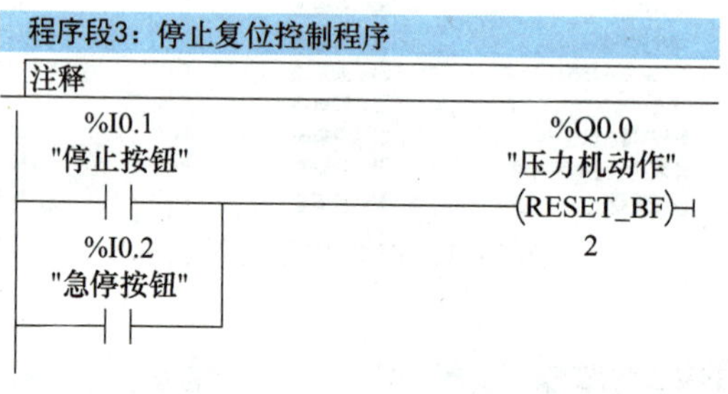

图 2-54　停止复位控制程序

任务总结

PLC 计数器是现代工业控制中常用的一种设备，主要用于统计、控制及操作数据。通过精确计算和控制生产线上各类物料的数量，它可以实现生产效率和产品质量的提高。它可集成在 PLC 中有效进行信息收集与处理，且具备编程灵活的特点，可以满足复杂工业生产环境下的多种需求。无论是生产流水线上的物料统计还是工艺流程中的步进计数，PLC 计数器在其中都发挥着重要作用。

通过编程设置参数和调整工作模式，可以轻松实现生产过程中的自动化控制，为现代工业生产带来极大的便利和效益。在各类工业应用中，PLC 计数器已成为不可或缺的组成部分。

任务评价

任务评价见表 2-18。

表 2-18　任务评价

评价内容	评价标准	配分	得分
I/O 信号分配	合理分配 I/O 地址	10	
外部接线与布线	按照接线图，正确、规范接线	30	
PLC 程序设计	正确编写 PLC 程序	30	
程序检查与运行	下载、运行、监控正确的程序	10	
理解、总结能力	能正确理解实训任务，善于总结实训经验	10	
语言表达能力	能清楚地表达实训操作步骤并合理解释实训现象	10	

每课寄语

初心不忘青春志，匠心共筑中国梦。

拓展练习

1）加计数器 CTU 和减计数器 CTD 的参数有哪些异同？

2）请根据下面的要求控制彩灯。

要求：按下启动按钮，红灯闪 3 次，绿灯闪 2 次，然后红灯和绿灯一起闪 5 次，最后全部熄灭；闪烁频率为亮 1s 灭 1s。

试设计 PLC 控制程序。

项目 3　流程控制应用与程序设计

PLC 流程控制基于其内部的顺序功能图，通过读取输入信号（如传感器信号、按钮状态等），执行预设的逻辑运算，然后输出控制信号（如电动机起动、电磁阀开关等），从而实现对工业设备的精确控制。PLC 流程控制的核心在于其内部的程序，该程序决定了 PLC 如何响应输入信号并产生相应的输出。

任务 1　循环控制程序设计

任务目标

1. 知识目标

1）学会用定时器控制电动机正反转的编程方法。

2）学会自动循环控制的编程方法。

2. 技能目标

1）完成电动机正反转的接线。

2）完成电动机循环控制程序的编写。

3. 素质目标

1）强化专业技能，提升自身的专业素质。

2）强化综合素质，培养探索创新实践的精神。

3）严格要求，精益求精。

任务布置

某化工企业有一道搅拌工序（将两种物料进行搅拌），请为其编写循环控制程序，控制要求如下：按下起动按钮，刚开始搅拌机正转 5s 停 3s，接着反转 5s 停 3s，如此循环 3 次结束。出现异常情况时，按下急停按钮；要停止时，按下停止按钮。

搅拌机如图 3-1 所示。

图 3-1　搅拌机

任务分析

该任务涉及的有关指令如下：

1. 大于或等于指令

大于或等于指令的使用如图 3-2 所示。

可以使用大于或等于指令判断第一个比较值（操作数 1）是否大于或等于第二个比较值（操作数 2）。要比较的两个值必须为相同的数据类型。如果满足比较条件，则指令返回的逻辑运算结果（RLO）为“1”；如果不满足比较条件，则该指令返回的逻辑运算结果为“0”。该指令的逻辑运算结果通过以下方式与整个程序段中的逻辑运算结果进行逻辑运算：

1）使用串联比较指令时，将执行“与”运算。

2）使用并联比较指令时，将执行“或”运算。

3）在指令上方的操作数占位符中指定第一个比较值（操作数 1）；在指令下方的操作数占位符中指定第二个比较值（操作数 2）。

4）在比较字符串时，通过字符的代码比较各字符（例如“a”大于“A”），从左到右执行比较。第一个不同的字符决定比较结果。如果较长字符串的左侧部分和较短字符串相同，则认为较长字符串更大。

表 3-1 列出了大于或等于指令的参数说明。

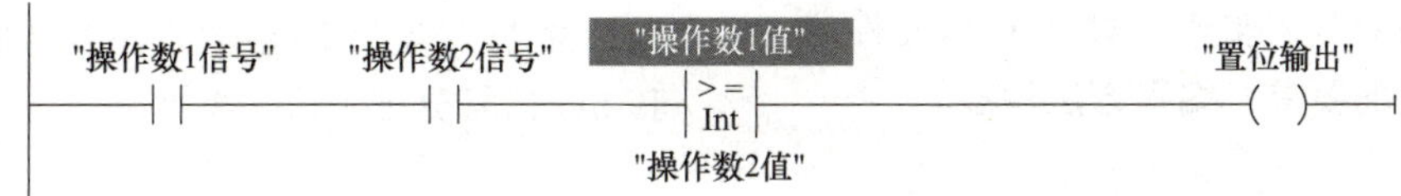

图 3-2　大于或等于指令的使用

表 3-1　大于或等于指令的参数说明

参数	声明	数据类型	存储区	说明
操作数 1	Input	位字符串、整数、浮点数、字符串、定时器、日期和时间	I、Q、M、D、L、P 或常数	第一个比较值
操作数 2	Input	位字符串、整数、浮点数、字符串、定时器、日期和时间	I、Q、M、D、L、P 或常数	第二个比较值

2. 小于指令

小于指令的使用如图 3-3 所示。

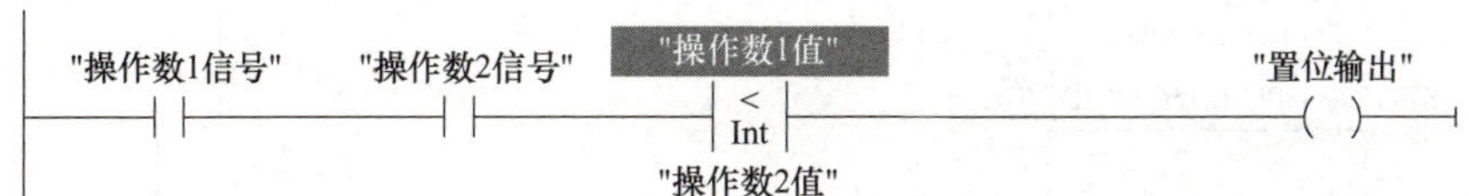

图 3-3　小于指令的使用

可以使用小于指令判断第一个比较值（操作数 1）是否小于第二个比较值（操作数 2）。要比较的两个值必须为相同的数据类型。如果满足比较条件，则指令返回的逻辑运算结果（RLO）为“1”；如果不满足比较条件，则该指令返回的逻辑运算结果为“0”。该指令的逻辑运算结果通过以下方式与整个程序段中的逻辑运算结果进行逻辑运算：

1）使用串联比较指令时，将执行“与”运算。

2）使用并联比较指令时，将执行“或”运算。

3）在指令上方的操作数占位符中指定第一个比较值（操作数 1）；在指令下方的操作数占位符中指定第二个比较值（操作数 2）。

4）比较字符串时，通过字符的代码比较各字符（例如“a”大于“A”），从左到右执行比较。第一个不同的字符决定比较结果。如果较长字符串的左侧部分和较短字符串相同，则认为较短字符串更小。

表 3-2 列出了小于指令的参数说明。

表 3-2　小于指令的参数说明

参数	声明	数据类型	存储区	说明
操作数 1	Input	位字符串、整数、浮点数、字符串、定时器、日期和时间	I、Q、M、D、L、P 或常数	第一个比较值
操作数 2	Input	位字符串、整数、浮点数、字符串、定时器、日期和时间	I、Q、M、D、L、P 或常数	第二个比较值

3. 加计数器指令（在项目 2 的任务 5 中已阐明）

以上指令在实际生产和生活中应用较多，编程中对其逻辑性及对 PLC 软元件的应用要有一定的要求，编程方法较多。

1. I/O 信号分配表

根据对实际需要输入 / 输出量的分析，其 I/O 信号分配见表 3-3。

表 3-3　I/O 信号分配

输入		输出	
起动按钮	I0.0	搅拌机正转	Q0.1
停止按钮	I0.1	搅拌机反转	Q0.2
急停按钮	I0.2		

2. I/O 接线图

I/O 接线图如图 3-4 所示。

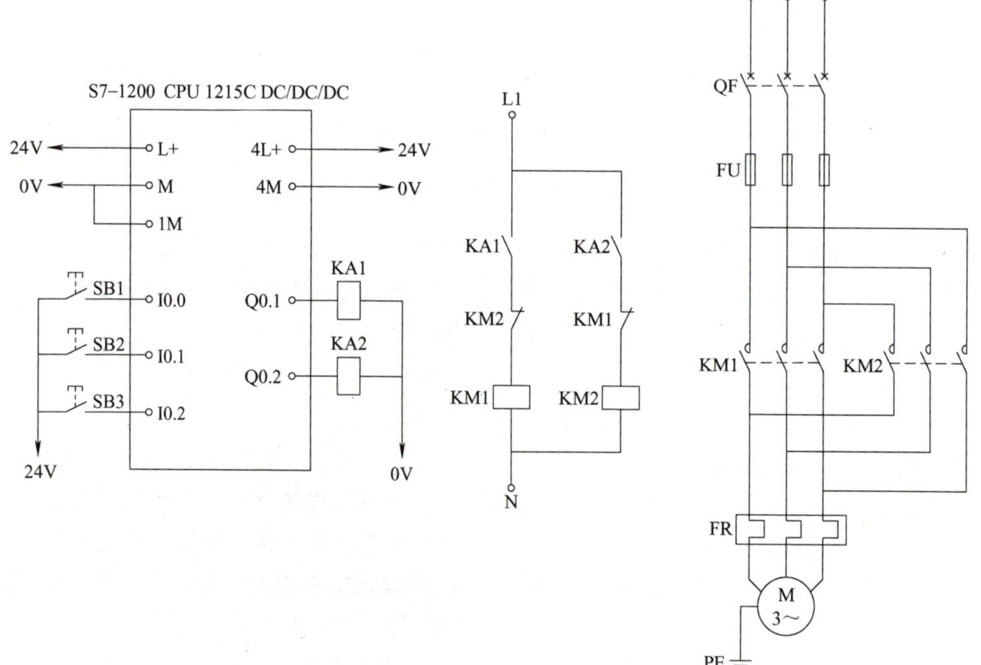

图 3-4　I/O 接线图

3. PLC 程序变量表

PLC 程序变量表如图 3-5 所示。

4. PLC 控制程序

PLC 控制程序如图 3-6 ～图 3-9 所示。

PLC 变量

名称	变量表	数据类型	地址
起动按钮	默认变量表	Bool	%I0.0
停止按钮	默认变量表	Bool	%I0.1
急停按钮	默认变量表	Bool	%I0.2
搅拌机正转	默认变量表	Bool	%Q0.0
搅拌机反转	默认变量表	Bool	%Q0.1
接通	默认变量表	Bool	%M10.0
循环一次	默认变量表	Bool	%M5.0
循环结束	默认变量表	Bool	%M6.0

图 3-5　PLC 程序变量表

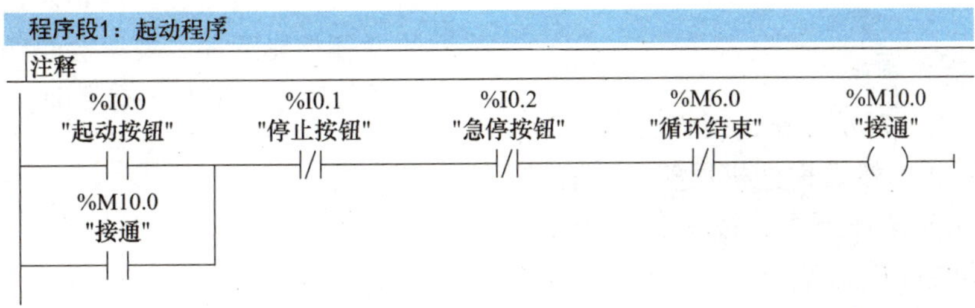

图 3-6　起动程序

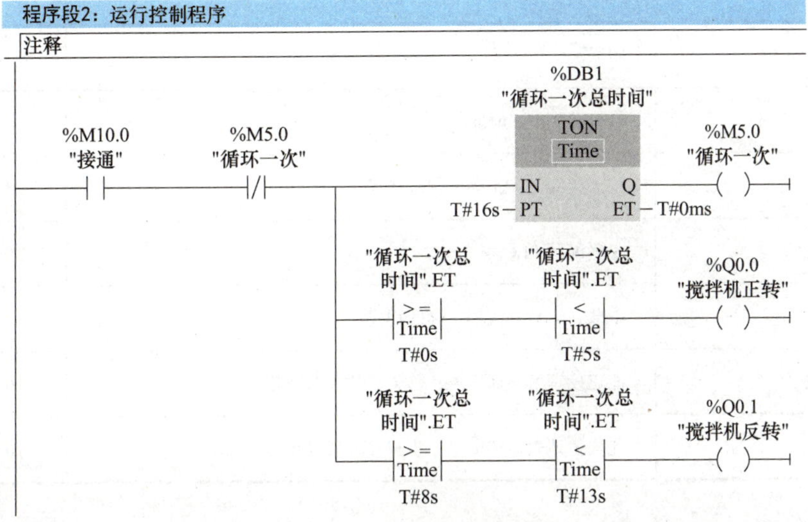

图 3-7　运行控制程序

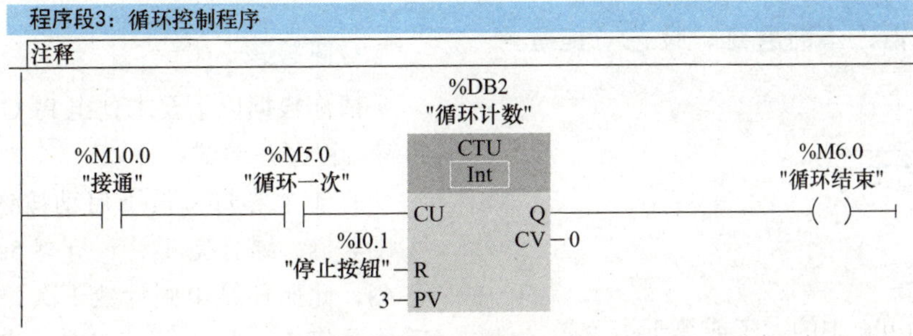

图 3-8　循环控制程序

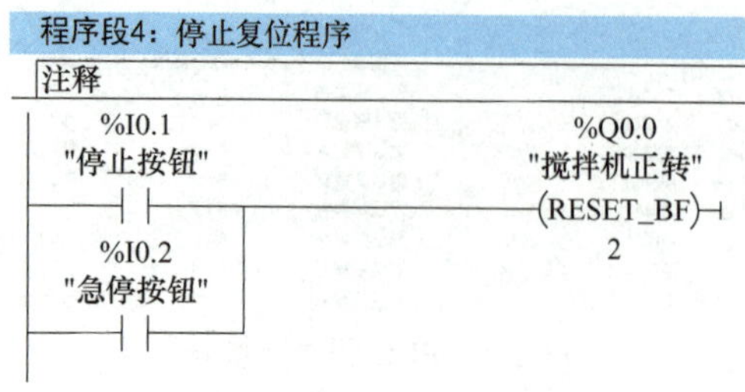

图 3-9 停止复位程序

5. PLC 程序调试

步骤 1：按下起动按钮，搅拌机先正转，接着搅拌机停止，然后搅拌机反转，接着搅拌机停止，如此循环下去；按下急停按钮，观察搅拌机能否完成急停。

步骤 2：检查搅拌机循环次数是否正常。

任务总结

搅拌机控制程序实质上就是电动机的正反转控制程序。该程序的编写要以时间为轴线，注意电动机何时正转，电动机何时反转，循环一次的总时间是多少；每 1 次循环结束计数 1 次，计满后程序停止。这也是一个典型的循环控制程序。要学会总结与归纳，对以后类似程序的编写大有帮助。

任务评价

任务评价见表 3-4。

表 3-4 任务评价

评价内容	评价标准	配分	得分
I/O 信号分配	合理分配 I/O 地址	10	
外部接线与布线	按照接线图，正确、规范接线	30	
PLC 程序设计	正确编写 PLC 程序	30	
程序检查与运行	下载、运行、监控正确的程序	10	
理解、总结能力	能正确理解实训任务，善于总结实训经验	10	
语言表达能力	能清楚地表达实训操作步骤并合理解释实训现象	10	

每课寄语

持之以恒，不断磨炼，技艺方能登峰造极。

拓展练习

1. 填空题

1）S7-1200 中的大于或等于指令是__________，小于指令是________。

2）S7-1200 中的接通延时定时器指令是________，关断延时定时器指令是__________。

2. 简答题

请你根据以下要求列出 PLC 程序变量然后编写程序并调试：

有 4 个彩灯，按下启动按钮自动运行，红灯亮 5s，绿灯亮 4s，黄灯亮 5s，然后蓝灯亮 6s，此循环结束则计数 1 次，计数 100 次后自动停止；按下停止按钮，红灯、绿灯、黄灯、蓝灯均熄灭。

任务 2　两种液体混合加工装置程序设计

任务目标

1. 知识目标

1）学会基础指令的应用。

2）学会单流程顺序控制程序的编写。

2. 技能目标

1）完成液体混合装置输入 / 输出端的接线。

2）完成液体混合装置 PLC 程序的编写与调试。

3. 素质目标

1）能与他人合作完成资料查阅，培养团队合作精神。

2）培养勇于探索、创新实践的精神。

3）严格要求，精益求精。

任务布置

请根据两种液体混合装置的工艺要求，完成 I/O 信号分配、绘制 I/O 接线图与线路安装、编写 PLC 程序并调试。

液体混合控制系统（见图 3-10）由 3 个开关量液位传感器分别检测液位的高、中和低，两个进料阀及搅拌机分别对 A、B 两种液体原料按比例混合搅拌，一个出料阀 C 排料。

初始状态容器是空的，进料阀 A、B 和出料阀 C 均为关闭状态，各液位传感器为 OFF，搅拌机和加入装置为 OFF。在按下起动按钮后，系统进入自动运行状态，进料阀 A 打开，液体 A 注入容器，当液面到达中液位传感器 SQ2 时，关闭进料阀 A，同时进料阀 B 打开。当液面到达高液位传感器 SQ1 时，关闭进料阀 B，同时搅拌机开始搅拌，10s 之后搅拌机关闭，停止搅拌。然后打开出料阀 C，当液面低于低液位传感器 SQ3 时，搅拌机开始搅拌，5s 之后搅拌机关闭，停止搅拌，并且关闭出料阀 C，本次循环结束。然后开启下一循环，如此循环往复。在自动运行过程中，当停止按钮按下时，系统不能立即停止，需要在结束当前循环后才停止。

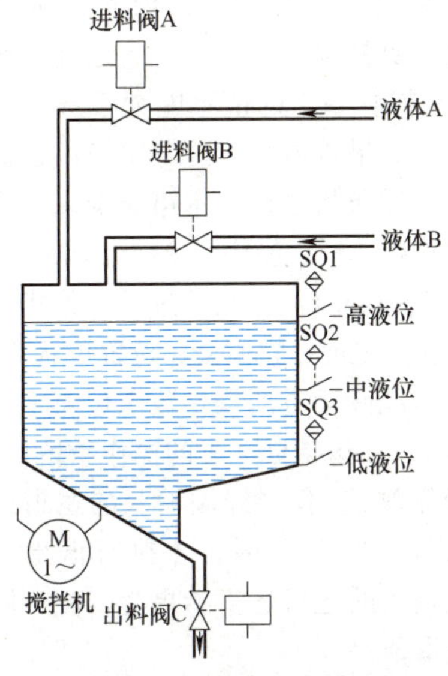

图 3-10　液体混合控制系统

任务分析

1. 相关指令介绍

在编程中使用到复位输出–(R)– 和置位输出–(S)– 两种指令，输出同一地址状态位时，编译过程中有且只能存在其中一种。

复位位域指令 RESET_BF 如图 3-11 所示。

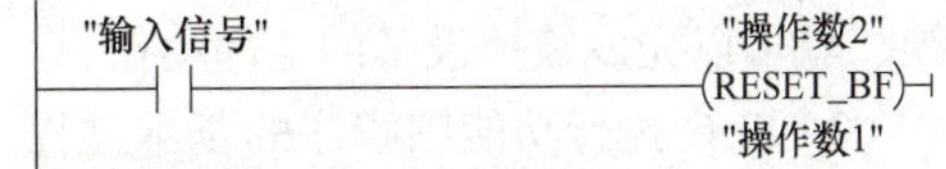

图 3-11　复位位域指令 RESET_BF

复位位域指令的参数说明见表 3-5。

表 3-5　复位位域指令的参数说明

参数	声明	数据类型	存储区	说明
操作数 1	Input	UInt	常数	要复位的位数目
操作数 2	Output	Bool	I、Q、M、DB 或 IDB、Bool 类型的 Array[‥] 中的元素	指向待复位的第一个位的指针

可以使用复位位域指令复位从某个特定地址开始的多个位。

可以使用操作数 1 的值来指定要复位的位数。要复位的第一个位的地址由操作数 2 定义。操作数 1 的值不能大于选定字节中的位数。如果该值大于选定字节的位数，则将不执行该条指令且显示错误消息“超出索引 <操作数 1> 的范围”（Range violation for index <Operand1>）。在通过另一条指令显式复位这些位之前，它们会保持置位状态。

在该指令下方的操作数占位符中，指定操作数 1。在该指令上方的操作数占位符中，指定操作数 2。仅当线圈输入的逻辑运算结果（RLO）为“1”时，才执行该指令；如果线圈输入的逻辑运算结果为“0”，则不会执行该指令。

2. 顺序功能图

（1）顺序功能图的应用　顺序功能图是设计 PLC 顺序控制程序的一种工具，适用于系统规模较大、程序关系较复杂的场合，特别适用于对顺序操作的控制。

（2）顺序功能图的设计思路　设计者按照生产要求，将被控设备的一个工作周期划分成若干个工作阶段（简称“步”），并明确表示每一步要执行的输出，“步”与“步”之间通过制定的条件进行转换。在程序中，只要通过正确连接进行“步”与“步”之间的转换，就可以完成被控设备的全部动作。

（3）PLC 执行功能图程序的基本过程　根据转换条件选择工作“步”，进行“步”的逻辑处理。组成功能图程序的基本要素是步、转换条件和有向连线，如图 3-12 所示。

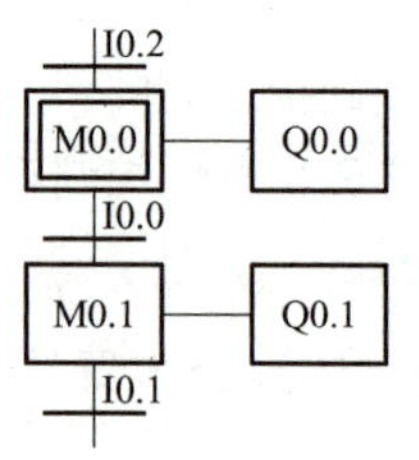

图 3-12　功能图程序

（4）步　一个顺序控制过程可分为若干个阶段，也称为步或状态。系统初始状态对应的步称为初始步，初始步一般用双线框表示。在每一步中施控系统要发出某些“命令”，而被控系统要完成某些“动作”，“命令”和“动作”都称为动作。当系统处于某一工作阶段时，则该步处于激活状态，称为活动步。

（5）转换条件　使系统由当前步进入下一步的信号称为转换条件。

顺序控制设计法用转换条件控制代表各步的编程元件，让它们的状态按一定的顺序变化，然后用代表各步的编程元件去控制输出。因此，“转换条件”是功能图程序选择工作状态（步）的“开关”。

（6）有向连线　步与步之间的连接线称为有向连线，有向连线决定了状态的转换方向与转换途径。在有向连线上有短线，表示转换条件。当条件满足时，转换得以实现，即上一步的动作结束，而下一步的动作开始，因而不会出现动作重叠。因此，步与步之间必须要有转换条件。

图 3-12 中的双线框为初始步，M0.0 和 M0.1 是步名，I0.0、I0.1 为转换条件，Q0.0、Q0.1 为动作。当 M0.0 有效时，输出指令驱

动 Q0.0。步与步之间的连线为有向连线，它的箭头省略未画。

3. 两种液体混合装置的顺序功能图

根据两种液体混合装置的工艺要求，其顺序功能图如图 3-13 所示。

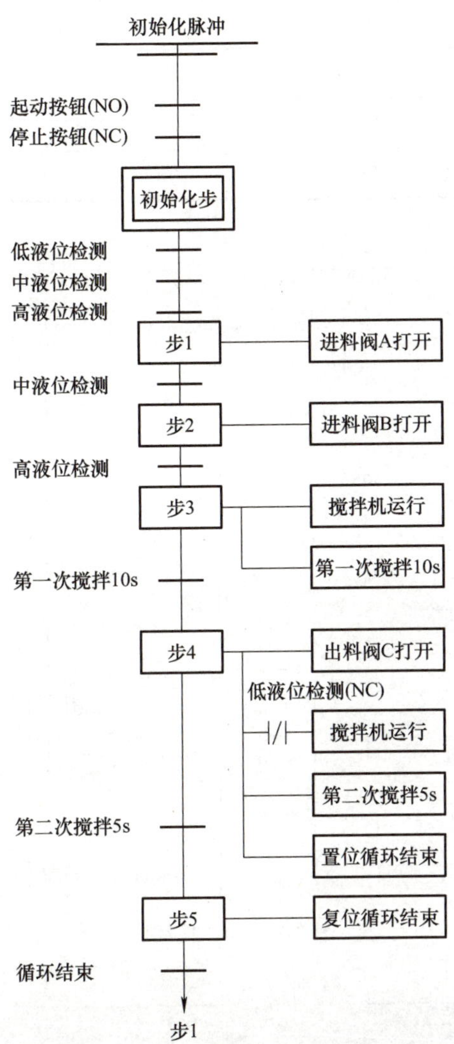

图 3-13　两种液体混合装置的顺序功能图

任务实施

1. I/O 信号分配表

根据对实际需要输入 / 输出量的分析，其 I/O 信号分配见表 3-6。

2. I/O 接线图

I/O 接线图如图 3-14 所示。

3. PLC 程序变量表

PLC 程序变量表如图 3-15 所示。

4. PLC 控制程序

PLC 控制程序如图 3-16 ～图 3-22 所示。

表 3-6　I/O 信号分配

输入		输出	
起动按钮	I0.0	搅拌机	Q0.0
低液位检测	I0.1	进料阀 A	Q0.1
中液位检测	I0.2	进料阀 B	Q0.2
高液位检测	I0.3	出料阀 C	Q0.3
停止按钮	I0.4		

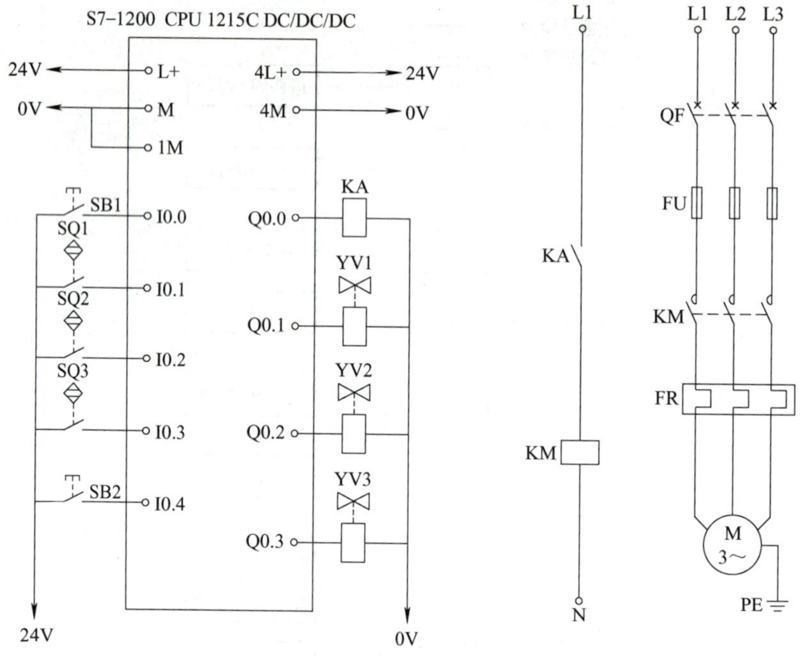

图 3-14　I/O 接线图

PLC 变量

名称	变量表	数据类型	地址
起动按钮	默认变量表	Bool	%I0.0
停止按钮	默认变量表	Bool	%I0.4
高液位检测	默认变量表	Bool	%I0.3
中液位检测	默认变量表	Bool	%I0.2
低液位检测	默认变量表	Bool	%I0.1
搅拌机	默认变量表	Bool	%Q0.0
进料阀A	默认变量表	Bool	%Q0.1
进料阀B	默认变量表	Bool	%Q0.2
出料阀C	默认变量表	Bool	%Q0.3
接通	默认变量表	Bool	%M1.0
步1	默认变量表	Bool	%M1.1
步2	默认变量表	Bool	%M1.2
步3	默认变量表	Bool	%M1.3
步4	默认变量表	Bool	%M1.4
步5	默认变量表	Bool	%M1.5
循环结束	默认变量表	Bool	%M2.0

图 3-15　PLC 程序变量表

程序段1：起动程序
注释
%I0.0
"起动按钮"
%I0.4
"停止按钮"
%M1.0
"接通"
%M1.0
"接通"

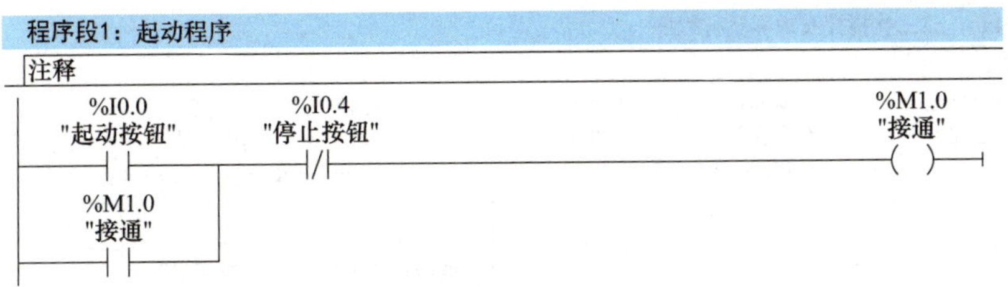

图 3-16　起动程序

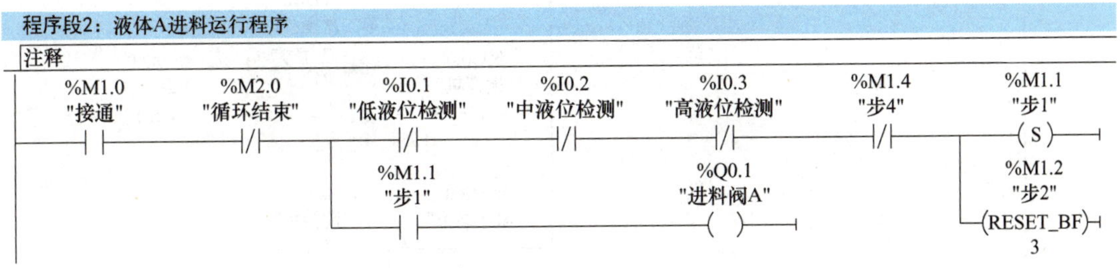

程序段2：液体A进料运行程序
注释
%M1.0
"接通"
%M2.0
"循环结束"
%I0.1
"低液位检测"
%I0.2
"中液位检测"
%I0.3
"高液位检测"
%M1.4
"步4"
%M1.1
"步1"
S
%M1.1
"步1"
%Q0.1
"进料阀A"
%M1.2
"步2"
RESET_BF
3

图 3-17　液体 A 进料运行程序

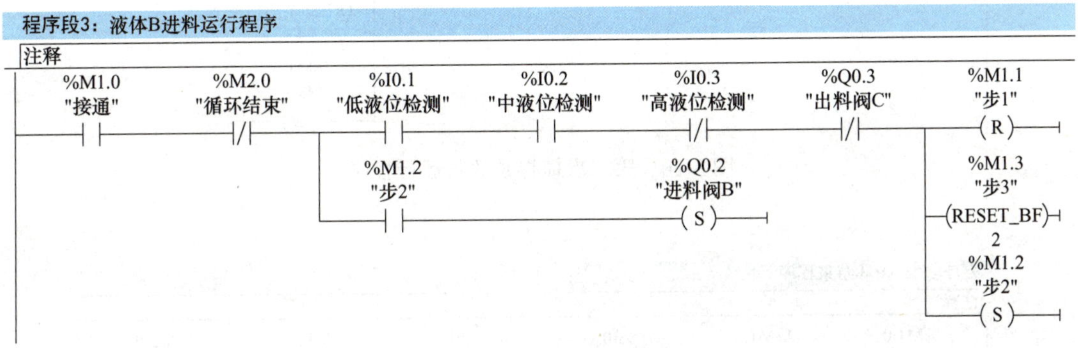

程序段3：液体B进料运行程序
注释
%M1.0
"接通"
%M2.0
"循环结束"
%I0.1
"低液位检测"
%I0.2
"中液位检测"
%I0.3
"高液位检测"
%Q0.3
"出料阀C"
%M1.1
"步1"
R
%M1.2
"步2"
%Q0.2
"进料阀B"
S
%M1.3
"步3"
RESET_BF
2
%M1.2
"步2"
S

图 3-18　液体 B 进料运行程序

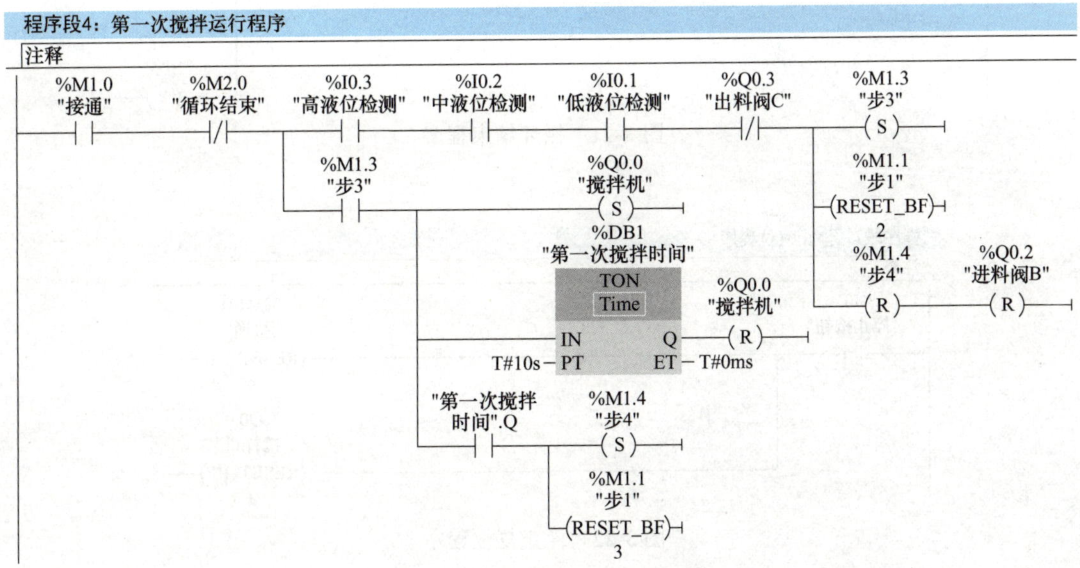

程序段4：第一次搅拌运行程序
注释
%M1.0
"接通"
%M2.0
"循环结束"
%I0.3
"高液位检测"
%I0.2
"中液位检测"
%I0.1
"低液位检测"
%Q0.3
"出料阀C"
%M1.3
"步3"
S
%M1.3
"步3"
%Q0.0
"搅拌机"
S
%M1.1
"步1"
RESET_BF
2
%DB1
"第一次搅拌时间"
TON
Time
IN
Q
T#10s
PT
ET
T#0ms
%Q0.0
"搅拌机"
R
%M1.4
"步4"
R
%Q0.2
"进料阀B"
R
"第一次搅拌
时间".Q
%M1.4
"步4"
S
%M1.1
"步1"
RESET_BF
3

图 3-19　第一次搅拌运行程序

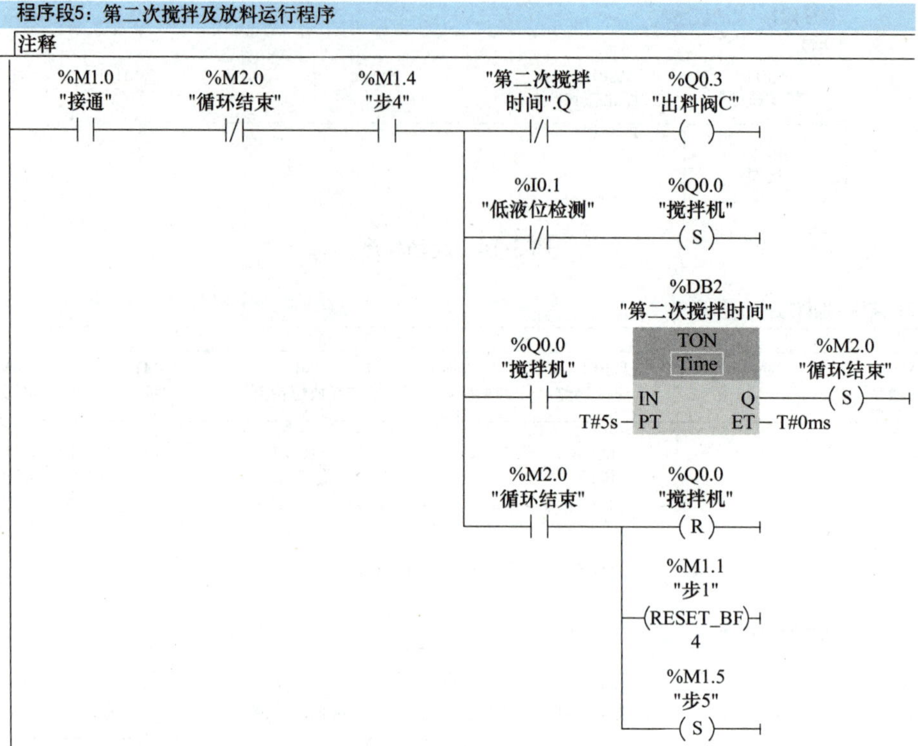

图 3-20　第二次搅拌及放料运行程序

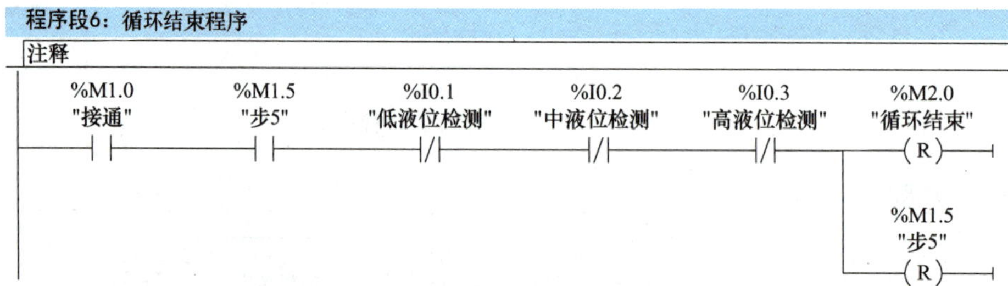

图 3-21　循环结束程序

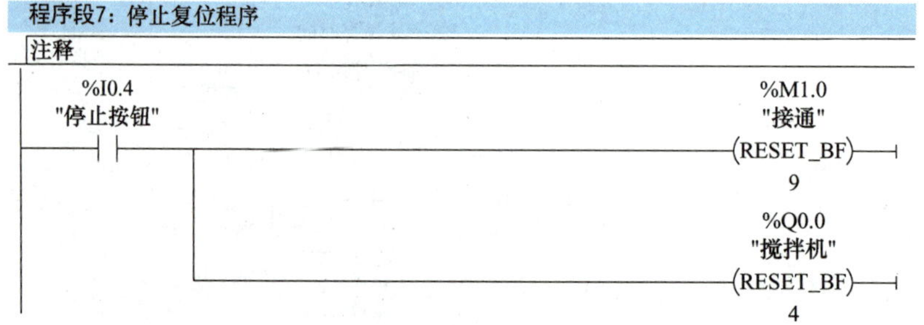

图 3-22　停止复位程序

5. PLC 程序调试

步骤 1：按下起动按钮，首先观察进料阀 A 是否动作，接着观察进料阀 B 是否动作。

步骤 2：观察搅拌机和出料阀是否运行正常。

步骤 3：程序能否循环进行。

步骤 4：按下停止按钮，搅拌机、进料阀、出料阀是否均能停止工作。

步骤 5：程序运行异常，先检查程序输入是否正确，接着检查传感器、搅拌机、进料阀、出料阀是否良好或出现接线错误等。

任务总结

该液体混合控制程序编写时，首先可以把该任务分成几个阶段来完成，然后每个阶段由哪些状态来划分，每个阶段由哪些动作来完成，前后顺序如何，思路要清晰。当然，程序编写时思维要严谨，通过反复调试达到最佳效果，最终实现程序的要求。

任务评价

任务评价见表 3-7。

表 3-7 任务评价

评价内容	评价标准	配分	得分
I/O 信号分配	合理分配 I/O 地址	10	
外部接线与布线	按照接线图，正确、规范接线	30	
PLC 程序设计	正确编写 PLC 程序	30	
程序检查与运行	下载、运行、监控正确的程序	10	
理解、总结能力	能正确理解实训任务，善于总结实训经验	10	
语言表达能力	能清楚地表达实训操作步骤并合理解释实训现象	10	

每课寄语

厚积薄发，脚踏实地，用时间见证工匠的坚守与付出。

拓展练习

请根据以下工艺要求列出 PLC 程序变量然后编写程序并调试。

图 3-23 所示为搅拌控制系统，由 3 个开关量液位传感器分别检测液位的高、中和低，3 个进料阀及搅拌机分别对 A、B、C 三种液体原料按比例混合搅拌。

初始状态容器是空的，进料阀 A、B、C 和出料阀 D 均为 OFF，各液位传感器为 OFF，电动机和加入装置为 OFF。在旋钮打到起动状态下时，物料 A 进料阀打开，物料 A 开始注入容器，当液面到达低液位传感器时，物料 B 进料阀打开，5s 之后搅拌机开始搅拌。当液面到达中液位传感器时，物料 A 进料阀关闭，物料 C 进料阀打开。当液面到达高液位传感器时，进料阀 B、C 关闭，5s 之后停止搅拌，然后打开出料阀 D 出料。出料过程中当液面低于低液位传感器时，搅拌机起动，5s 之后停止，并且关闭出料阀 D。

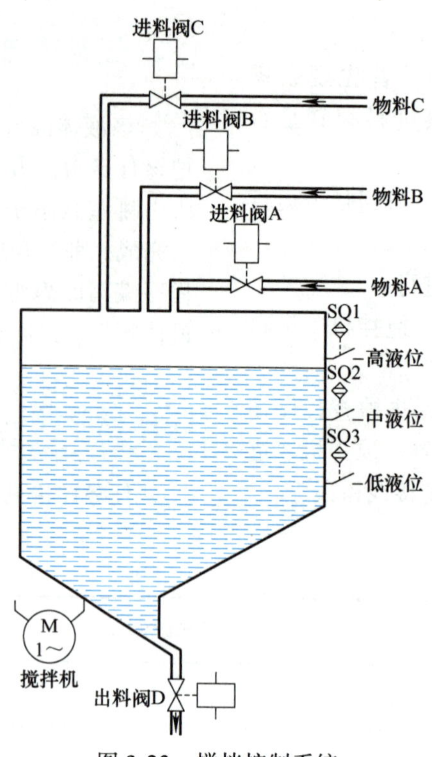

图 3-23 搅拌控制系统

任务 3 气动机械手控制系统程序设计

任务目标

1. 知识目标

1）巩固单流程的顺序控制。

2）学会 PLC 外部接线及系统调试方法。

2. 技能目标

1）完成机械手系统输入/输出端的接线。

2）完成机械手系统 PLC 程序的编写与调试。

3. 素质目标

1）强化专业技能，提升自身的专业素质。

2）强化综合素质，培养探索创新实践的精神。

3）学会思考，追求卓越。

任务布置

一台气动机械手如图 3-24 所示，有上升、下降、左移、右移、夹紧和松开 6 个动作，分别有上限位、下限位、左限位、右限位、夹紧到位和松开到位 6 个检测开关，有起动按钮、停止按钮，有 3 个电磁阀分别控制上下气缸、左右气缸、夹爪气缸。

控制要求：机械手下降在 A 点夹取产品，上升到位向右伸出，然后下降在 B 点放下产品，上升到位向左缩回原位，一个循环结束。然后自动运行一直重复以上动作，直到按下停止按钮后停止运行。

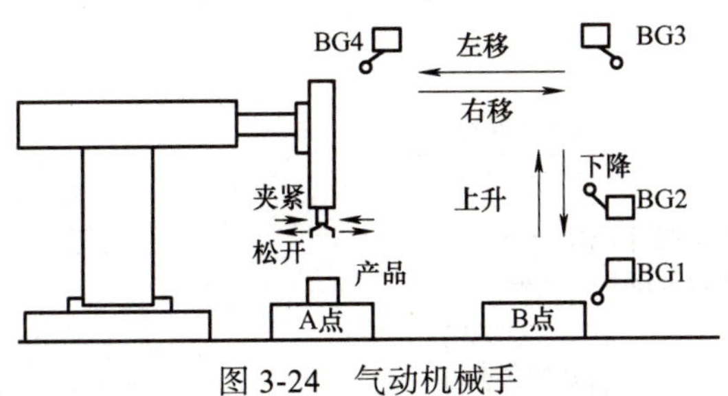

图 3-24　气动机械手

任务分析

1. 相关指令介绍

该任务主要涉及置位输出-(S)-、复位输出-(R)-、复位位域 RESET_BF、接通延时定时器-(TON)-等指令。

（1）扫描 RLO 的信号上升沿指令 P_TRIG　扫描 RLO 的信号上升沿指令 P_TRIG 的应用如图 3-25 所示。

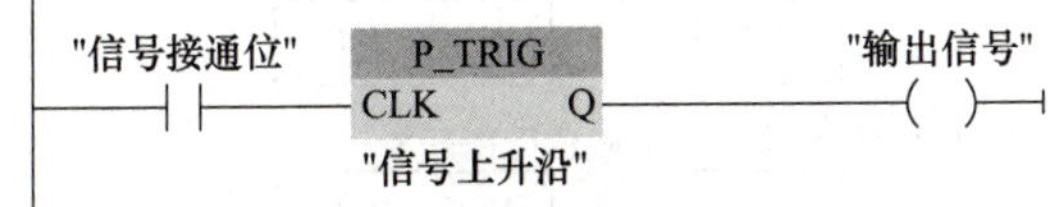

图 3-25　P_TRIG 指令的应用

使用扫描 RLO 的信号上升沿指令可查询 RLO 的信号状态从“0”到“1”的更改。该指令将比较 RLO 的当前信号状态与保存在边沿存储位（操作数）中上一次查询的信号状态。如果该指令检测到 RLO 从“0”变为“1”，则说明出现了一个信号上升沿。

每次执行指令时，都会查询信号上升沿。检测到信号上升沿时，该指令的输出 Q 将立即返回程序代码长度的信号状态“1”，而在其他任何情况下，该输出返回的信号状态均为“0”。

注意：修改边沿存储位的地址时，边沿存储器位的地址在程序中最多只能使用一次，否则会覆盖该位存储器。该步骤将影响到边沿检测，从而导致结果不再唯一。边沿存储位的存储区域必须位于 DB（FB 静态区域）或位存储区中。

（2）扫描 RLO 的信号上升沿指令的参数　表 3-8 列出了扫描 RLO 的信号上升沿指令的参数说明。

表 3-8　扫描 RLO 的信号上升沿指令的参数说明

参数	声明	数据类型	存储区	说明
CLK	Input	Bool	I、Q、M、D、L 或常数	当前 RLO
操作数	InOut	Bool	M、D	保存上一次查询的 RLO 的边沿存储位
Q	Output	Bool	I、Q、M、D、L 或常数	边沿检测的结果

2. 气动机械手控制系统的顺序功能图

根据气动机械手控制系统的工艺要求，其顺序功能图如图 3-26 所示。

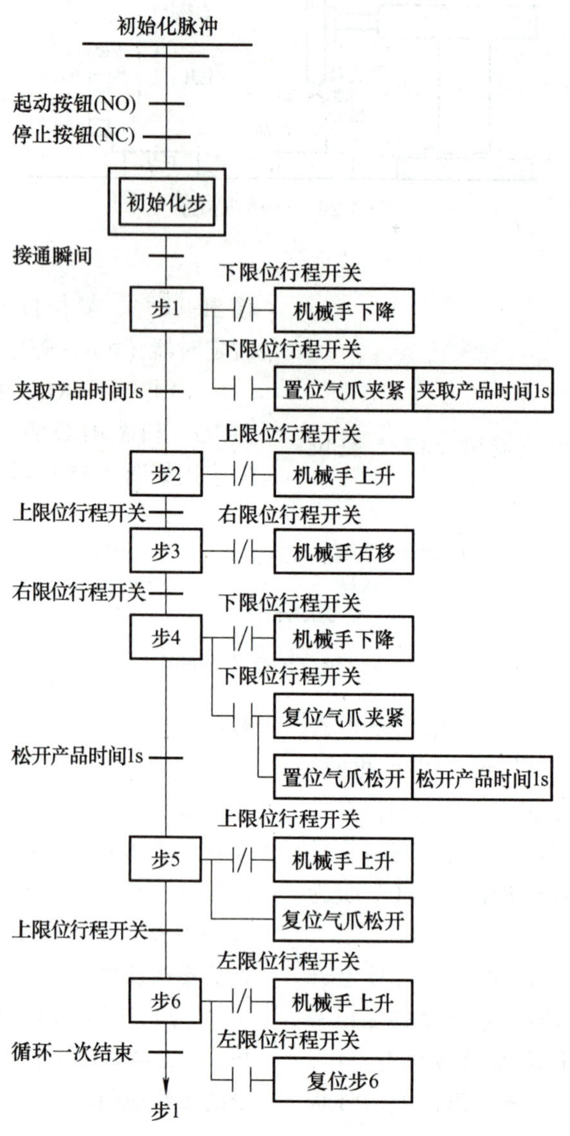

图 3-26 气动机械手控制系统的顺序功能图

任务实施

1. I/O 信号分配表

根据对实际需要输入 / 输出量的分析，其 I/O 信号分配见表 3-9。

2. I/O 接线图

I/O 接线图如图 3-27 所示。

3. PLC 程序变量表

PLC 程序变量表如图 3-28 所示。

4. PLC 控制程序

PLC 控制程序如图 3-29 ～图 3-37 所示。

表 3-9　I/O 信号分配

输入		输出	
起动按钮	I0.0	机械手上升	Q0.0
停止按钮	I0.1	机械手下降	Q0.1
下限位行程开关	I0.2	机械手左移	Q0.2
上限位行程开关	I0.3	机械手右移	Q0.3
左限位行程开关	I0.4	气爪夹紧	Q0.4
右限位行程开关	I0.5	气爪松开	Q0.5
气爪夹紧到位	I0.6		
气爪松开到位	I0.7		

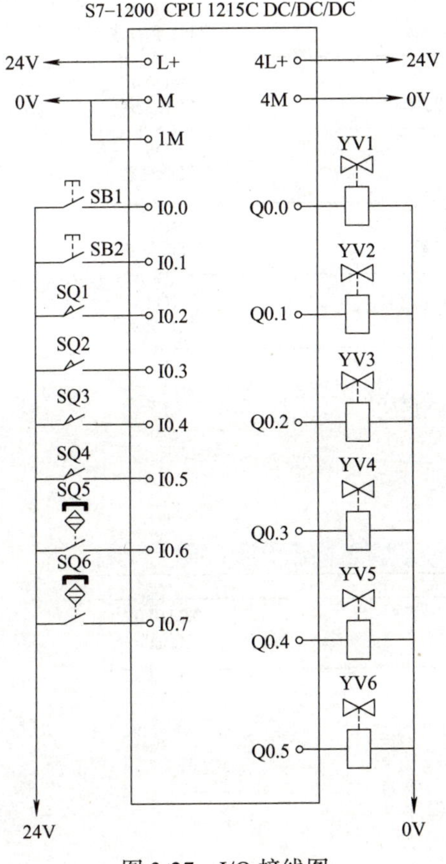

图 3-27　I/O 接线图

PLC 变量

	名称	变量表	数据类型	地址
1	起动按钮	默认变量表	Bool	%I0.0
2	停止按钮	默认变量表	Bool	%I0.1
3	下限位行程开关	默认变量表	Bool	%I0.2
4	上限位行程开关	默认变量表	Bool	%I0.3
5	左限位行程开关	默认变量表	Bool	%I0.4
6	右限位行程开关	默认变量表	Bool	%I0.5
7	气爪夹紧到位	默认变量表	Bool	%I0.6
8	气爪松开到位	默认变量表	Bool	%I0.7
9	机械手上升	默认变量表	Bool	%Q0.0
10	机械手下降	默认变量表	Bool	%Q0.1
11	机械手左移	默认变量表	Bool	%Q0.2
12	机械手右移	默认变量表	Bool	%Q0.3
13	气爪夹紧	默认变量表	Bool	%Q0.4
14	气爪松开	默认变量表	Bool	%Q0.5
15	接通	默认变量表	Bool	%M10.0
16	第一步	默认变量表	Bool	%M4.1
17	第二步	默认变量表	Bool	%M4.2
18	第三步	默认变量表	Bool	%M4.3
19	第四步	默认变量表	Bool	%M4.4
20	第五步	默认变量表	Bool	%M4.5
21	第六步	默认变量表	Bool	%M4.6
22	手动上升	默认变量表	Bool	%M1.0
23	手动下降	默认变量表	Bool	%M1.1
24	手动左移	默认变量表	Bool	%M1.2
25	手动右移	默认变量表	Bool	%M1.3
26	手动气爪夹紧	默认变量表	Bool	%M1.4
27	手动气爪松开	默认变量表	Bool	%M1.5
28	循环一次结束	默认变量表	Bool	%M5.0
29	接通瞬间	默认变量表	Bool	%M4.0

图 3-28　PLC 程序变量表

图 3-29　手动调试程序

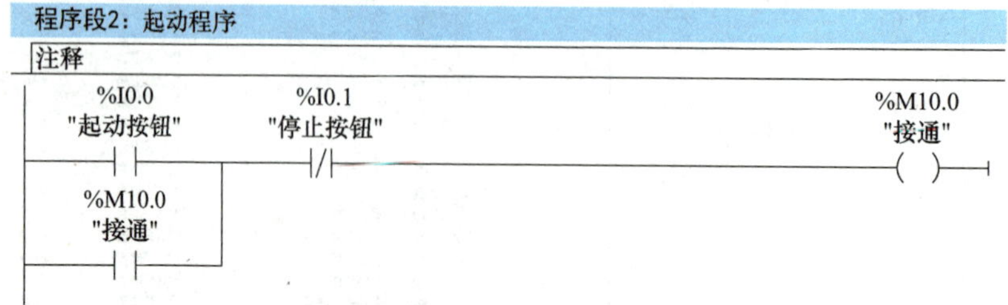

图 3-30　起动程序

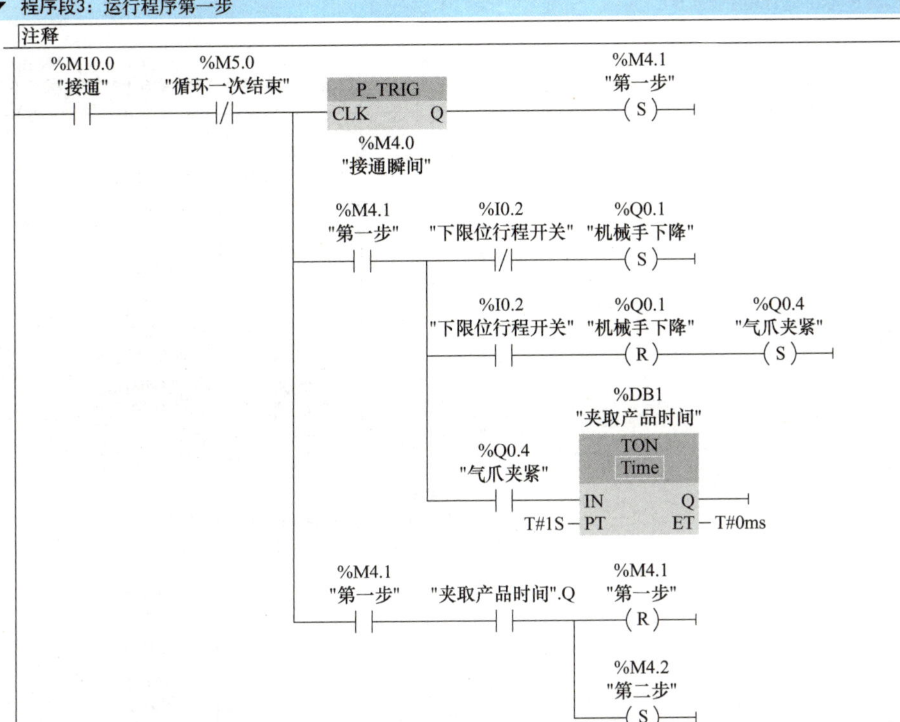

图 3-31　运行程序第一步

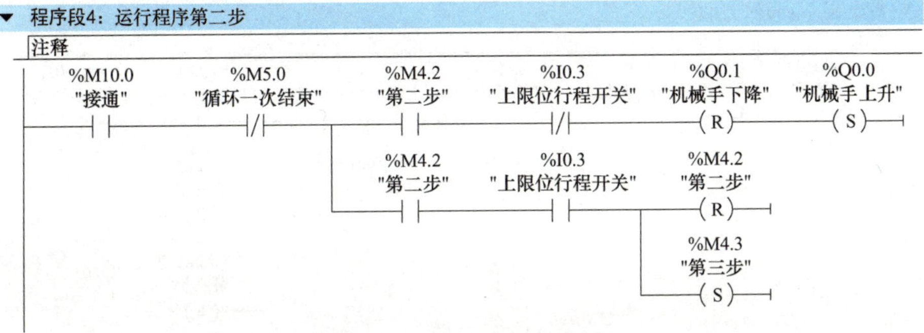

图 3-32　运行程序第二步

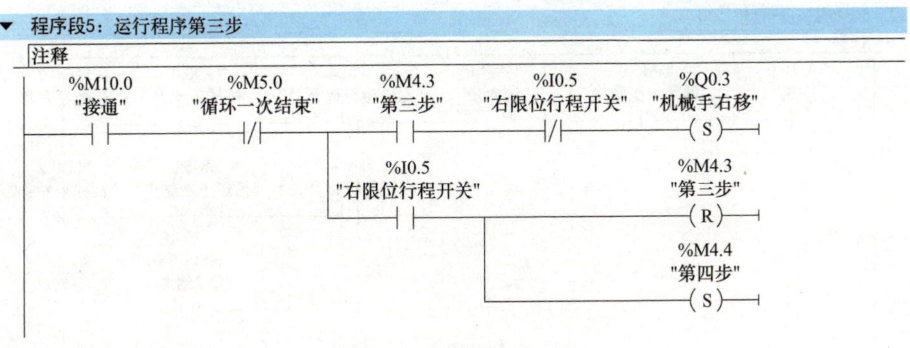

图 3-33　运行程序第三步

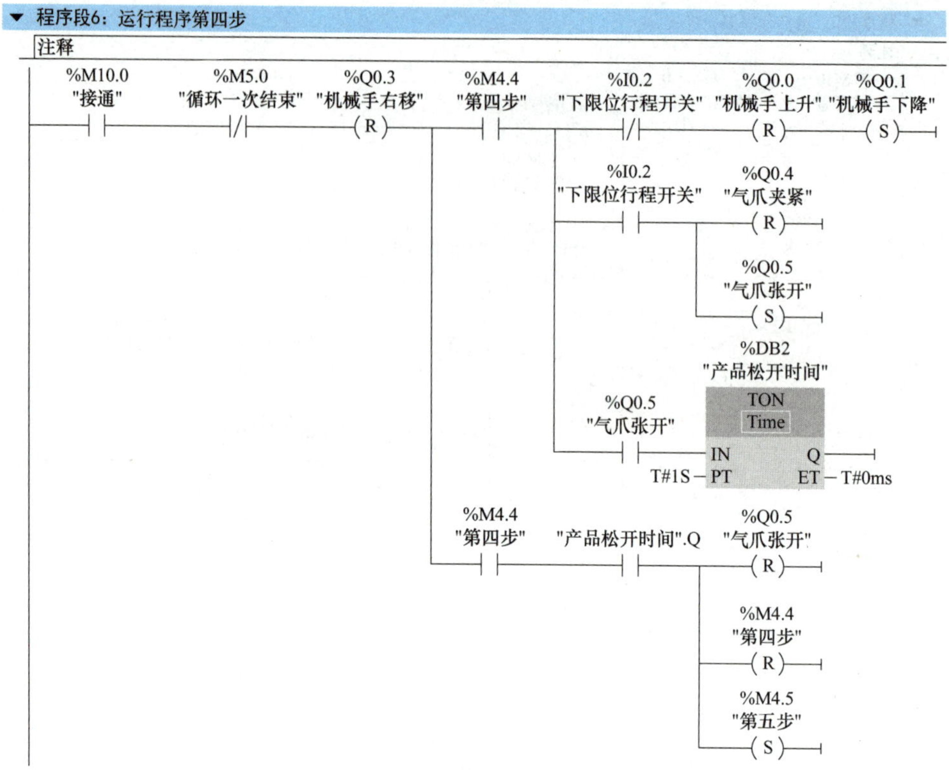

▼ 程序段6：运行程序第四步

注释

%M10.0 "接通"　%M5.0 "循环一次结束"　%Q0.3 "机械手右移" (R)　%M4.4 "第四步"　%I0.2 "下限位行程开关"　%Q0.0 "机械手上升" (R)　%Q0.1 "机械手下降" (S)

%I0.2 "下限位行程开关"　%Q0.4 "气爪夹紧" (R)

%Q0.5 "气爪张开" (S)

%DB2 "产品松开时间"

%Q0.5 "气爪张开"　TON Time　IN　Q　T#1S — PT　ET — T#0ms

%M4.4 "第四步"　"产品松开时间".Q　%Q0.5 "气爪张开" (R)

%M4.4 "第四步" (R)

%M4.5 "第五步" (S)

图 3-34　运行程序第四步

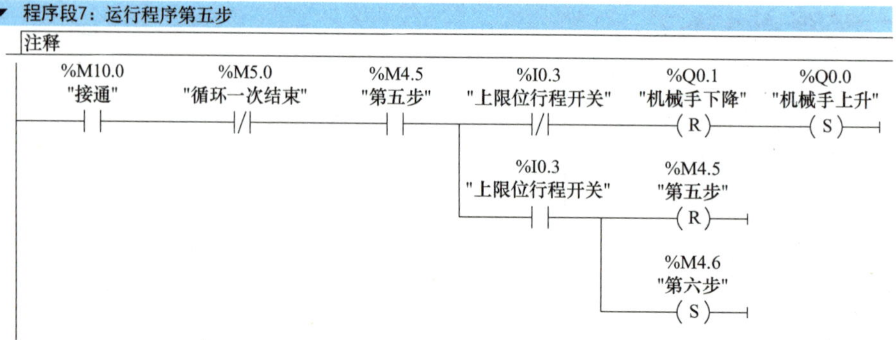

图 3-35　运行程序第五步

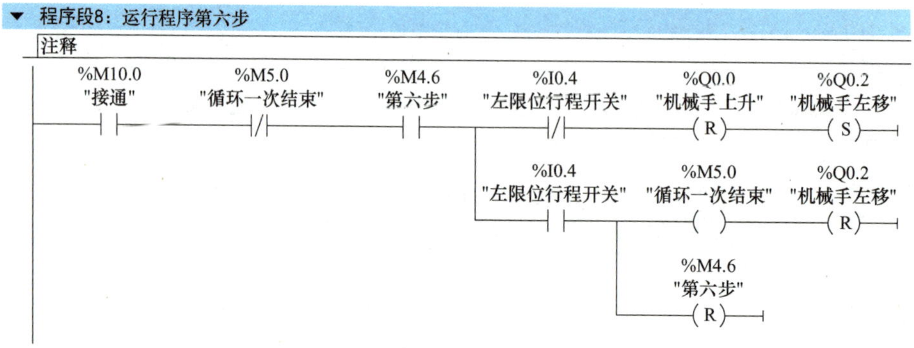

▼ 程序段8：运行程序第六步

注释

%M10.0 "接通"　%M5.0 "循环一次结束"　%M4.6 "第六步"　%I0.4 "左限位行程开关"　%Q0.0 "机械手上升" (R)　%Q0.2 "机械手左移" (S)

%I0.4 "左限位行程开关"　%M5.0 "循环一次结束" ( )　%Q0.2 "机械手左移" (R)

%M4.6 "第六步" (R)

图 3-36　运行程序第六步

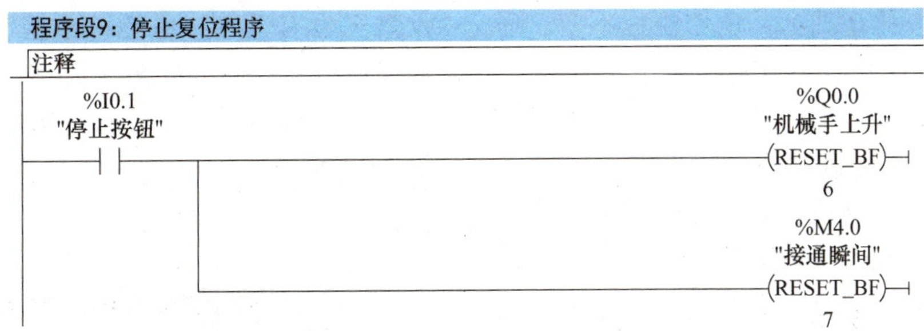

图 3-37　停止复位程序

注意： 图 3-29 所示的手动调试程序中 M1.0 ～ M1.5 为手动调试的 PLC 内部辅助触点，减少了硬件输入点 I 的点数，为后续工艺改进留有分配空间。

5. PLC 程序调试

步骤 1：在离线模式下先测试程序的完整性。

步骤 2：复位输出位电磁阀，观察气缸是否处于回缩状态。

步骤 3：置位输出位电磁阀，观察气缸是否处于伸出状态。

步骤 4：气缸回缩、伸出，观察气缸限位传感器是否动作。

任务总结

编写气动机械手程序前先要弄清楚气动机械手的每一个工作状态。每一个工作状态在编程时都是一步，执行完该步时，进入下一步前应将该步复位，然后立即将下一步置位。特别是进入每一步的条件及该步结束的条件一定要很清楚。编程时要认真细致。

任务评价

任务评价见表 3-10。

表 3-10　任务评价

评价内容	评价标准	配分	得分
I/O 信号分配	合理分配 I/O 地址	10	
外部接线与布线	按照接线图，正确、规范接线	30	
PLC 程序设计	正确编写 PLC 程序	30	
程序检查与运行	下载、运行、监控正确的程序	10	
理解、总结能力	能正确理解实训任务，善于总结实训经验	10	
语言表达能力	能清楚地表达实训操作步骤并合理解释实训现象	10	

每课寄语

心怀热爱，脚踏实地，将平凡工作做到极致即为不凡。

拓展练习

请根据以下工艺要求列出 PLC 程序变量然后编写程序并调试。

在本任务的基础上，动作流程不变，程序需求增加 3 个模式，分别是手动调试模式、半自动模式和全自动模式，这 3 个模式由一个 3 段选择开关控制。

控制要求：动作流程不变，机械手下降在 A 点夹取产品，上升到位向右伸出，然后下降在 B 点放下产品，上升到位向左缩回原位，一个循环结束。全自动模式一直重复以上动作，半自动模式只重复一个循环动作，手动模式可以单独控制每一个气缸。

任务 4　大小箱子分拣程序设计

任务目标

1. 知识目标

1）学会选择分支流程的控制。

2）掌握基础指令的综合应用。

2. 技能目标

1）完成分拣设备输入 / 输出端的接线。

2）完成分拣设备 PLC 程序的编写与调试。

3. 素质目标

1）强化专业技能，提升自身的专业素质。

2）强化综合素质，培养探索创新实践的精神。

3）勇于创新，挑战自我。

任务布置

请根据大小箱子分拣工艺要求为分拣设备分配 I/O、绘制 I/O 接线图、编写 PLC 程序并调试运行。

有大、中、小三种箱子在传送带输送线上流过，有高、中、低三个传感器，分别检测箱子的大小，对应的有三个导向传送带，收料区也有大箱、中箱、小箱三个收料区，根据传感器检测到的箱子大小，通过相应的导向传送带控制箱子流向对应的收料区，如图 3-38 所示。

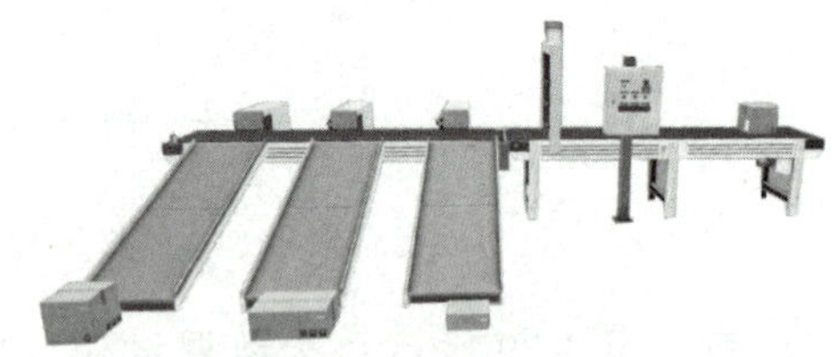

图 3-38　物料分拣系统

任务分析

1. 相关指令介绍

（1）扫描操作数的信号上升沿指令—|P|—

扫描操作数的信号上升沿指令—|P|—的应用如图 3-39 所示。

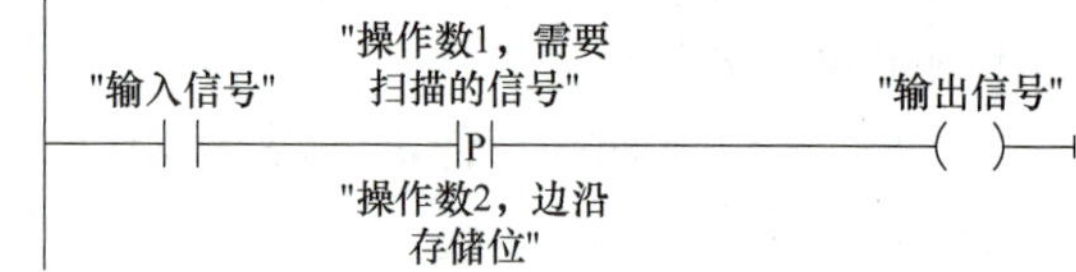

图 3-39　扫描操作数的信号上升沿指令—|P|—的应用

使用扫描操作数的信号上升沿指令可以确定所指定操作数（操作数 1）的信号状态是否从“0”变为“1”。该指令将比较操作数 1 的当前信号状态与上一次扫描的信号状态，上一次扫描的信号状态保存在边沿存储位（操作数 2）中。如果该指令检测到逻辑运算结果（RLO）从“0”变为“1”，则说明出现了一个上升沿。出现信号上升沿时信号状态的变化如图 3-40 所示。

每次执行指令时，都会查询信号上升沿，当检测到信号上升沿时，操作数 1 的信号状态将在一个程序周期内保持置位为“1”；在其他任何情况下，操作数 1 的信号状态均为“0”。在该指令上方的操作数占位符中，指定要查询的操作数（操作数 1）；在该指令下方的操作数占位符中，指定边沿存储位（操作数 2）。

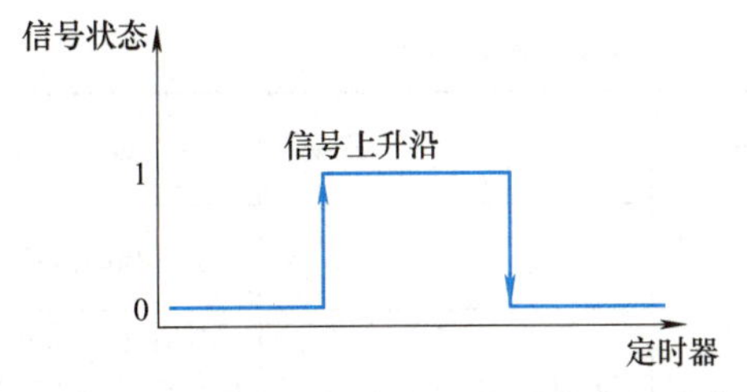

图 3-40　出现信号上升沿时信号状态的变化

说明：修改边沿存储位的地址时，边沿存储器位的地址在程序中最多只能使用一次，否则会覆盖该位存储器。该步骤将影响到边沿检测，从而导致结果不再唯一。边沿存储位的存储区域必须位于 DB（FB 静态区域）或位存储区中。

扫描操作数的信号上升沿指令的参数说明见表 3-11。

表 3-11　扫描操作数的信号上升沿指令的参数说明

参数	声明	数据类型	存储区		说明
			S7-1200	S7-1500	
操作数 1	Input	Bool	I、Q、M、D、L 或常数	I、Q、M、D、L、T、C 或常数	要扫描的信号
操作数 2	InOut	Bool	I、Q、M、D、L	I、Q、M、D、L	保存上一次查询的信号状态的边沿存储位

（2）扫描操作数的信号下降沿指令─|N|─

扫描操作数的信号下降沿指令─|N|─的应用如图 3-41 所示。

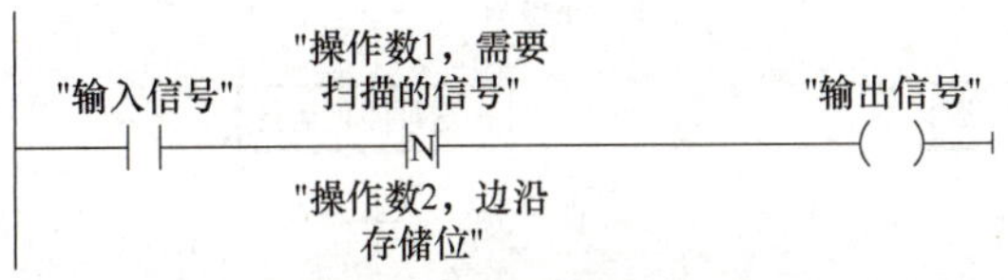

图 3-41　扫描操作数的信号下降沿指令─|N|─的应用

使用扫描操作数的信号下降沿指令可以确定所指定操作数（操作数 1）的信号状态是否从“1”变为“0”。该指令将比较操作数 1 的当前信号状态与上一次扫描的信号状态，上一次扫描的信号状态保存在边沿存储位（操作数 2）中。如果该指令检测到逻辑运算结果（RLO）从“1”变为“0”，则说明出现了一个下降沿。出现信号下降沿时信号状态的变化如图 3-42 所示。

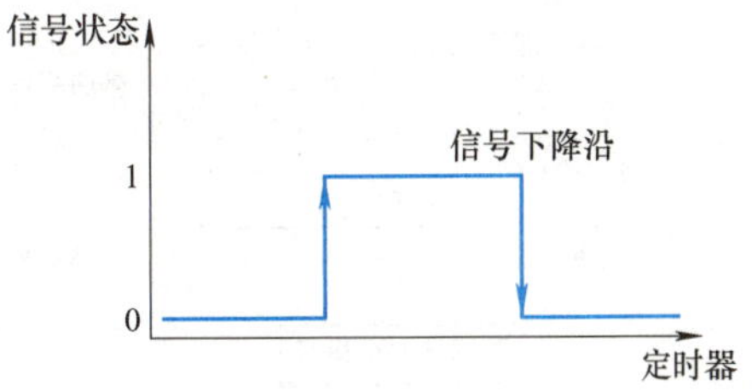

图 3-42　出现信号下降沿时信号状态的变化

每次执行指令时，都会查询信号下降沿，当检测到信号下降沿时，操作数 1 的信号状态将在一个程序周期内保持置位为“1”；在其他任何情况下，操作数 1 的信号状态均为“0”。在该指令上方的操作数占位符中，指定要查询的操作数（操作数 1）；在该指令下方的操作数占位符中，指定边沿存储位（操作数 2）。

说明：修改边沿存储位的地址时，边沿存储器位的地址在程序中最多只能使用一次，否则会覆盖该位存储器。该步骤将影响到边沿检测，从而导致结果不再唯一。边沿存储位的存储区域必须位于 DB（FB 静态区域）或位存储区中。

扫描操作数的信号下降沿指令的参数说明见表 3-12。

表 3-12　扫描操作数的信号下降沿指令的参数说明

参数	声明	数据类型	存储区		说明
			S7-1200	S7-1500	
操作数 1	Input	Bool	I、Q、M、D、L 或常数	I、Q、M、D、L、T、C 或常数	要扫描的信号
操作数 2	InOut	Bool	I、Q、M、D、L	I、Q、M、D、L	保存上一次查询的信号状态的边沿存储位

2. 选择分支流程的控制

选择顺序是指某一步后有若干个单一顺序（称为分支）等待选择，一般只允许选择进入一个顺序，转换条件只能标在水平线之下。

选择顺序的结束称为合并，用一条水平线表示，水平线以下不允许有转换条件。

3. 大小箱子分拣系统的顺序功能图

根据大小箱子分拣系统的工艺要求，大小箱子分拣系统的顺序功能图如图 3-43 所示。

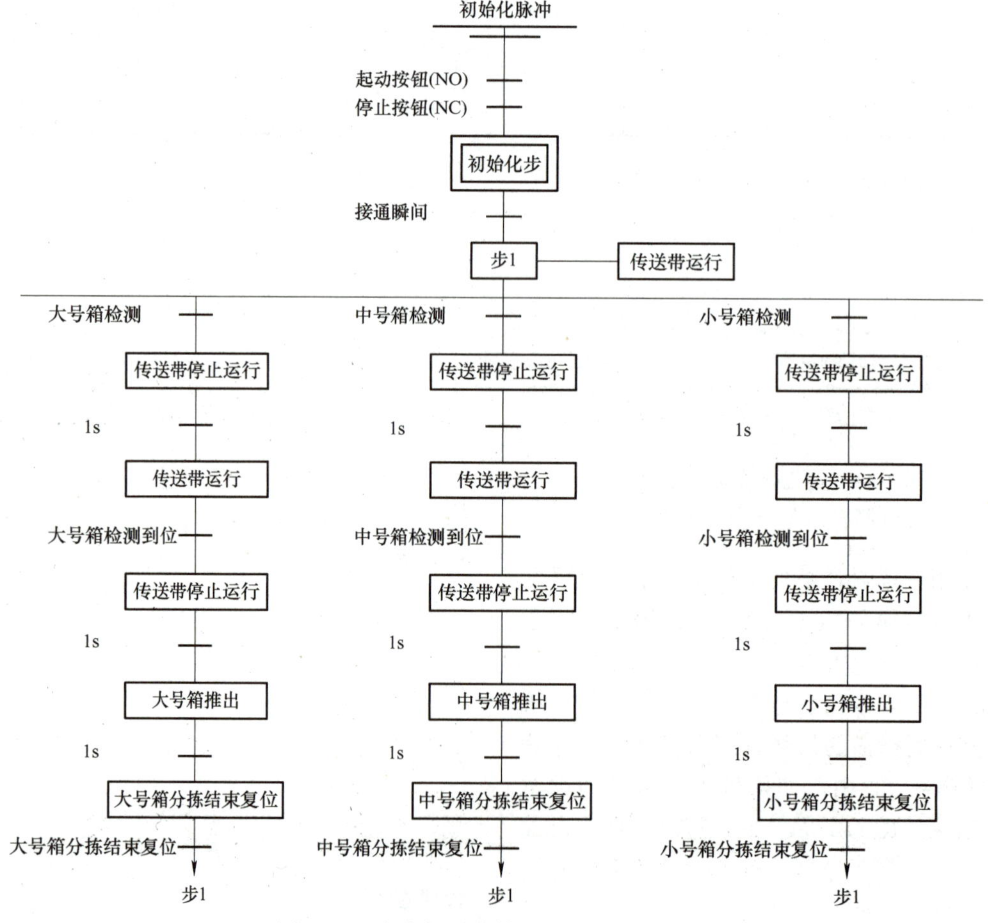

图 3-43　大小箱子分拣系统的顺序功能图

任务实施

1. I/O 信号分配表

根据对实际需要输入 / 输出量的分析，其 I/O 信号分配见表 3-13。

2. I/O 接线图

I/O 接线图如图 3-44 所示。

3. PLC 程序变量表

PLC 程序变量表如图 3-45 所示。

表 3-13　I/O 信号分配

输入		输出	
起动按钮	I0.0	传送带运行	Q0.0
停止按钮	I0.1	大号箱推出	Q0.1
大号箱检测	I0.2	中号箱推出	Q0.2
中号箱检测	I0.3	小号箱推出	Q0.3
小号箱检测	I0.4		
大号箱到位	I0.5		
中号箱到位	I0.6		
小号箱到位	I0.7		

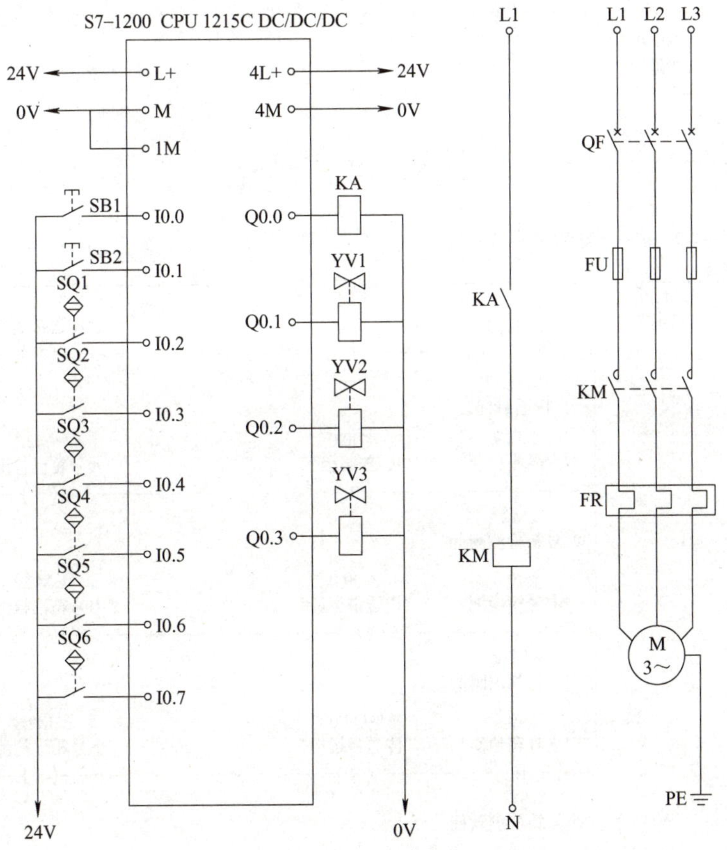

图 3-44　I/O 接线图

PLC 变量

	名称	变量表	数据类型	地址
	起动按钮	默认变量表	Bool	%I0.0
	停止按钮	默认变量表	Bool	%I0.1
	大号箱检测	默认变量表	Bool	%I0.2
	中号箱检测	默认变量表	Bool	%I0.3
	小号箱检测	默认变量表	Bool	%I0.4
	大号箱到位	默认变量表	Bool	%I0.5
	中号箱到位	默认变量表	Bool	%I0.6
	小号箱到位	默认变量表	Bool	%I0.7
	传送带运行	默认变量表	Bool	%Q0.0
	大号箱推出	默认变量表	Bool	%Q0.1
	中号箱推出	默认变量表	Bool	%Q0.2
	小号箱推出	默认变量表	Bool	%Q0.3
	接通	默认变量表	Bool	%M2.0
	大号箱已检测到	默认变量表	Bool	%M2.1
	中号箱已检测到	默认变量表	Bool	%M2.2
	小号箱已检测到	默认变量表	Bool	%M2.3
	大号箱检测瞬间	默认变量表	Bool	%M2.4
	中号箱检测瞬间	默认变量表	Bool	%M2.5
	小号箱检测瞬间	默认变量表	Bool	%M2.6
	接通瞬间	默认变量表	Bool	%M2.7

图 3-45　PLC 程序变量表

4. PLC 控制程序

PLC 控制程序如图 3-46 ～图 3-51 所示。

程序段1：起动程序

注释

%I0.0
"起动按钮"
%I0.1
"停止按钮"
%M2.0
"接通"
%M2.0
"接通"

图 3-46　起动程序

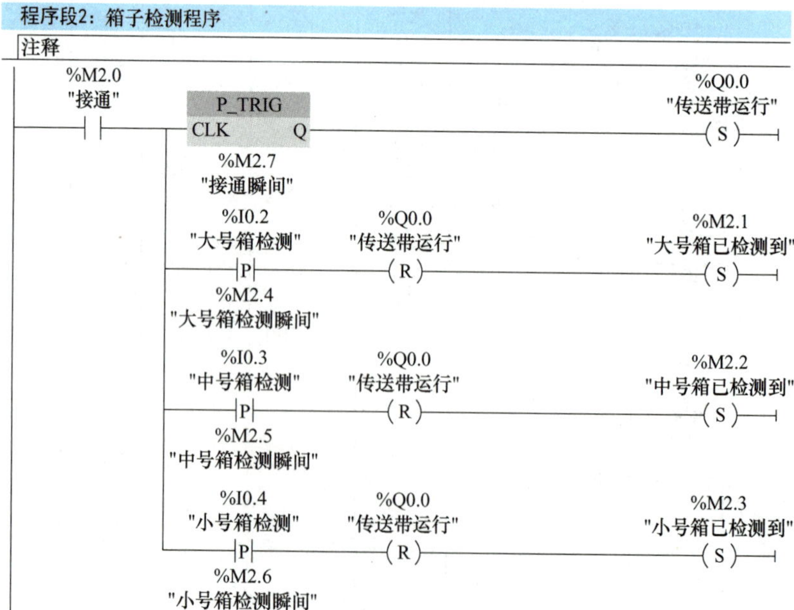

图 3-47　箱子检测程序

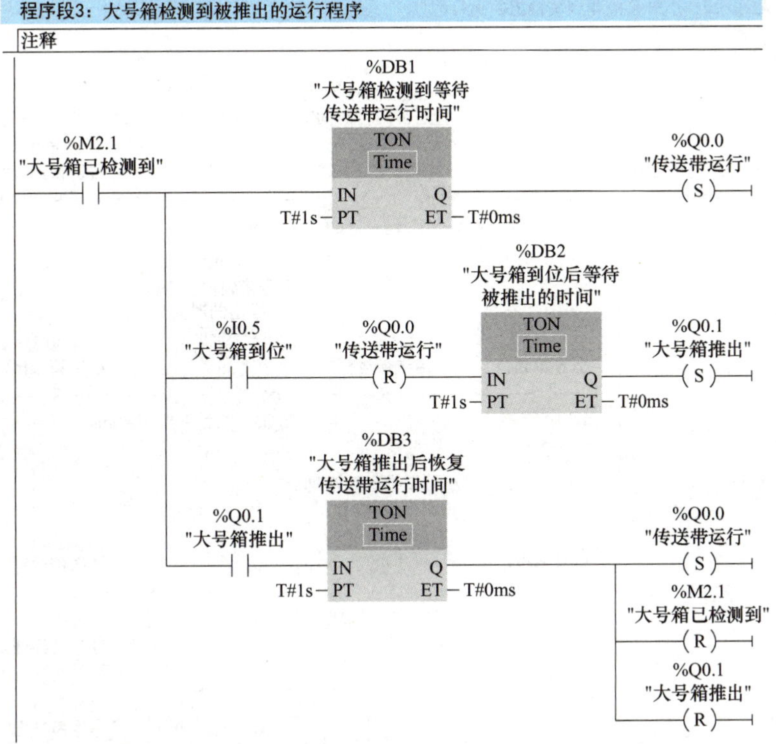

图 3-48　大号箱检测到被推出的运行程序

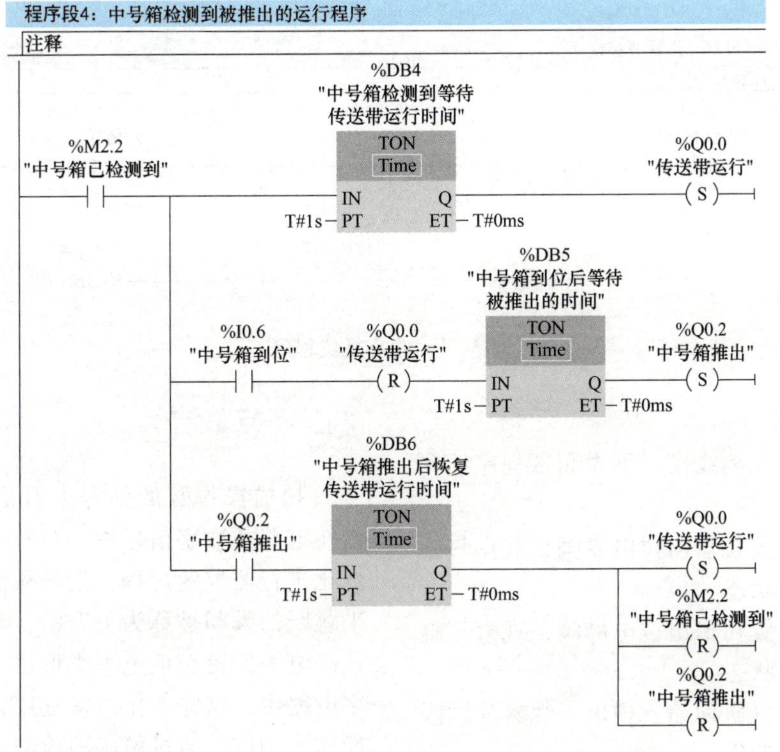

图 3-49　中号箱检测到被推出的运行程序

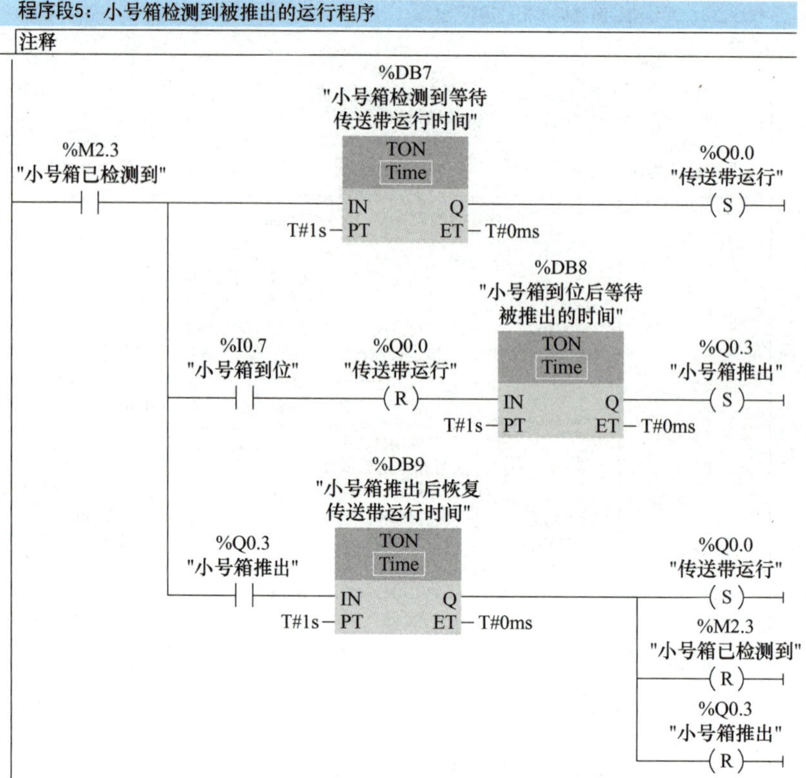

图 3-50　小号箱检测到被推出的运行程序

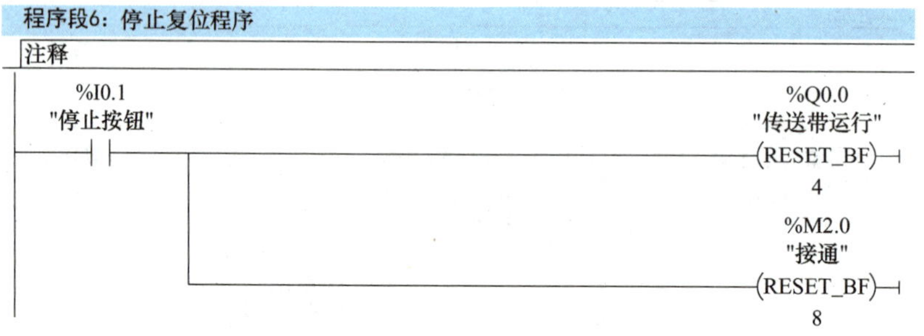

图 3-51　停止复位程序

5. PLC 程序调试

步骤 1：在离线模式下先测试程序的完整性。

步骤 2：复位输出位电磁阀，观察气缸是否处于回缩状态。

步骤 3：置位输出位电磁阀，观察气缸是否处于伸出状态。

步骤 4：气缸回缩、伸出，观察气缸限位传感器是否动作。

任务总结

扫描操作数的信号上升沿和下降沿是指在电路或数字信号中，对某一特定信号的变化进行监控的过程。信号从低电平向高电平跳跃的瞬间被称为上升沿，相反地，信号从高电平回落至低电平则形成下降沿。在数字电路中，这些变化通常被用来触发特定的操作或响应。通过精确地检测这些信号的上升沿和下降沿，可以有效地控制电路的时序和操作。在编写代码或设计电路时，必须确保扫描操作数时能够准确捕捉到这些信号的变化。

任务评价

任务评价见表 3-14。

表 3-14　任务评价

评价内容	评价标准	配分	得分
I/O 信号分配	合理分配 I/O 地址	10	
外部接线与布线	按照接线图，正确、规范接线	30	
PLC 程序设计	正确编写 PLC 程序	30	
程序检查与运行	下载、运行、监控正确的程序	10	
理解、总结能力	能正确理解实训任务，善于总结实训经验	10	
语言表达能力	能清楚地表达实训操作步骤并合理解释实训现象	10	

每课寄语

匠心独运，心手相依，方能成就非凡之作。

拓展练习

请根据以下工艺要求分配 I/O 信号并绘制 I/O 接线图，然后编写程序并调试。

请为物料（大米、玉米、小麦）运输编程。按下起动按钮，上料气缸推出物料，接近开关检测到有料后开始检测，当检测到物料时相应出料阀动作，等待 0.5s 后相应出料阀复位，上料气缸置位，同时记录物料数量并开启下一循环。出现异常情况时，按下急停按钮；三种物料均运输完成或需要停止时，按下停止按钮。

项目 4　基础数据类型与数学运算程序设计

PLC 作为工业自动化领域的核心设备，其强大的数据处理和运算能力是实现自动化控制的关键。在 PLC 编程中，了解和掌握基础数据类型以及如何利用这些数据类型进行数学运算是至关重要的。本项目将详细介绍 PLC 中的基础数据类型，包括数字类型、字符类型和布尔类型等，并探讨如何在 PLC 程序中进行数学运算。

任务 1　掌握基础数据类型

1. 知识目标

1）理解数据的存储方式。

2）理解字节、字、双字的数据。

2. 技能目标

1）掌握数据地址元位地址。

2）掌握 8 位、16 位、32 位数据类型及其存储方式。

3. 素质目标

1）强化专业技能，提升自身的专业素质。

2）强化综合素质，培养探索创新实践的精神。

任务布置

完成灰色单元格区域的数据地址填写，如图 4-1 ～图 4-4 所示。

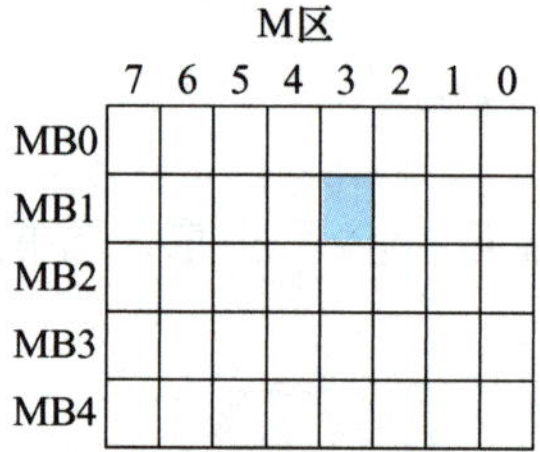

图 4-1　数据地址填写（1）

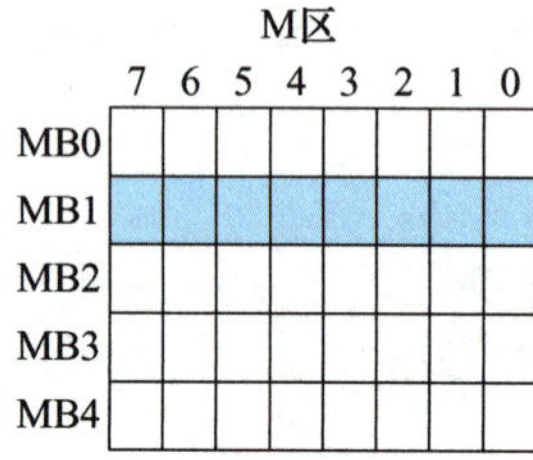

图 4-2　数据地址填写（2）

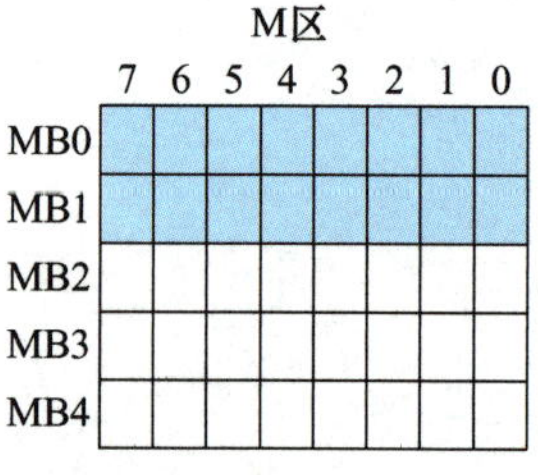

图 4-3　数据地址填写（3）

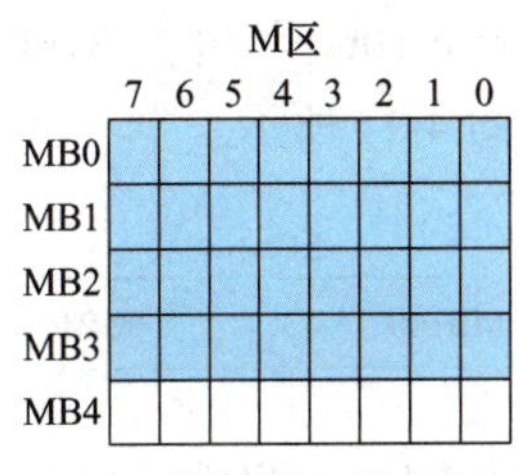

图 4-4　数据地址填写（4）

任务分析

1. 位（Bit）

一个二进制位只有两个值：“0”或“1”。

例 1　在工业自动化设备程序位控制中，“0”常表示触点的断开或线圈的断电，“1”常表示触点的接通或线圈的通电。

2. 字节（Byte）

一个字节等于 8 位，其中第 0 位为最低位，第 7 位为最高位，一个字节型变量包括 8 个位变量。

例 2　字节 QB0（包括 Q0.0 ~ Q0.7）见表 4-1。

例 3　以位 I3.4 为例，①为存储器标识符，②为字节地址（此处为第 4 个字节，即字节 3），③为字节地址与位号之间的分隔符，④为字节的位或位号（此处为 8 位中的第 4 位），如图 4-5 所示。I3.4 在输入映像区中的位置如图 4-6 所示。

表 4-1　字节 QB0（包括 Q0.0 ~ Q0.7）

序号	8	7	6	5	4	3	2	1
QB0 的位	Q0.7	Q0.6	Q0.5	Q0.4	Q0.3	Q0.2	Q0.1	Q0.0

I　3　.　4
①　②　③　④

图 4-5　位 I3.4 的解析

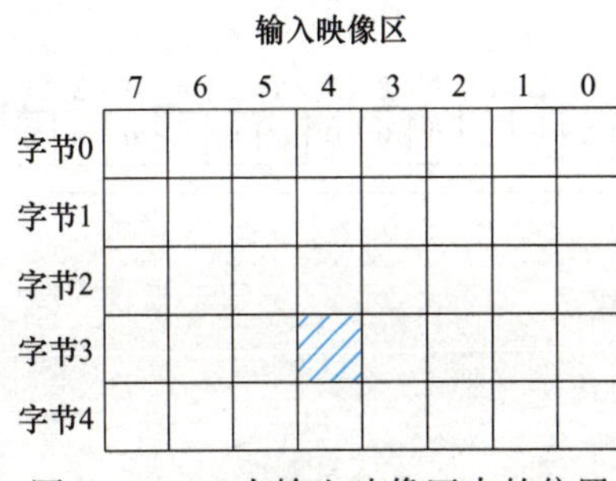

图 4-6　I3.4 在输入映像区中的位置

3. 字（Word）

相邻的两个字节组成一个字，一个字为 16 位。

例 4　以 MW0 为例，MW0 是由 MB0 和 MB1 组成的，如图 4-7 所示。字 MW0 的解析如图 4-8 所示。其中，①为存储器标识符，②表示访问一个字，③为字节地址。MW0 在 M 区中的位置如图 4-9 所示。

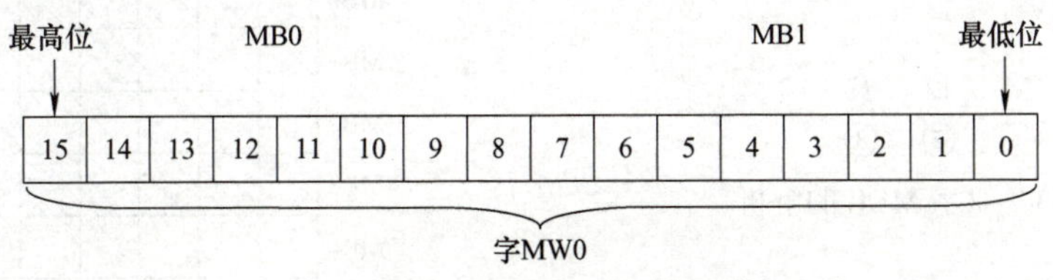

图 4-7　字 MW0 的结构

M　W　0
① ② ③

图 4-8　字 MW0 的解析

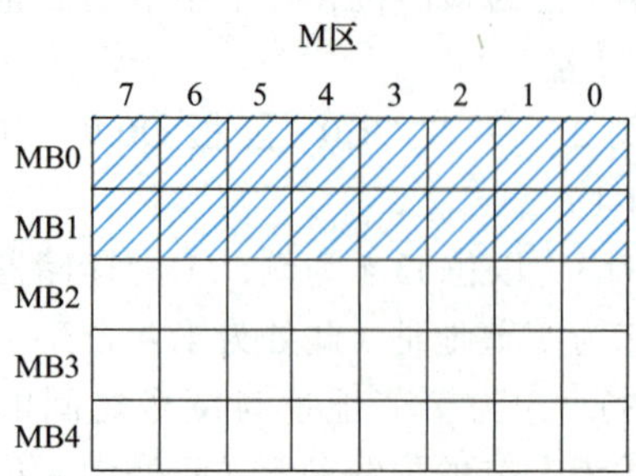

图 4-9　MW0 在 M 区中的位置

注意：相邻的两个字不能出现在同一个程序中，因为他们有公共的空间。

例 5　MW0 和 MW1 都有 MB1，如图 4-10 所示。

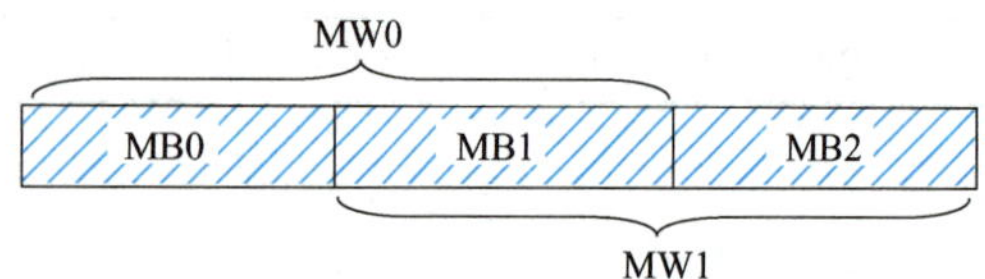

图 4-10　MW0 和 MW1 都有 MB1

例 6　MW100 是由 MB100 和 MB101 组成的，如图 4-11 所示。

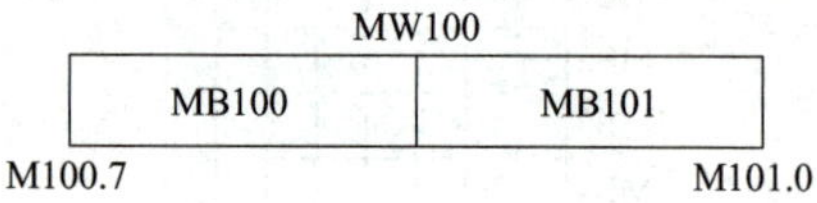

图 4-11　MW100 的组成

4. 双字（DWord）

相邻的两个字组成一个双字，双字为 32 位。

例 7　以双字 MD0 为例，MD0 是由 MW0 和 MW2 组成的，如图 4-12 所示。双字 MD0 的解析如图 4-13 所示。其中，①为存储器标识符，②表示访问一个双字，③为字节地址。MD0 在 M 区中的位置如图 4-14 所示。

字节、字、双字的关系如图 4-15 所示。

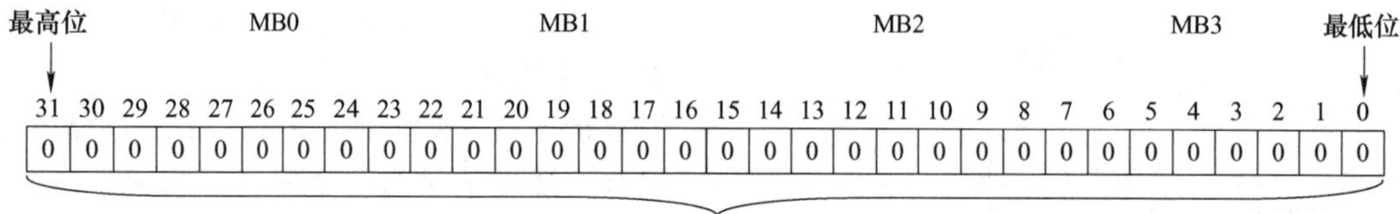

图 4-12　双字 MD0 的组成

M　D　0
① ② ③

图 4-13　双字 MD0 的解析

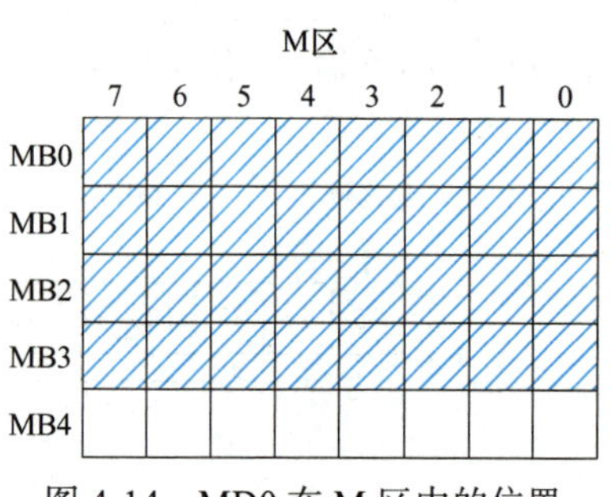

图 4-14　MD0 在 M 区中的位置

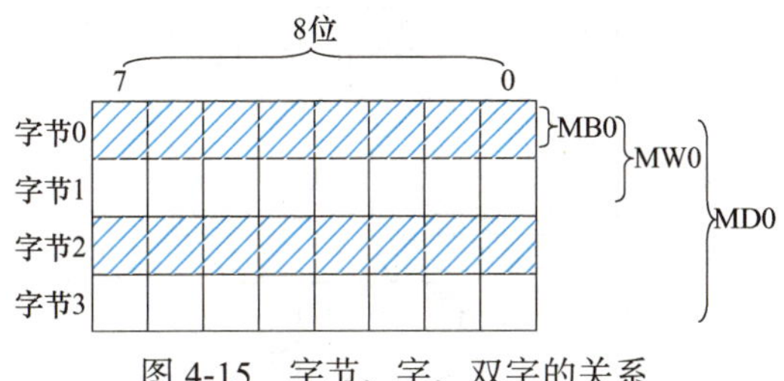

图 4-15　字节、字、双字的关系

例 8　MD5 是由 MW5 和 MW7 组成的，如图 4-16 所示。

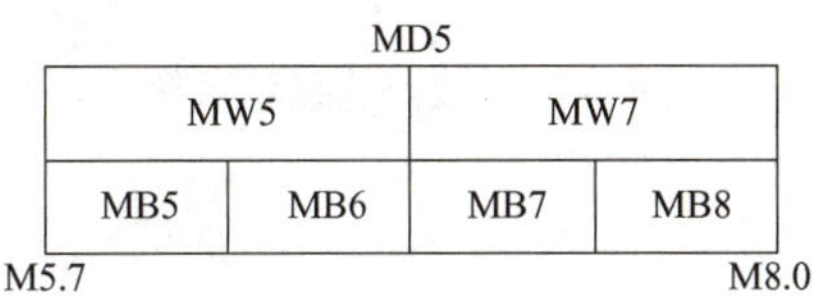

图 4-16　MD5 的组成

任务实施

步骤 1：根据图 4-1 所示，完成阴影区域对应的数据地址。阴影区域对应的行是第 2 行，对应的字节是 MB1，对应的列是第 4 列，对应的位是 3，所以得出结果是 M1.3。

步骤 2：根据图 4-2 所示，完成阴影区域对应的数据地址。阴影区域对应 MB1 一整行，所以得出结果是 MB1。

步骤 3：根据图 4-3 所示，完成阴影区域对应的数据地址。阴影区域对应 MB0 和 MB1 两行，所以得出结果是 MW0。

步骤 4：根据图 4-4 所示，完成阴影区域对应的数据地址。阴影区域对应 MB0 ～ MB3 四行，所以得出结果是 MD0。

任务总结

字节（Byte）是计算机科学中常用的数据单位，通常用于表示计算机存储器中的数据大小。字（Word）则是计算机体系结构中用于存储和处理数据的标准单位，其大小因计算机架构的不同而有所不同。双字（DWord）则通常指的是一个由两个字组成的数据单位。

在数字世界中，无论是字节、字还是双字，它们都承载着重要的信息。字节可以存储一个字符或一个简单的数值，而字和双字则能存储更复杂的数据类型和指令。在编程和数据处理中，正确地处理这些数据单位对于确保程序的正确性和效率至关重要。

任务评价

任务评价表见表 4-2。

表 4-2　任务评价

评价内容	评价标准	配分	得分
位	能理解和使用 Bit 的两个值	10	
字节	能理解和使用 Byte（数据类型）及其高低位	20	
字	能理解和使用 Word（数据类型）及其高低位	20	
双字	能理解和使用 DWord（数据类型）及其高低位	20	
正确写出单元地址	能正确理解任务布置并反思总结	30	

每课寄语

高效率的背后，凝聚着精益求精、超越自我的持续付出。

拓展练习

1）“灯组 A”（Byte 数据类型）的地址为 QB0，其操作数为 8 位的位字符串，对应

Q0.7 ~ Q0.0，当操作数为“2#0000_0011”时，对应的位状态位________、________为 1。

2）“灯组 b”（Word 数据类型）的地址为 QW0，其操作数为 16 位的字，对应 Q0.7 ~ Q0.0 和 Q1.7 ~ Q1.0，当操作数为“2#0000_0100_0000_0001”时，对应的位状态位________、________为 1。QW0 的高 8 位为________，低 8 位为________。

任务 2　数码管倒计时控制系统程序设计

任务目标

1. 知识目标

1）巩固 S7-1200 的存储区和数据类型。

2）了解移动值指令的应用方法。

2. 技能目标

1）掌握移动值指令的应用。

2）完成数码管控制系统 PLC 程序的编写与调试。

3. 素质目标

1）能与他人合作完成资料查阅，培养团队合作精神。

2）培养勇于探索、创新实践的精神。

3）团结协作，共同进步。

任务布置

请设计一个数码管 9s 倒计时控制程序：S7-1200 PLC 初始化完成后，数码管上显示数字 0；当按下启动按钮后，数码管显示 9 并每秒递减，减到 0 时停止；无论何时按下停止按钮，数码管立即显示 0；再次按下启动按钮，数码管依然从数字 9 开始递减。数码管显示系统如图 4-17 所示。

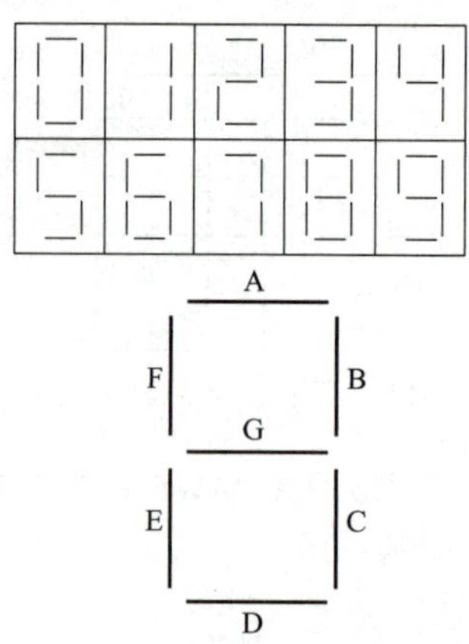

图 4-17　数码管显示系统

任务分析

1. 数字数据储存

数字系统内的最小信息单位为位（对于二进制数），一个位只能存储一种状态，即“0”（假或非真）或“1”（真）。

下面以灯开关这种只有两种状态的二进制系统为例进行说明。灯开关决定灯是“点亮”还是“熄灭”状态，并且该值可存储为一位。灯开关的数字值回答了以下问题：“灯是点亮的吗？”如果灯点亮（表示“真”），则该值为 1；如果灯熄灭（表示“假”），则该值为 0。灯开关电路如图 4-18 所示。

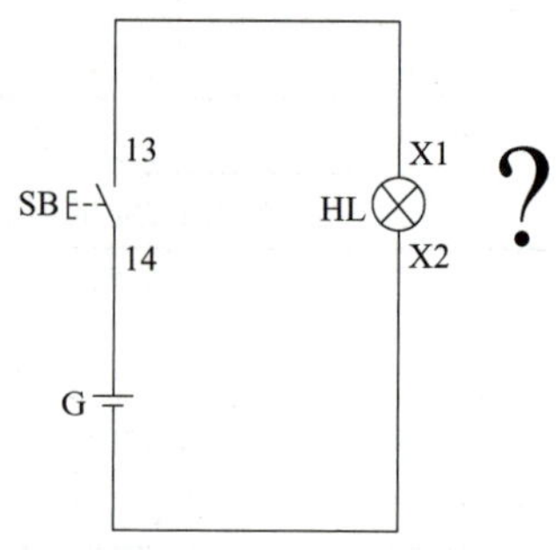

图 4-18　灯开关电路

CPU 将数据位编成组，8 位（①）构成一组称为一个字节（②），如图 4-19 所示。

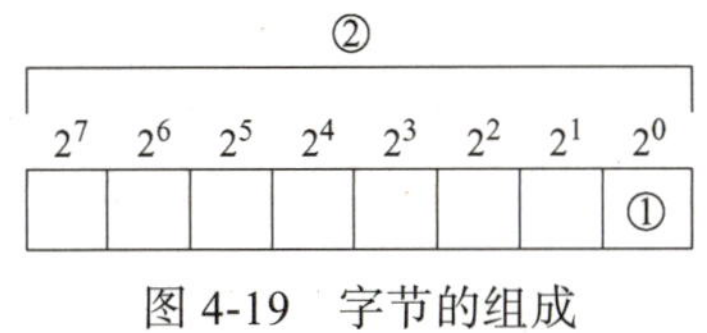

图 4-19　字节的组成

组中的每一位都通过具有自身地址的单独位置来精确定义，且每一位都具有一个字节地址以及 0 ～ 7 的位地址。

2 个字节一组称为一个字，4 个字节一组称为一个双字，如图 4-20 所示。

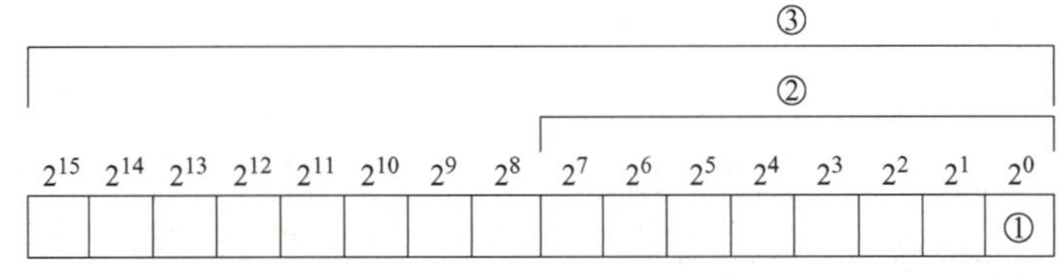

图 4-20　字和字节的组成

使用二进制数字系统（基数为 2）来计数，字可以表示 -32768 ～ 32767 范围内的整数。

位置 2^{15} 的位用来表示负数（当位置 2^{15} 的值为 1 时，该值为负数）。

2. S7-1200 支持的数据类型

数据类型不仅指定数据元素的大小，而且还指定数据内各个位的结构，见表 4-3。

表 4-3　S7-1200 支持的数据类型

数据类型	大小	范围	常数输入示例
Bool（布尔型）	1 位	0 和 1	TRUE、FALSE、0、1
Byte（字节）	8 位（1 个字节）	16#00 ～ 16#FF	16#12、16#AB
Word（字）	16 位（2 个字节）	16#0000 ～ 16#FFFF	16#ABCD、16#0001
DWord（双字）	32 位（4 个字节）	16#00000000 ～ 16#FFFFFFFF	16#02468ACE
Char（字符）	8 位（1 个字节）	16#00 ～ 16#FF	“A” “t” “@”
SInt（短整数）	8 位（1 个字节）	−128 ～ 127	123、−123
USInt（无符号短整数）	8 位（1 个字节）	0 ～ 255	123
Int（整数）	16 位（2 个字节）	−32768 ～ 32767	123、−123
UInt（无符号整数）	16 位（2 个字节）	0 ～ 65535	123
DInt（双整数）	32 位（4 个字节）	−2147483648 ～ 2147483647	123、−123
UDInt（无符号双整数）	32 位（4 个字节）	0 ～ 4294967295	123
Real（实数或浮点数）	32 位（4 个字节）	±（1.175495×10^{-38} ～ 3.402823×10^{38}），±0	123.456、−3.4、−1.2E+12、3.4E−3
LReal（长实数）	64 位（8 个字节）	±（$2.2250738585072014 \times 10^{-308}$ ～ $1.7976931348623158 \times 10^{308}$），±0	12345.123456789、−1.2E+40
Time（时间）	32 位（4 个字节）	T#−24d_20h_31m_23s_648ms ～ T#24d_20h_31m_23s_647ms 存储形式：−2147483648ms ～ 2147483647ms	T#2d_5h_5m_30s、T#1d_2h_15m_30x_45ms

（续）

数据类型	大小	范围	常数输入示例
String（字符串）	可变	0 ～ 254 字节字符	“ABC”
DTL（长型日期和时间）	12 个字节	最小值：DTL#1970-01-01-00:00:00.0 最大值：DTL#2262-04-11-23:47:16.854775807	DTL#2008-12-16-20:30:20.250

3. S7-1200 的存储区

TIA Portal V16 简化了符号编程。用户为数据地址创建符号名称或“变量”，作为与存储器地址和 I/O 点相关的 PLC 变量或在代码块中使用的局部变量。要在用户程序中使用这些变量，只需输入指令参数的变量名称。为了更好地理解 CPU 构建存储区及对其寻址的方式，下面将对 PLC 变量所引用的“绝对”寻址进行说明。

CPU 提供了各种专用存储区，其中包括输入（I）、输出（Q）、位存储器（M）、数据块（DB）以及本地或临时存储器（L）。用户程序对这些存储区中所存储的数据进行访问（读取和写入）。每个存储单元都有唯一的地址，用户程序使用这些地址访问存储单元中的信息。S7-1200 的存储区见表 4-4。

表 4-4　S7-1200 的存储区

存储区	说明
I（过程映像输入）	CPU 在扫描周期开始时将物理输入的状态复制到 I 存储器
Q（过程映像输出）	CPU 在扫描周期开始时将 Q 存储器的状态复制到物理输出
M（位存储器）	用户程序读取和写入 M 存储器中所存储的数据。任何代码块均可访问 M 存储器。可以组态 M 存储器中的地址，以在通电循环后保留数据值
L（临时存储器）	只要调用代码块，CPU 就会分配要在执行块期间使用的临时或本地存储器 L。代码块执行完毕后，CPU 将重新分配本地存储器，以用于执行其他代码块
DB（数据块）	使用 DB 存储器存储各种类型的数据，其中包括操作的中间状态或 FB（函数块）的其他控制信息参数，以及许多指令（如定时器和计数器）所需的数据结构。可以指定数据块为读 / 写访问还是只读访问。可以按位、字节、字或双字访问数据块存储器。读 / 写数据块可以进行读访问和写访问，只读数据块只允许进行读访问

不管使用变量（例如“Start”或“Stop”）还是绝对地址（例如“I0.3”或“Q1.7”），对输入（I）或输出（Q）存储区的引用都会访问过程映像而非物理输出。要立即访问或强制用户程序中的物理（外围设备）输入或输出，请在变量或地址后面添加“：P”（例如“Stop:P”或“Q0.3:P”）。

4. 移动值指令

移动值指令的使用如图 4-21 所示。

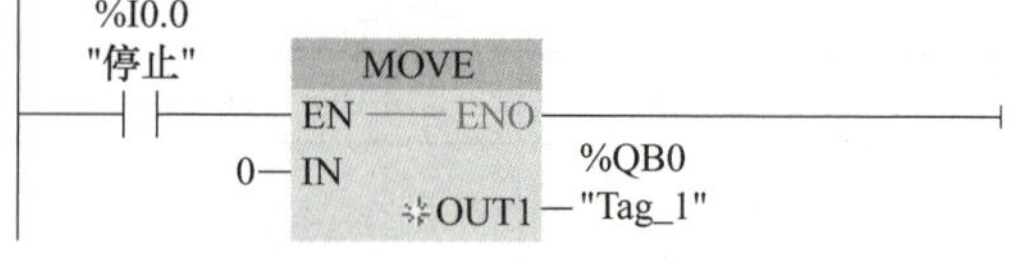

图 4-21　移动值指令的使用

移动数值时，可以使用移动值指令，将 IN 输入处操作数中的内容传送到 OUT1 输出的操作数中。内容始终沿地址升序方向进行传送。如果满足下列条件之一，使能输出 ENO 将返回信号状态“0”：使能输入 EN 的信号状态为“0”；IN 参数的数据类型与

OUT1 参数的指定数据类型不对应。　　S7-1200 CPU 系列的传送参数见表 4-5。

表 4-5　S7-1200 CPU 系列的传送参数

传送源（IN）	传送目标（OUT1）	
	进行 IEC 检查	不进行 IEC 检查
Byte	Byte、Word、DWord	Byte、Word、DWord、SInt、USInt、Int、UInt、DInt、UDInt、Time、Date、TOD、Char
Word	Word、DWord	Byte、Word、DWord、SInt、USInt、Int、UInt、DInt、UDInt、Time、Date、TOD、Char
DWord	DWord	Byte、Word、DWord、SInt、USInt、Int、UInt、DInt、UDInt、Real、Time、Date、TOD、Char
SInt	SInt	Byte、Word、DWord、SInt、USInt、Int、UInt、DInt、UDInt、Time、Date、TOD
USInt	USInt、UInt、UDInt	Byte、Word、DWord、SInt、USInt、Int、UInt、DInt、UDInt、Time、Date、TOD
Int	Int	Byte、Word、DWord、SInt、USInt、Int、UInt、DInt、UDInt、Time、Date、TOD
UInt	UInt、UDInt	Byte、Word、DWord、SInt、USInt、Int、UInt、DInt、UDInt、Time、Date、TOD
DInt	DInt	Byte、Word、DWord、SInt、USInt、Int、UInt、DInt、UDInt、Time、Date、TOD
UDInt	UDInt	Byte、Word、DWord、SInt、USInt、Int、UInt、DInt、UDInt、Time、Date、TOD
Real	Real	DWord、Real
LReal	LReal	LReal
Time	Time	Byte、Word、DWord、SInt、USInt、Int、UInt、DInt、UDInt、Time
Date	Date	Byte、Word、DWord、SInt、USInt、Int、UInt、DInt、UDInt、Date
TOD	TOD	Byte、Word、DWord、SInt、USInt、Int、UInt、DInt、UDInt、TOD
DTL	DTL	DTL
Char	Char	Byte、Word、DWord、LWord、Char、字符串中的字符
WChar	WChar	Byte、Word、DWord、LWord、Char、WChar、字符串中的字符
字符串中的字符	字符串中的字符	Char、WChar、字符串中的字符
Array	Array	Array
Struct	Struct	Struct
PLC 数据类型（UDT）	PLC 数据类型（UDT）	PLC 数据类型（UDT）

任务实施

1. I/O 信号分配表

根据对实际需要输入 / 输出量的分析，其 I/O 信号分配见表 4-6。

2. I/O 接线图

I/O 接线图如图 4-22 所示。

3. PLC 程序变量表

PLC 程序变量表如图 4-23 所示。

表 4-6　I/O 信号分配

输入		输出	
启动按钮	I0.0	数码管显示 A	Q0.0
停止按钮	I0.1	数码管显示 B	Q0.1
		数码管显示 C	Q0.2
		数码管显示 D	Q0.3
		数码管显示 E	Q0.4
		数码管显示 F	Q0.5
		数码管显示 G	Q0.6

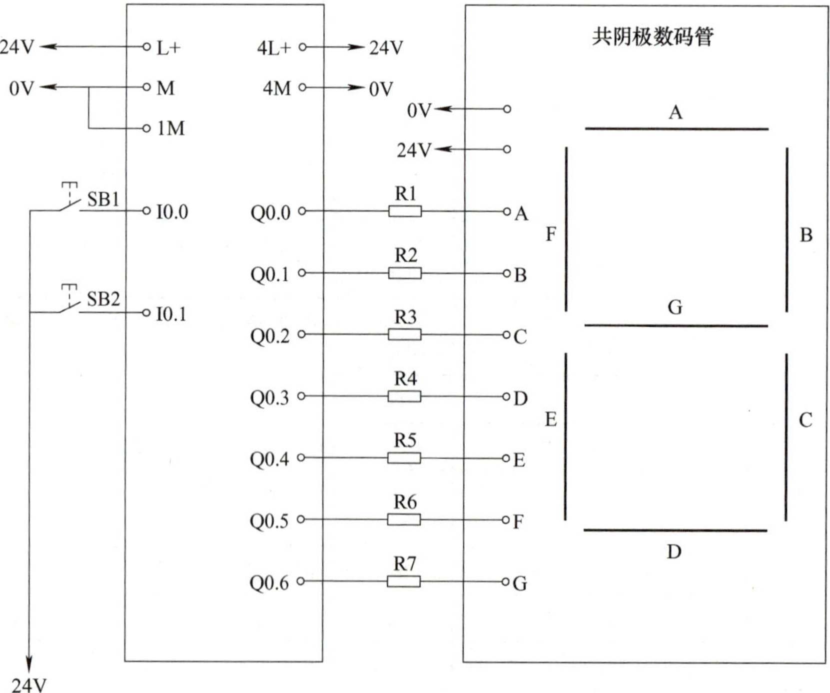

图 4-22　I/O 接线图

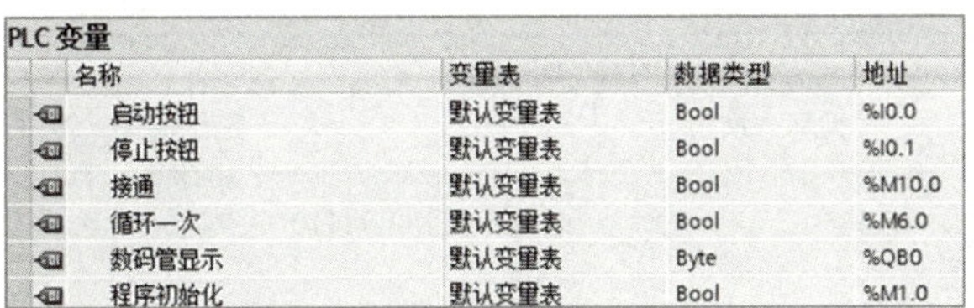

PLC 变量

名称	变量表	数据类型	地址
启动按钮	默认变量表	Bool	%I0.0
停止按钮	默认变量表	Bool	%I0.1
接通	默认变量表	Bool	%M10.0
循环一次	默认变量表	Bool	%M6.0
数码管显示	默认变量表	Byte	%QB0
程序初始化	默认变量表	Bool	%M1.0

图 4-23　PLC 程序变量表

4. PLC 控制程序

PLC 控制程序如图 4-24 ～图 4-28 所示。

程序段1：启动程序

注释

%I0.0 "启动按钮"　%I0.1 "停止按钮"　%M10.0 "接通"

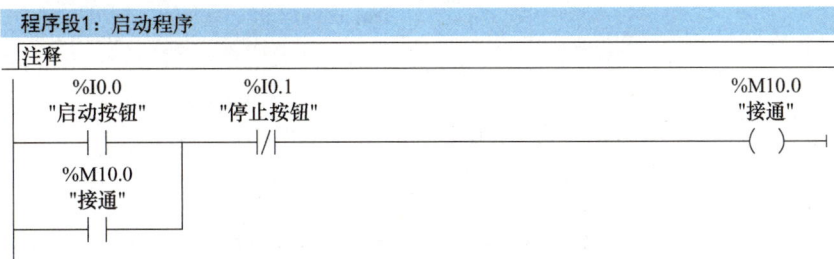

%M10.0 "接通"

图 4-24　启动程序

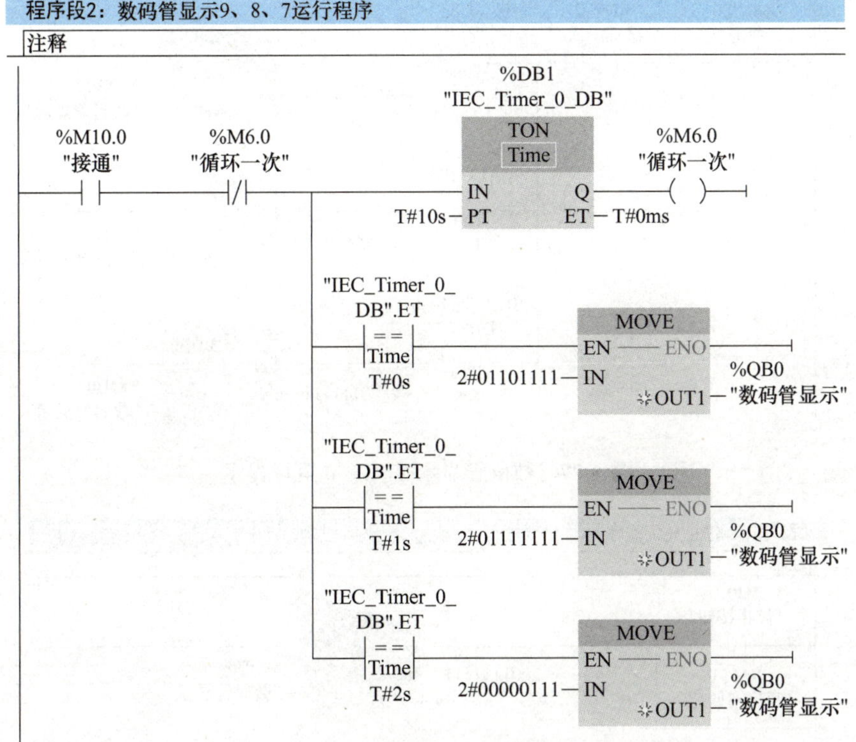

图 4-25　数码管显示 9、8、7 运行程序

程序段3：数码管显示6、5、4、3运行程序

注释

%M10.0 "接通"
%M6.0 "循环一次"
"IEC_Timer_0_DB".ET == Time T#3s
MOVE EN ENO
2#01111101 — IN
OUT1 — %QB0 "数码管显示"
"IEC_Timer_0_DB".ET == Time T#4s
MOVE EN ENO
2#01101101 — IN
OUT1 — %QB0 "数码管显示"
"IEC_Timer_0_DB".ET == Time T#5s
MOVE EN ENO
2#01100110 — IN
OUT1 — %QB0 "数码管显示"
"IEC_Timer_0_DB".ET == Time T#6s
MOVE EN ENO
2#01001111 — IN
OUT1 — %QB0 "数码管显示"

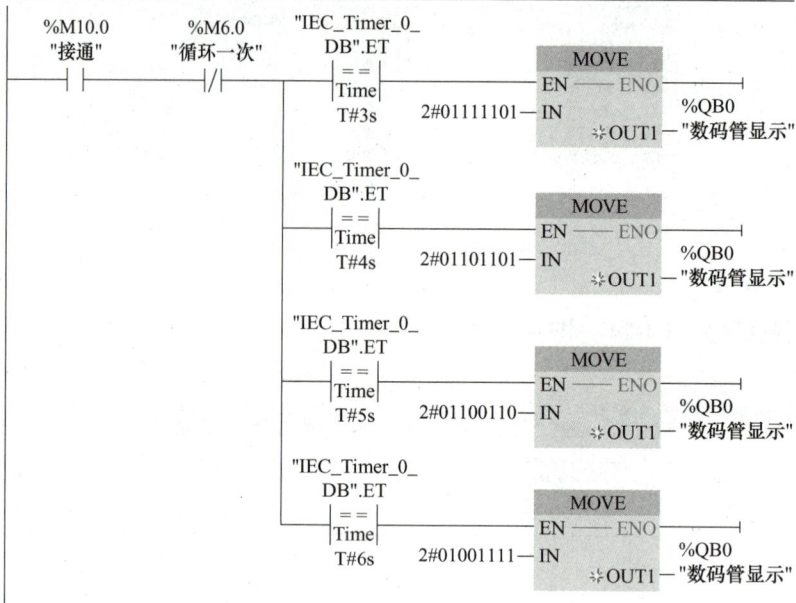

图 4-26　数码管显示 6、5、4、3 运行程序

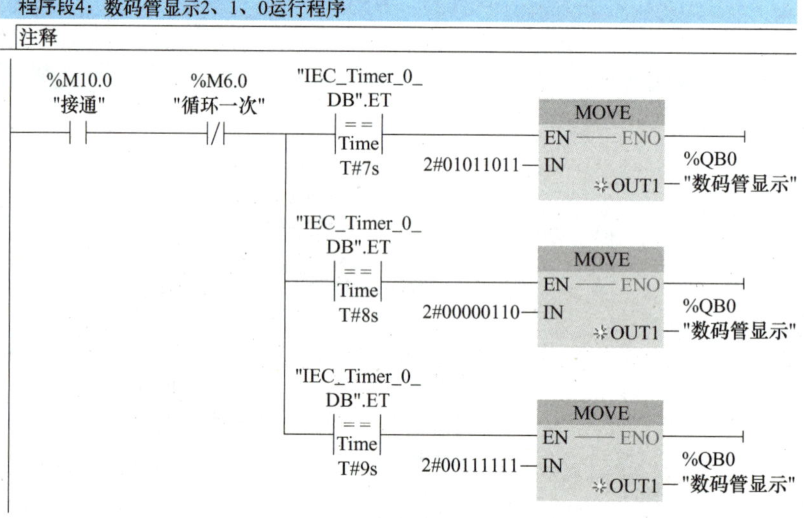

图 4-27　数码管显示 2、1、0 运行程序

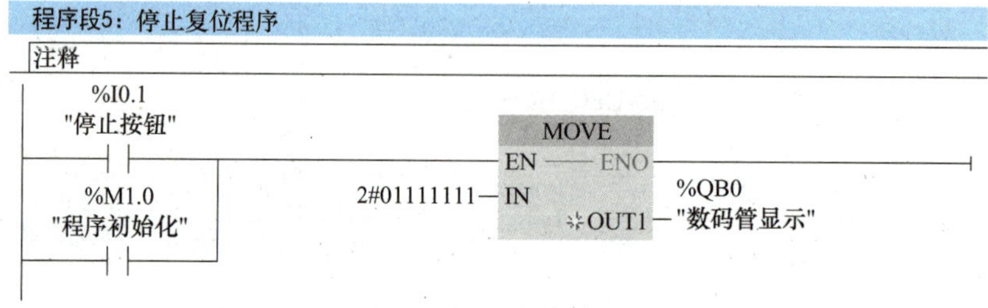

图 4-28　停止复位程序

5. PLC 程序调试

步骤 1：按下启动按钮，观察 Q0.0～Q0.6 灯亮灭情况，以及显示的数字是否为 9。

步骤 2：观察数码管上显示的数字是否从 9 每隔 1s 依次递减，直到为 0。

步骤 3：在倒计时过程中，按下停止按钮后，是否显示数字 0。

步骤 4：如果上述调试现象与控制要求一致，则说明本案例任务完成。

任务总结

S7–1200 PLC 的存储区主要分为数字位访问存储区和数据块访问存储区。数字位访问存储区包括位存储区、字节存储区、字存储区和双字存储区等，用于存储程序指令和各种数据。数据类型包括布尔型、整数、浮点数、字符串等。数据块访问存储区则用于组织和管理程序中的各种数据块，如程序块、功能块等。这些存储区和数据类型共同构成了 S7–1200 PLC 强大的数据处理能力。

任务评价

任务评价见表 4-7。

表 4-7　任务评价

评价内容	评价标准	配分	得分
I/O 信号分配	合理分配 I/O 地址	10	
外部接线与布线	按照接线图，正确、规范接线	30	
PLC 程序设计	正确编写 PLC 程序	30	
程序检查与运行	下载、运行、监控正确的程序	10	
理解、总结能力	能正确理解实训任务，善于总结实训经验	10	
语言表达能力	能清楚地表达实训操作步骤并合理解释实训现象	10	

每课寄语

第 47 届世界技能大赛时装技术项目中，来自广东的选手周芹妃夺得金牌，她激动道：“这就是中国水平！”

拓展练习

请根据控制要求列出 PLC 程序变量然后编写程序并调试。

控制要求：彩灯顺序点亮，每次有两个灯点亮且亮 2s；按下启动按钮 I0.1，红灯和绿灯两盏灯亮 2s，接着绿灯和黄灯两盏灯亮 2s，再接着黄灯和红灯两盏灯亮 2s，如此循环；按下停止按钮 I0.0，所有的灯都不亮。

任务 3　电热炉控制系统程序设计

任务目标

1. 知识目标

1）巩固计数器指令的应用方法。

2）巩固比较指令的应用方法。

3）巩固传送指令的应用方法。

2. 技能目标

1）完成电热炉控制系统输入 / 输出端的接线。

2）完成电热炉控制系统 PLC 程序的编写与调试。

3. 素质目标

1）强化专业技能，提升自身的专业素质。

2）强化综合素质，培养探索创新实践的精神。

3）勤学苦练，严格要求。

任务布置

设计一个电热炉控制系统的 PLC 程序。加热功率有三个档位，分别是 500W、1000W、1500W，电热炉有 500W 和 1000W 两种加热丝，要求用一个按钮控制三挡加热和关闭加热，当第一次按下按钮时选择一档 500W 加热，当第二次按下按钮时选择二档 1000W 加热，当第三次按下按钮时选择三档 1500W 加热，当第四次按下按钮时关闭加热。电热炉实物图如图 4-29 所示。

图 4-29　电热炉实物图

任务分析

电热炉的控制程序中要用到计数器指令、比较指令和传送指令，其中计数器指令和传送指令的应用方法均讲解过，下面将讲解比较操作中等于指令怎么使用。

等于指令的使用如图 4-30 所示。

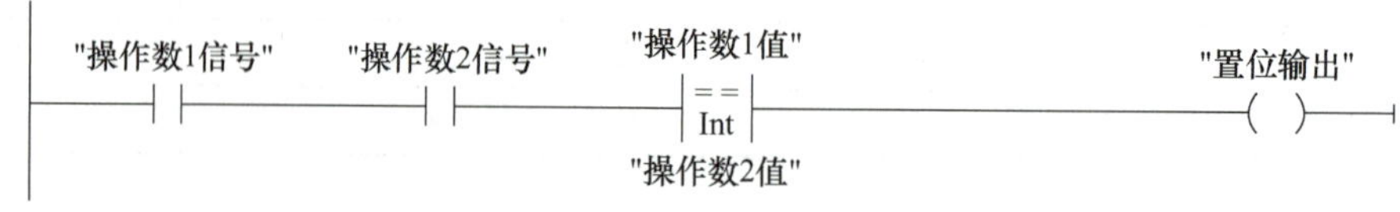

图 4-30　等于指令的使用

可以使用等于指令判断第一个比较值（操作数 1）是否等于第二个比较值（操作数 2），要比较的两个值必须为相同的数据类型。如果满足比较条件，则该指令返回逻辑运算结果（RLO）“1”；如果不满足比较条件，则该指令返回逻辑运算结果“0”。

该指令的逻辑运算结果通过以下方式与整个程序段中的逻辑运算结果进行逻辑运算：

① 使用串联比较指令时，将执行“与”运算。

② 使用并联比较指令时，将进行“或”运算。

在指令上方的操作数占位符中指定第一个比较值（操作数 1），在指令下方的操作数占位符中指定第二个比较值（操作数 2）。

在比较字符串时，通过字符的代码比较各字符（例如“a”大于“A”），从左到右执行比较，第一个不同的字符决定比较结果。如果较长字符串的左侧部分和较短字符串相同，则认为较长字符串更大。

表 4-8 列出了等于指令的参数说明。

表 4-8　等于指令的参数说明

参数	声明	数据类型	存储区	说明
操作数 1	Input	位字符串、整数、浮点数、字符串、定时器、日期和时间	I、Q、M、D、L、P 或常数	第一个比较值
操作数 2	Input	位字符串、整数、浮点数、字符串、定时器、日期和时间	I、Q、M、D、L、P 或常数	比较值的第二个值

任务实施

1. I/O 信号分配表

根据对实际需要输入 / 输出量的分析，其 I/O 信号分配见表 4-9。

2. I/O 接线图

I/O 接线图如图 4-31 所示。

3. PLC 程序变量表

PLC 程序变量表如图 4-32 所示。

表 4-9　I/O 信号分配

输入		输出	
控制按钮	I0.1	500W 加热丝	Q0.0
		1000W 加热丝	Q0.1

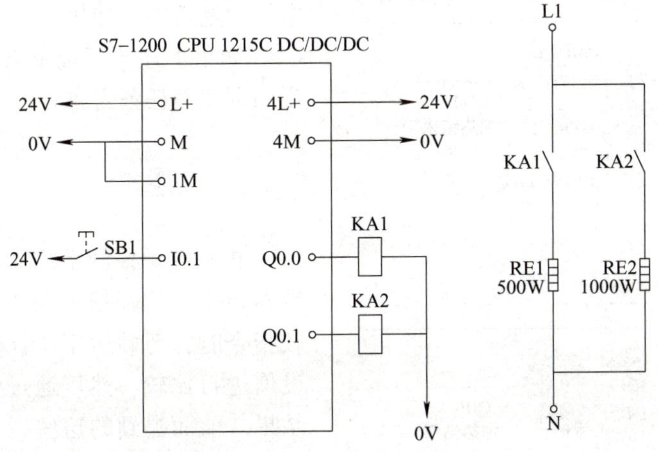

图 4-31　I/O 接线图

PLC 变量

	名称	变量表	数据类型	地址
	控制按钮	默认变量表	Bool	%I0.0
	加热结果	默认变量表	Byte	%QB0
	按下瞬间	默认变量表	Bool	%M2.0
	关闭加热	默认变量表	Bool	%M3.0
	计数完成	默认变量表	Bool	%M4.0

图 4-32　PLC 程序变量表

4. PLC 控制程序

PLC 控制程序如图 4-33 ～图 4-37 所示。

程序段1：开始计数程序
注释
%DB1
"计数"
CTU
Int
%I0.0
"控制按钮"
P
%M2.0
"按下瞬间"
CU
Q
CV — 0
%M4.0
"计数完成" — R
4 — PV
%M4.0
"计数完成"

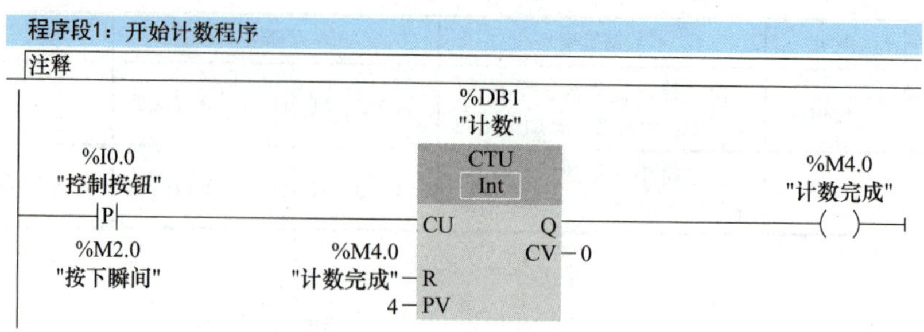

图 4-33　开始计数程序

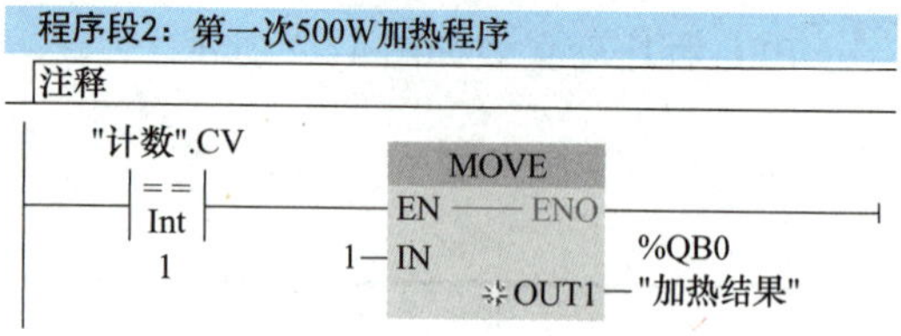

程序段2：第一次500W加热程序
注释
"计数".CV
==
Int
1
MOVE
EN — ENO
1 — IN
OUT1 — "加热结果"
%QB0

图 4-34　第一次 500W 加热程序

程序段3：第二次1000W加热程序
注释
"计数".CV
==
Int
2
MOVE
EN — ENO
2 — IN
OUT1 — "加热结果"
%QB0

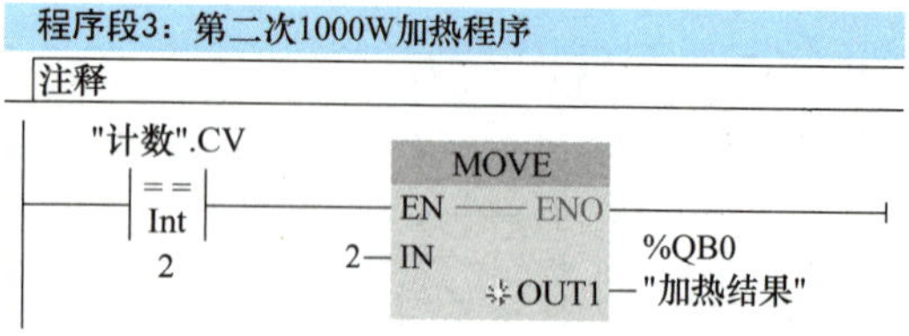

图 4-35　第二次 1000W 加热程序

程序段4：第三次1500W加热程序
注释
"计数".CV
==
Int
3
MOVE
EN — ENO
3 — IN
OUT1 — "加热结果"
%QB0

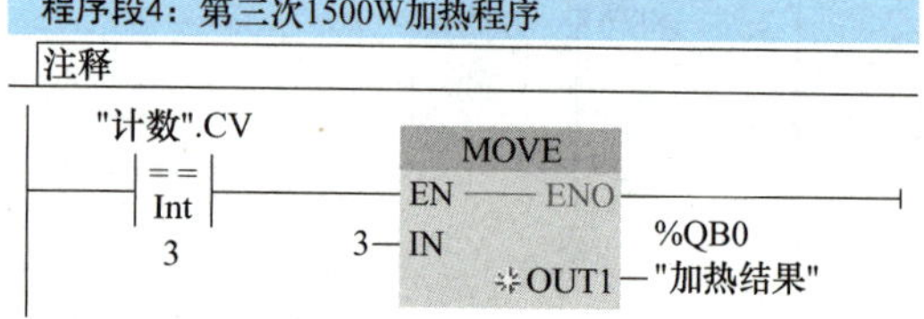

图 4-36　第三次 1500W 加热程序

程序段5：第四次加热停止程序
注释
%M4.0
"计数完成"
P
%M3.0
"关闭加热"
MOVE
EN — ENO
0 — IN
OUT1 — "加热结果"
%QB0

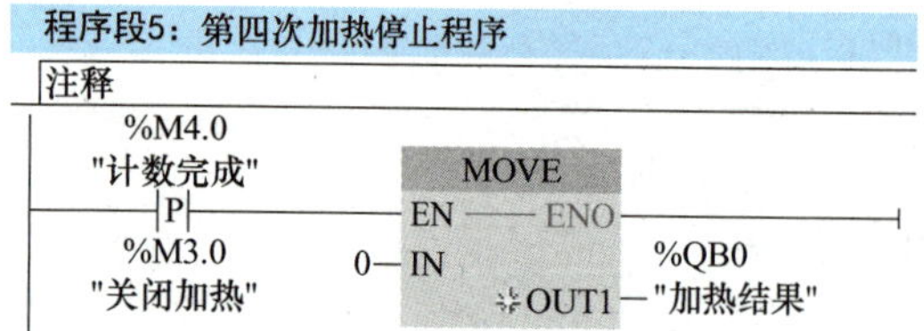

图 4-37　第四次加热停止程序

5. PLC 程序调试

步骤 1：按下控制按钮第一次，观察电热炉的加热情况是否为 500W。

步骤 2：按下控制按钮第二次，观察电热炉的加热情况是否为 1000W。

步骤 3：按下控制按钮第三次，观察电热炉的加热情况是否为 1500W。

步骤 4：按下控制按钮第四次后，观察电热炉是否停止加热。

如果上述调试现象与控制要求一致，则说明本案例任务完成。

任务总结

该电热炉控制系统的 PLC 程序用到了计数器指令、比较指令和传送指令。在使用比较指令时，巧妙运用了计数器的当前值与预设值进行比较，然后通过传送指令输出加热结果。前面提到的这些指令在以后的编程中会经常用到（特别是一键启停程序），平时应多加练习。

任务评价

任务评价见表 4-10。

表 4-10　任务评价

评价内容	评价标准	配分	得分
I/O 信号分配	合理分配 I/O 地址	10	
外部接线与布线	按照接线图，正确、规范接线	30	
PLC 程序设计	正确编写 PLC 程序	30	
程序检查与运行	下载、运行、监控正确的程序	10	
理解、总结能力	能正确理解实训任务，善于总结实训经验	10	
语言表达能力	能清楚地表达实训操作步骤并合理解释实训现象	10	

每课寄语

学技术，练技能，当能手，做贡献。

拓展练习

某车间有 1 号、2 号两台风机，通常用起动按钮与停止按钮来控制，控制要求如下：

1）起动 1 号风机运行 2h，接着起动 2 号风机运行 2h，然后两台风机一起停 2h；接着起动 2 号风机运行 2h，然后起动 1 号风机运行 2h，最后两台风机一起停止运行。

2）按下 PLC 外部的停止按钮后，不论 1 号和 2 号风机处于哪种状态，都必须同时停止。

请根据控制要求，列出 I/O 信号分配表，画出 I/O 接线图，编写 PLC 控制程序并进行调试，观察设备的状态是否和控制要求一致。

任务 4　数学运算指令的应用

任务目标

1. 知识目标

1）巩固数据传送指令的应用。

2）了解数学运算指令的应用。

2. 技能目标

1）掌握数据传送指令的应用。

2）掌握数学运算指令的应用。

3. 素质目标

1）强化专业技能，提升自身的专业素质。

2）强化综合素质，培养探索创新实践的精神。

3）严格要求，精益求精。

任务布置

假设有一个物料加工生产线，需要根据不同的物料质量、加工单价以及其他相关费用来计算总成本，控制要求如下：

有一个称重传感器将物料的质量转换为数字信号（假设存储在地址为 MW10 的存储器中，单位为 kg）。

已知该物料的加工单价为 P 元 /kg（假设 P=10，可根据实际情况修改，存储在地址 MD20 中）。

每次加工还有固定的设备使用费用 F 元（假设 F=50，存储在地址 MD30 中）。

称重系统如图 4-38 所示。

图 4-38 称重系统

任务分析

1. 加法指令

（1）加法指令的应用 加法指令将输入 IN1 的值与输入 IN2 的值相加，并在输出 OUT（OUT:=IN1+IN2）处查询总和，如图 4-39 所示。

图 4-39 加法指令的应用

在初始状态下，指令框中至少包含两个输入（IN1 和 IN2），还可以扩展输入数目。在功能框中按升序对插入的输入编号。执行该指令时，将所有可用输入参数的值相加，求得的和存储在输出 OUT 中。

如果满足下列条件之一，则使能输出 ENO 的信号状态为“0”：

1）使能输入 EN 的信号状态为“0”。

2）指令结果超出输出 OUT 指定的数据类型的允许范围。

3）浮点数的值无效。

（2）加法指令的参数 加法指令的参数说明见表 4-11。

表 4-11 加法指令的参数说明

参数	声明	数据类型	存储区	说明
EN	Input	Bool	I、Q、M、D、L 或常数	使能输入
ENO	Output	Bool	I、Q、M、D、L	使能输出
IN1	Input	整数、浮点数	I、Q、M、D、L、P 或常数	要相加的第一个数
IN2	Input	整数、浮点数	I、Q、M、D、L、P 或常数	要相加的第二个数
Nn	Input	整数、浮点数	I、Q、M、D、L、P 或常数	要相加的可选输入值
OUT	Output	整数、浮点数	I、Q、M、D、L、P	总和

可以从指令框的“???”下拉列表中选择该指令的数据类型。

2. 减法指令

（1）减法指令的应用 减法指令将输入 IN1 的值与输入 IN2 的值相减，并在输出 OUT（OUT:=IN1−IN2）处查询差值，如图 4-40 所示。

图 4-40　减法指令的应用

在初始状态下，指令框中至少包含两个输入（IN1 和 IN2），还可以扩展输入数目。在功能框中按升序对插入的输入编号。执行该指令时，将所有可用输入参数的值相减，求得的差值存储在输出 OUT 中。

如果满足下列条件之一，则使能输出 ENO 的信号状态为“0”：

1）使能输入 EN 的信号状态为“0”。

2）指令结果超出输出 OUT 指定的数据类型的允许范围。

3）浮点数的值无效。

（2）减法指令的参数　减法指令的参数说明见表 4-12。

表 4-12　减法指令的参数说明

参数	声明	数据类型	存储区	说明
EN	Input	Bool	I、Q、M、D、L 或常数	使能输入
ENO	Output	Bool	I、Q、M、D、L	使能输出
IN1	Input	整数、浮点数	I、Q、M、D、L、P 或常数	被减数
IN2	Input	整数、浮点数	I、Q、M、D、L、P 或常数	减数
OUT	Output	整数、浮点数	I、Q、M、D、L、P	差值

可以从指令框的“???”下拉列表中选择该指令的数据类型。

3. 乘法指令

（1）乘法指令的应用　乘法指令将输入 IN1 的值与输入 IN2 的值相乘，并在输出 OUT（OUT:=IN1*IN2）处查询乘积，如图 4-41 所示。

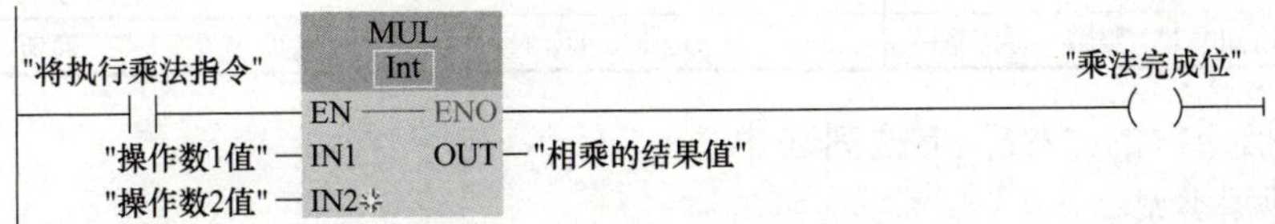

图 4-41　乘法指令的应用

可以在指令功能框中展开输入的数字。在功能框中以升序对相乘的输入进行编号。指令执行时，将所有可用输入参数的值相乘，乘积存储在输出 OUT 中。

如果满足下列条件之一，则使能输出 ENO 的信号状态为“0”：

1）输入 EN 的信号状态为“0”。

2）结果超出输出 OUT 指定的数据类型的允许范围。

3）浮点数的值无效。

（2）乘法指令的参数　乘法指令的参数说明见表 4-13。

表 4-13　乘法指令的参数说明

参数	声明	数据类型	存储区	说明
EN	Input	Bool	I、Q、M、D、L 或常数	使能输入
ENO	Output	Bool	I、Q、M、D、L	使能输出
IN1	Input	整数、浮点数	I、Q、M、D、L、P 或常数	乘数
IN2	Input	整数、浮点数	I、Q、M、D、L、P 或常数	相乘的数
Nn	Input	整数、浮点数	I、Q、M、D、L、P 或常数	可相乘的可选输入值
OUT	Output	整数、浮点数	I、Q、M、D、L、P	乘积

可以从指令框的“???”下拉列表中选择该指令的数据类型。

4. 除法指令

（1）除法指令的应用　除法指令可以将输入 IN1 的值除以输入 IN2 的值，并在输出 OUT（OUT:=IN1/IN2）处查询商值，如图 4-42 所示。

图 4-42　除法指令的应用

如果满足以下某一条件，使能输出 ENO 的信号状态为“0”：

1）使能输入 EN 的信号状态为“0”。

2）该指令的结果超出输出 OUT 处指定的数据类型所允许的范围。

3）浮点数的值无效。

（2）除法指令的参数　除法指令的参数说明见表 4-14。

表 4-14　除法指令的参数说明

参数	声明	数据类型	存储区	说明
EN	Input	Bool	I、Q、M、D、L 或常数	使能输入
ENO	Output	Bool	I、Q、M、D、L	使能输出
IN1	Input	整数、浮点数	I、Q、M、D、L、P 或常数	被除数
IN2	Input	整数、浮点数	I、Q、M、D、L、P 或常数	除数
OUT	Output	整数、浮点数	I、Q、M、D、L、P	商值

可以从指令框的“???”下拉列表中选择该指令的数据类型。

任务实施

1. PLC 程序变量表

PLC 程序变量表如图 4-43 所示。

PLC 变量

名称	变量表	数据类型	地址
启动按钮	默认变量表	Bool	%M2.1
清零按钮	默认变量表	Bool	%M2.0
物料质量	默认变量表	Word	%MW10
物料单价	默认变量表	DWord	%MD20
加工费用	默认变量表	UDInt	%MD40
固定设备使用费用	默认变量表	UDInt	%MD30
总成本	默认变量表	UDInt	%MD50

图 4-43　PLC 程序变量表

2. PLC 控制程序

PLC 控制程序如图 4-44、图 4-45 所示。

3. PLC 程序调试

步骤 1：使用乘法指令计算物料的加工费用。将存储物料质量的 MW10 与存储物料单价的 MD20 相乘，结果存储在 MD40 中，即实现了加工费用 = 物料质量 × 物料单价的计算。

步骤 2：使用加法指令将加工费用（MD40）和固定设备使用费用（MD30）相加，得到总成本，结果存储在 MD50 中，即总成本 = 加工费用 + 固定设备使用费用。

步骤 3：通过以上程序，就可以根据输入的物料质量以及给定的物料单价和固定设备使用费用，准确计算出物料加工的总成本。

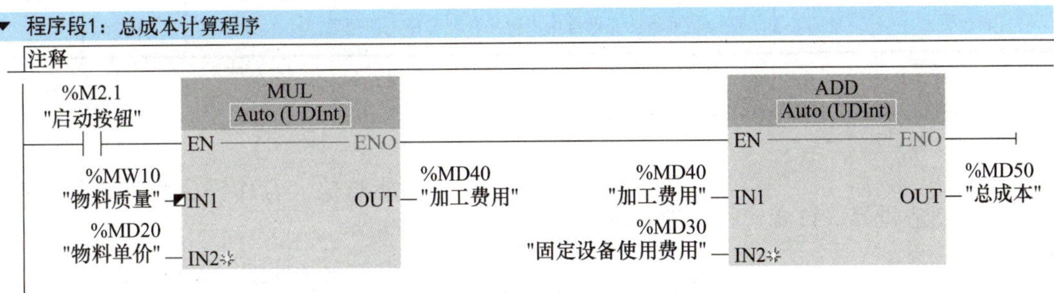

图 4-44　总成本计算程序

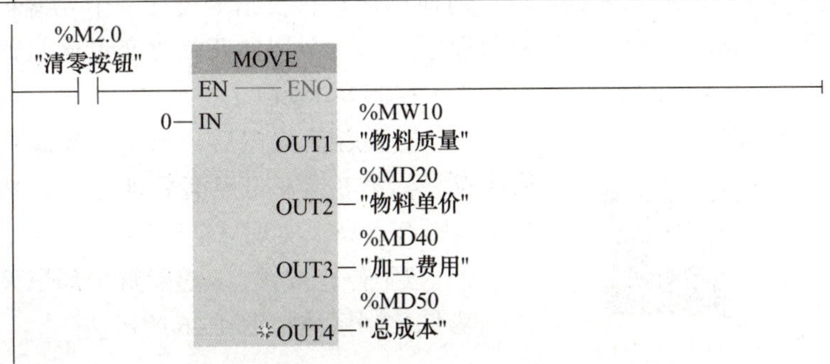

图 4-45　复位程序

任务总结

在实际应用中，需注意根据实际的变量类型（如整数、双整数或浮点数）来选择合适的四则运算指令，并确保数据范围不超出规定，以保证运算结果的准确性。同时，对于复杂的运算逻辑，可能需要结合其他指令和编程技巧来实现。

任务评价

任务评价见表 4-15。

表 4-15　任务评价

评价内容	评价标准	配分	得分
I/O 信号分配	合理分配 I/O 地址	10	
外部接线与布线	按照接线图，正确、规范接线	30	
PLC 程序设计	正确编写 PLC 程序	30	
程序检查与运行	下载、运行、监控正确的程序	10	
理解、总结能力	能正确理解实训任务，善于总结实训经验	10	
语言表达能力	能清楚地表达实训操作步骤并合理解释实训现象	10	

每课寄语

劳动创造世界，技能成就未来，时代呼唤先锋。

拓展练习

用 PLC 解出方程 y=（36+25x）/255，Byte 数据类型数字作为输入，变化范围是 0 ～ 255。写出程序的梯形图。

任务 5　彩灯控制系统程序设计

任务目标

1. 知识目标

1）巩固数据的存储方式。

2）掌握循环移位指令的应用。

3）巩固移动指令的应用。

2. 技能目标

1）完成彩灯控制系统输入 / 输出端的接线。

2）完成彩灯控制系统 PLC 程序的编写与调试。

3. 素质目标

1）能与他人合作完成资料查阅，培养团队合作精神。

2）培养勇于探索、创新实践的精神。

3）勇于创新，挑战自我。

任务布置

请使用循环移位指令设计一个 8 盏彩灯控制程序，用一个切换开关改变正反两种移位方式，控制要求如下：

1）按下启动按钮后，第 1 ～ 8 盏彩灯依次点亮，第 8 盏彩灯点亮后延时 1s，然后第 1 盏彩灯点亮，实现一个循环。

2）按下停止按钮，8 盏彩灯全部熄灭。

彩灯控制系统如图 4-46 所示。

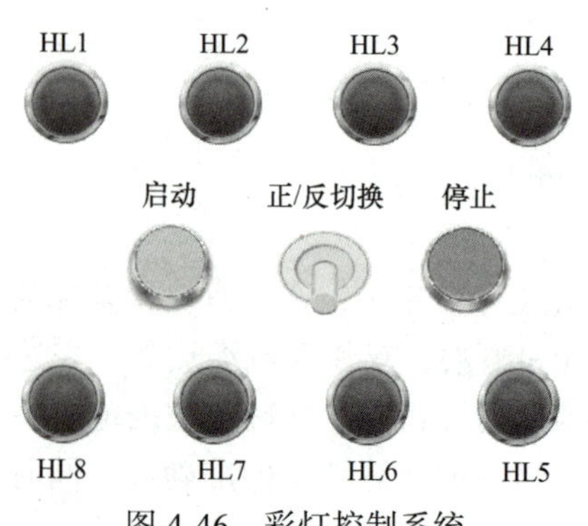

图 4-46　彩灯控制系统

任务分析

“灯组 A”（Byte 数据类型）地址为 QB0，其操作数为 8 位的位字符串，对应 Q0.7 ～ Q0.0，当操作数为“2#0000_0011”时，对应的位状态位 Q0.0、Q0.1 为 1。

1. 循环右移指令

循环右移指令的应用如图 4-47 所示。

循环右移指令的参数说明见表 4-16。

说明：

1）若 N=0，则不循环移位，将 IN 值分配给 OUT。

2）从目标值一侧循环移出的位数据将循环移位到目标值的另一侧，因此原始位的值不会丢失。

3）如果要循环移位的位数（N）超过目标值中的位数（Byte 为 8 位，Word 为 16 位，DWord 为 32 位），仍将执行循环移位。

4）执行循环指令之后，ENO 始终为 TRUE。

5）将各个位从右侧循环移出到左侧（N=1），见表 4-17。

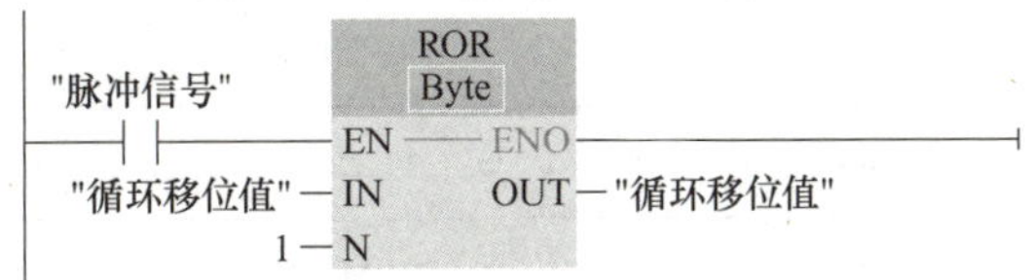

图 4-47　循环右移指令的应用

表 4-16　循环右移指令的参数说明

参数	声明	数据类型	存储区	说明
EN	Input	Bool	I、Q、M、D、L 或常数	使能输入
ENO	Output	Bool	I、Q、M、D、L	使能输出
IN	Input	位字符串、整数	I、Q、M、D、L 或常数	要移位的位序列
N	Input	USInt、UInt、UDInt	I、Q、M、D、L 或常数	要移位的位数
OUT	Output	位字符串、整数	I、Q、M、D、L	移位操作后的位序列

表 4-17　示例：Word 数据的循环右移

将各个位从右侧循环移出到左侧（N=1）			
IN	0100 0000 0000 0001	首次循环移位前的 OUT 值	0100 0000 0000 0001
		首次循环右移后的 OUT 值	1010 0000 0000 0000
		第二次循环右移后的 OUT 值	0101 0000 0000 0000

2. 循环左移指令

循环左移指令的应用如图 4-48 所示。

循环左移指令的参数说明见表 4-18。

说明：

1）若 N=0，则不循环移位，将 IN 值分配给 OUT。

2）从目标值一侧循环移出的位数据将循环移位到目标值的另一侧，因此原始位的值不会丢失。

3）如果要循环移位的位数（N）超过目标值中的位数（Byte 为 8 位，Word 为 16 位，DWord 为 32 位），仍将执行循环移位。

4）执行循环指令之后，ENO 总是为 TRUE。

5）将各个位从左侧循环移出到右侧（N=1），见表 4-19。

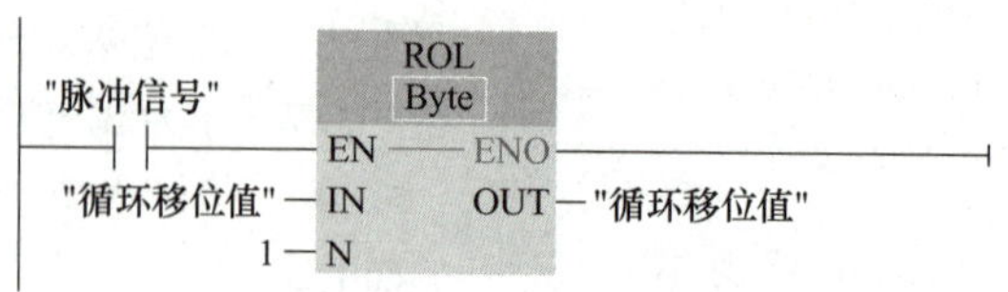

图 4-48 循环左移指令的应用

表 4-18 循环左移指令的参数说明

参数	声明	数据类型	存储区	说明
EN	Input	Bool	I、Q、M、D、L 或常数	使能输入
ENO	Output	Bool	I、Q、M、D、L	使能输出
IN	Input	位字符串、整数	I、Q、M、D、L 或常数	要移位的位序列
N	Input	USInt、UInt、UDInt	I、Q、M、D、L 或常数	要移位的位数
OUT	Output	位字符串、整数	I、Q、M、D、L	移位操作后的位序列

表 4-19 示例：Word 数据的循环左移

将各个位从左侧循环移出到右侧（N=1）			
IN	1110 0010 1010 1101	首次循环移位前的 OUT 值	1110 0010 1010 1101
		首次循环左移后的 OUT 值	1100 0101 0101 1011
		第二次循环左移后的 OUT 值	1000 1010 1011 0111

3. 移动值指令

移动值指令的应用如图 4-49 所示。

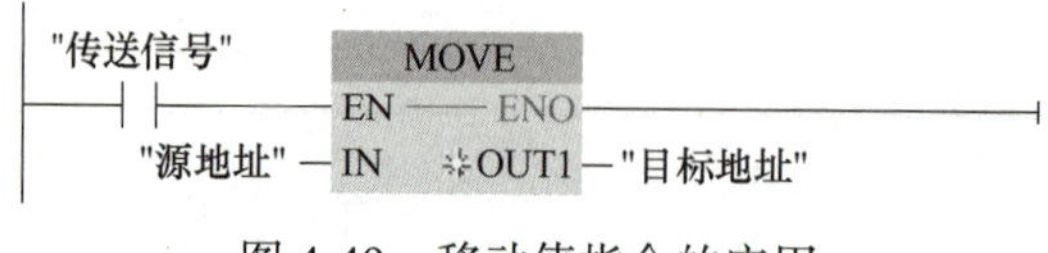

图 4-49 移动值指令的应用

移动值指令的参数说明见表 4-20。

表 4-20　移动值指令的参数说明

参数	声明	数据类型	存储区	说明
EN	Input	Bool	I、Q、M、D、L 或常数	使能输入
ENO	Output	Bool	I、Q、M、D、L	使能输出
IN	Input	位字符串、整数、浮点数、定时器、日期和时间、Char、WChar、Struct、Array、IEC 数据类型、PLC 数据类型（UDT）	I、Q、M、D、L 或常数	源值
OUT1	Output	位字符串、整数、浮点数、定时器、日期和时间、Char、WChar、Struct、Array、IEC 数据类型、PLC 数据类型（UDT）	I、Q、M、D、L	传送源值中的操作数

任务实施

1. I/O 信号分配表

根据对实际需要输入 / 输出量的分析，其 I/O 信号分配见表 4-21。

2. I/O 接线图

I/O 接线图如图 4-50 所示。

3. PLC 程序变量表

PLC 程序变量表如图 4-51 所示。

表 4-21　I/O 信号分配

输入		输出	
启动按钮	I0.0	灯 HL1	Q0.0
停止按钮	I0.1	灯 HL2	Q0.1
正 / 反切换按钮	I0.2	灯 HL3	Q0.2
		灯 HL4	Q0.3
		灯 HL5	Q0.4
		灯 HL6	Q0.5
		灯 HL7	Q0.6
		灯 HL8	Q0.7

4. PLC 控制程序

PLC 控制程序如图 4-52 ～图 4-54 所示。

5. PLC 程序调试

步骤 1：按下启动按钮，观察第 1 ～ 8 盏彩灯是否依次循环点亮。

步骤 2：当按下正 / 反切换按钮不松，观察彩灯是否反方向点亮。

步骤 3：当按下停止按钮，观察彩灯是否全部熄灭。

步骤 4：再次按下启动按钮，观察是否从第 1 盏彩灯重新依次循环点亮。

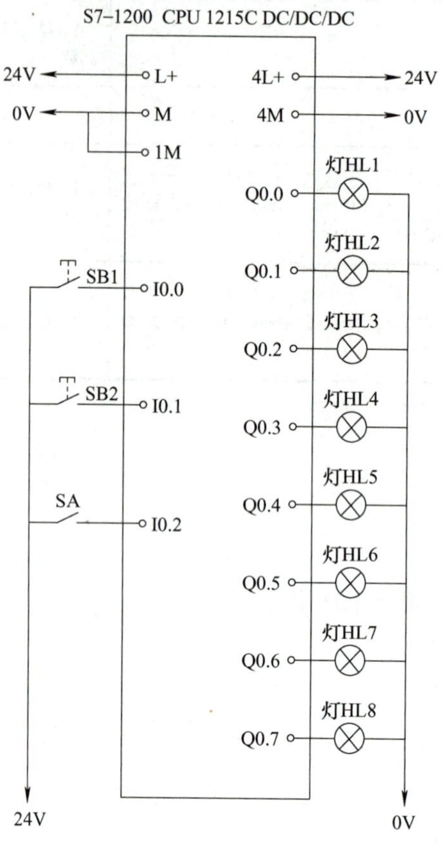

图 4-50 I/O 接线图

PLC 变量

名称	变量表	数据类型	地址
启动按钮	默认变量表	Bool	%I0.0
停止按钮	默认变量表	Bool	%I0.1
正/反切换按钮	默认变量表	Bool	%I0.2
彩灯显示	默认变量表	Byte	%QB0
启动标志	默认变量表	Bool	%M2.0
上升沿信号	默认变量表	Bool	%M2.2
Clock_1Hz	默认变量表	Bool	%M0.5

图 4-51 PLC 程序变量表

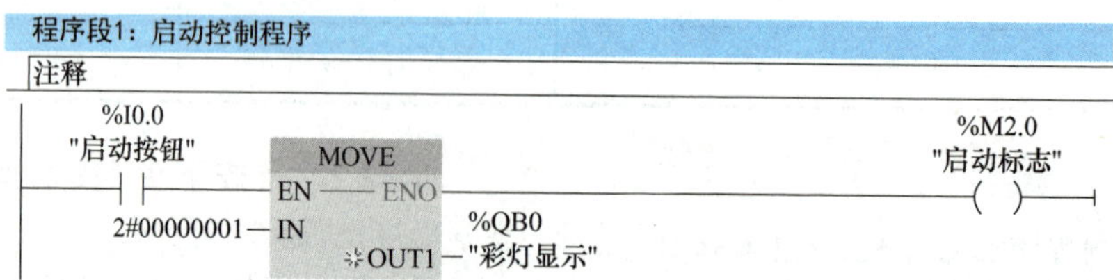

图 4-52 启动控制程序

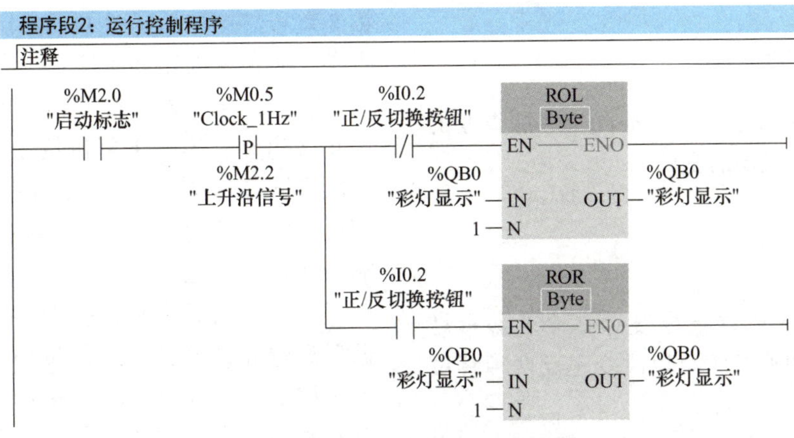

图 4-53　运行控制程序

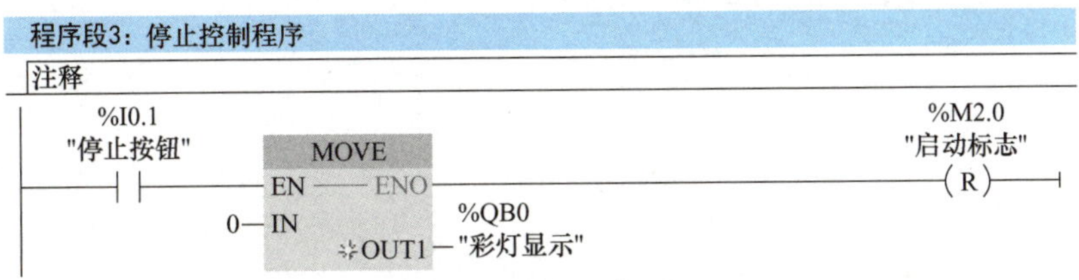

图 4-54　停止控制程序

任务总结

S7-1200 PLC 的数据存储方式主要是基于数据块存储机制。程序块内含有不同的数据存储区域，如数据块（DB）用于永久性数据存储，其中包含了系统、程序或项目所需要的各类信息，包括常数、输入 / 输出数据以及程序中用到的中间值。另外，程序逻辑区域、故障信息、程序内存和存储器分配等都依赖于 S7-1200 PLC 的内存结构。用户可根据需要，自定义数据块的大小和类型，确保数据存储的灵活性和可靠性。

任务评价

任务评价见表 4-22。

表 4-22　任务评价

评价内容	评价标准	配分	得分
I/O 信号分配	合理分配 I/O 地址	10	
外部接线与布线	按照接线图，正确、规范接线	30	
PLC 程序设计	正确编写 PLC 程序	30	
程序检查与运行	下载、运行、监控正确的程序	10	
理解、总结能力	能正确理解实训任务，善于总结实训经验	10	
语言表达能力	能清楚地表达实训操作步骤并合理解释实训现象	10	

每课寄语

实践反复证明，辛苦的汗水浇灌事业的花果，坚韧是成功的密码。

拓展练习

使用循环移位指令设计一个 8 盏彩灯控制系统，切换开关可以改变正反两种移位方式。

控制要求：按下启动按钮后，第 1 ～ 8 盏彩灯依次每间隔 1s 后点亮（彩灯左移），第 8 盏彩灯点亮后延时 1s，然后第 1 盏彩灯点亮，实现三次循环后停止。当按下暂停按钮，彩灯停止，再次按下启动按钮，彩灯从停止位启动；当按下复位按钮，彩灯熄灭，再次按下启动按钮，从第 1 盏彩灯重新启动。切换开关按下后，第 8 ～ 1 盏彩灯依次每间隔 1s 后点亮（彩灯右移），第 1 盏彩灯点亮后延时 1s，然后第 8 盏彩灯点亮，实现三次循环后停止；当按下暂停按钮，彩灯停止，再次按下启动按钮彩灯从停止位启动；当按下复位按钮彩灯熄灭，再次按下启动按钮，彩灯从第 8 盏彩灯重新启动。

项目 5　函数数据块应用与程序设计

PLC 的函数数据块是一种包含输入、输出和内部变量的程序单元。它类似于高级编程语言中的类或函数，但具有更强的状态保持能力。函数和函数块通过输入参数接收外部信号或数据，执行内部定义的逻辑运算，并通过输出参数向外部提供结果或状态信息。函数块的内部变量（也称为实例数据）在函数块的每次调用中保持其状态，直到被显式重置或函数块被删除，这使得函数块能够处理具有连续性和状态依赖性的控制任务。

任务 1　函数的应用

任务目标

1. 知识目标

1）掌握函数的局部变量使用方法。

2）掌握函数的基本应用。

2. 技能目标

1）完成一个无参数函数的应用编程与调试。

2）完成一个带参数函数的应用编程与调试。

3. 素质目标

1）强化专业技能，提升自身的专业素质。

2）强化综合素质，培养探索创新实践的精神。

任务布置

用函数实现电动机的起停控制。

任务分析

1. 块的介绍

操作系统中包含用户程序和系统程序，操作系统已经固化在 CPU 中，它提供 CPU 运行和调试的机制。CPU 的操作系统是按照事件驱动的方式扫描用户程序的。用户程序被写在不同的块中，CPU 按照执行条件是否成立来执行相应的程序块或者访问对应的数据块。用户程序则是为了完成特定的控制任务，由用户编写的程序。

用户程序通常包括组织块（OB）、函数（FC）、函数块（FB）和数据块（DB）。用户程序中块的说明见表 5-1。

表 5-1　用户程序中块的说明

块的类型	属性
组织块	用户程序接口 优先级为 0 ～ 27 在局部数据堆栈中指定开始信息

（续）

块的类型	属性
函数	参数可分配（必须在调用时分配参数） 没有存储空间（只有临时变量）
函数块	参数可分配（可以在调用时分配参数） 具有（收回）存储空间（静态变量）
数据块	结构化的局部数据存储（背景数据块） 结构化的全局数据存储（在整个程序中有效）

2. 块的结构

块由变量声明表和程序组成。每个逻辑块都有变量声明表，变量声明表用来说明块的局部数据，而局部数据包括参数和局部变量两大类。在不同的块中可以重复声明和使用同一局部变量，因为它们在每个块中仅有效一次。局部变量包括静态变量和临时变量两种。参数是在调用块与被调用块之间传递的数据，包括输入、输出和输入 / 输出变量。局部数据声明类型见表 5-2。

表 5-2　局部数据声明类型

变量名称	变量类型	说明
输入	Input	为调用块提供数据，输入给逻辑块
输出	Output	从逻辑块输出数据结果
输入 / 输出	InOut	参数值既可以输入也可以输出
静态变量	Static	静态变量存储在背景数据块中，块调用结束后，变量被保留
临时变量	Temp	临时变量存储在 L 栈中，块执行结束后，变量消失

3. 函数

1）函数是用户编写的程序块，是不带存储器的代码块。由于没有可以存储块参数值的数据存储器，因此调用函数时，必须给所有形参分配实参。

2）函数里有一个局域变量表和块参数。局域变量表里有 Input（输入参数）、Output（输出参数）、InOut（输入 / 输出参数）、Temp（临时数据）、Return（返回值 RET_VAL）。Input（输入参数）将数据传递到被调用块中进行处理。Output（输出参数）将结果传递到调用块中。InOut（输入 / 输出参数）将数据传递到被调用块中，在被调用块中处理数据后，再将被调用块中发送的结果存储在相同的变量中。Temp（临时数据）是块的本地数据，并且在处理块时将其存储在本地数据堆栈，关闭并完成处理后，临时数据就变得不再可访问。Return 包含返回值 RET_VAL。

任务实施

函数类似于 VB 语言中的“子程序”，用户可以将具有相同控制过程的程序编写在函数中，然后在主程序 Main[OB1] 中调用。

创建函数的步骤是：先建立一个项目，再从 TIA 博途软件项目视图的项目树中选择已经添加的设备（如 PLC_1）→“程序块”→“添加新块”，即可出现要插入函数的界面。

例 1　以“任务布置”为例，讲解函数的应用

步骤 1：新建一个项目，在 TIA 博途软件项目视图的项目树中，选择已经添加的设

备“PLC_1”→“程序块”→“添加新块”，如图 5-1 所示，弹出“添加新块”对话框。

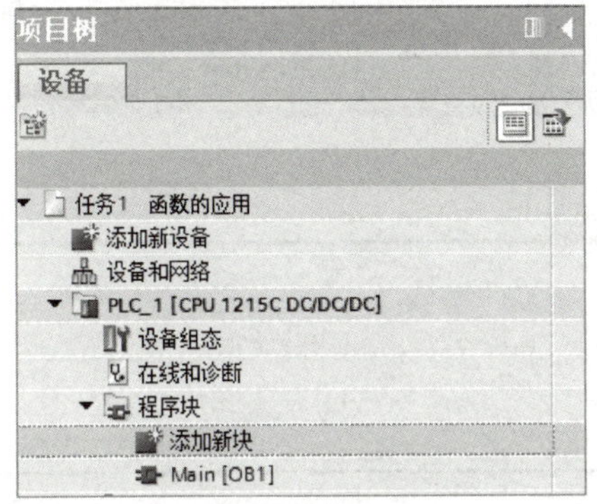

图 5-1　添加新块

步骤 2：在“添加新块”对话框（见图 5-2）中，选择创建块的类型为“函数”，再输入函数的名称“起停控制”，选择编程“语言”为“LAD”，单击“确定”按钮，弹出函数的程序编辑器。

步骤 3：在程序编辑器中输入图 5-3 所示的程序，此程序能实现起停控制，将程序保存。

步骤 4：在 TIA 博途软件项目视图的项目树中，双击打开主程序块“Main[OB1]”，再在项目树中选中新创建的函数“起停控制（FC1）”，并将其拖拽到程序编辑器中，如图 5-4 所示。

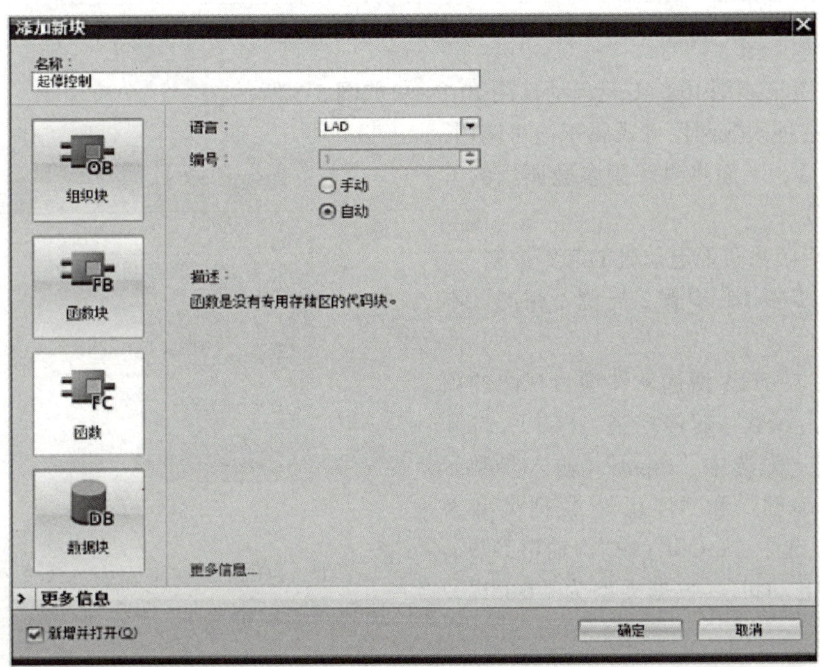

图 5-2　“添加新块”对话框

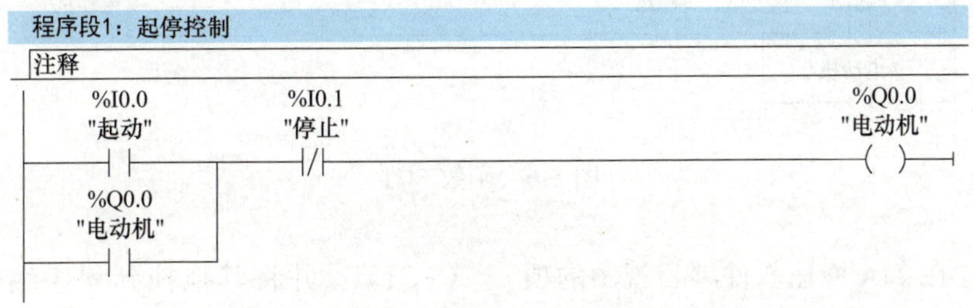

图 5-3　函数 FC1 中的程序

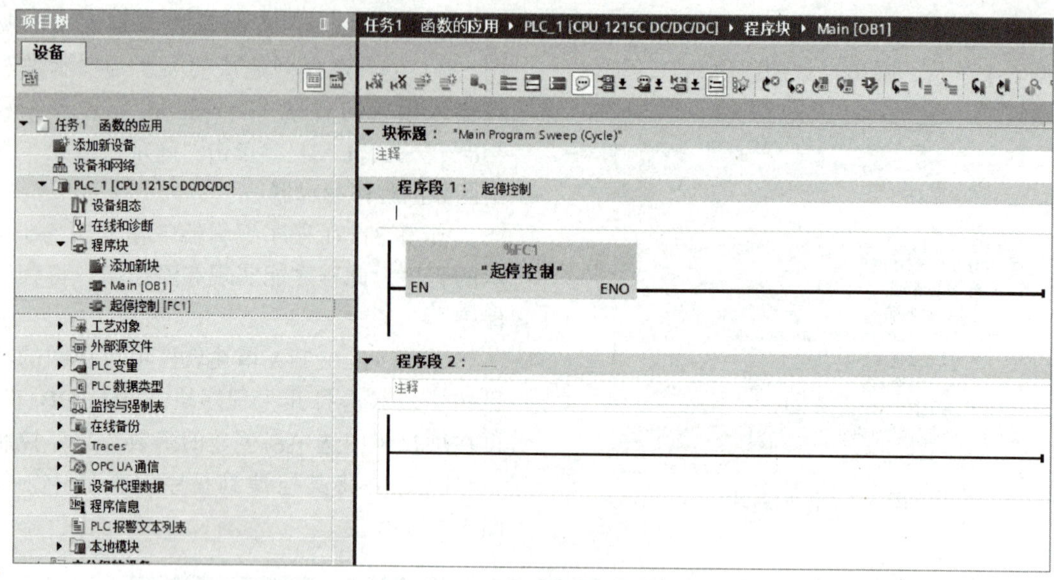

图 5-4 在主程序中调用函数

以上程序只能用 I0.0 实现起动，用 I0.1 实现停止，这种函数调用方式属于绝对调用，显然不够灵活，下面将讲解用参数调用的方法提升灵活度。

例 2 用函数实现电动机的起停控制

本例的步骤 1、步骤 2 与例 1 相同，不再重复讲解。

步骤 3：在 TIA 博途软件项目视图的项目树中，双击函数“起停控制（FC1）”打开程序编辑器，先选中“Input”(输入参数)，新建参数“起动”和“停止”(数据类型为“Bool”)，再选中“InOut”(输入/输出参数)，新建参数“电动机”(数据类型为“Bool”)，如图 5-5 所示。

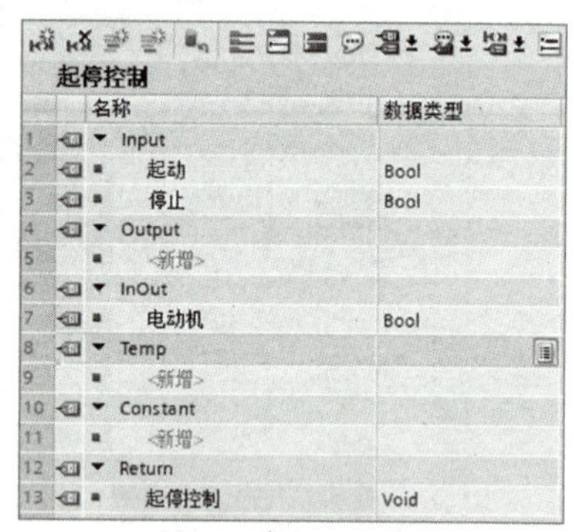

图 5-5 新建参数

最后在程序段 1 中输入图 5-6 所示程序，注意参数前都要加“#”。

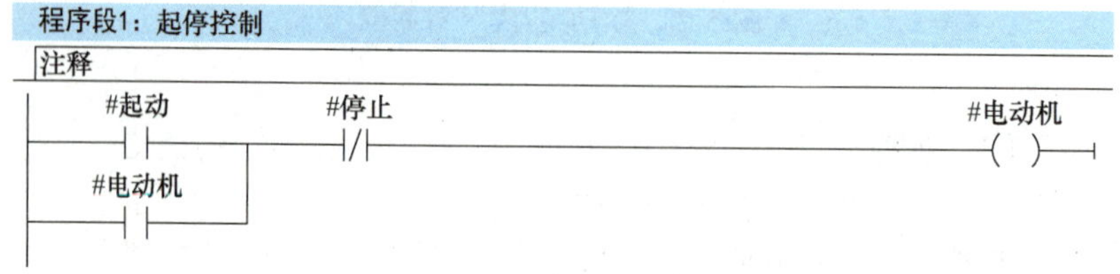

图 5-6 函数 FC1

步骤 4：在 TIA 博途软件项目视图的项目树中，双击打开主程序块“Main[OB1]”，再在项目树选中新创建的函数“起停控制（FC1）”，并将其拖拽到程序编辑器中，如图 5-7 所示。

如果将整个项目下载到 PLC 中，就可以实现“起停控制”。这个程序的函数“FC1”的调用比较灵活，与例 1 不同，起动不只限于 I0.0，停止不只限于 I0.1，在编写程序时可以灵活分配应用。

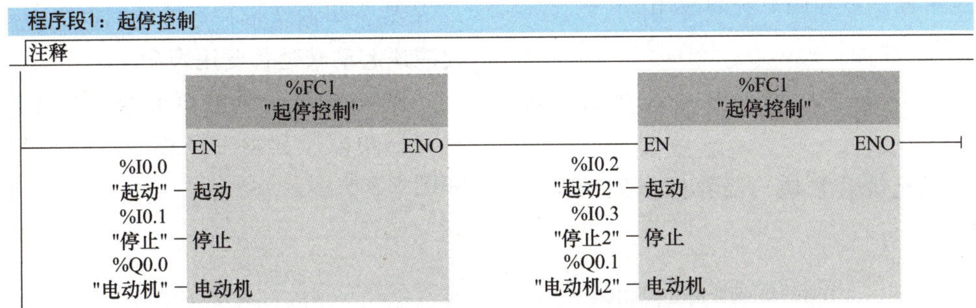

图 5-7　在 Main[OB1] 中调用函数 FC1

任务总结

S7-1200 PLC 中的函数是可复用的编程代码块，常用于实现复杂的控制功能。它可以在多个程序中被调用，从而提高了程序的模块化和可维护性。函数可以用于实现逻辑控制、数据处理以及通信等功能。例如，在自动化生产线控制中，函数可以用于控制电动机的起动、停止和调速等操作，提高了生产效率和设备可靠性。通过使用函数，可以简化编程过程，降低出错率，提高系统的整体性能。

任务评价

任务评价见表 5-3。

表 5-3　任务评价

评价内容	评价标准	配分	得分
用户程序中块的应用	能够清晰掌握程序块的类型和属性	20	
块的结构	能够掌握局部数据声明类型	20	
用户编写的程序块（函数）	能够掌握函数的局域变量表和块参数	30	
函数的应用实例	能熟练应用函数	10	
在 Main[OB1] 中调用函数 FC1	能熟练掌握在 Main[OB1] 中调用函数 FC1 的方法	20	

每课寄语

学一技之长，创一片蓝天。学一技之长，创一番事业。

拓展练习

编写一个控制两台电动机正反转运行的函数，并在程序中调用该函数。

任务 2　函数块的应用

任务目标

1. 知识目标

1）掌握函数块的定义。

2）理解函数和函数块的区别。

2. 技能目标

1）完成一个函数块的编程与调试。

2）掌握函数和函数块的应用。

3. 素质目标

1）强化专业技能，提升自身的专业素质。

2）强化综合素质，培养探索创新实践的精神。

任务布置

某公司输送带在运输物料时，电动机需要减压起动来延长使用寿命。

请用本次所学的函数块完成电动机的星－三角减压起动控制程序的编写与调试，如图 5-8 所示。

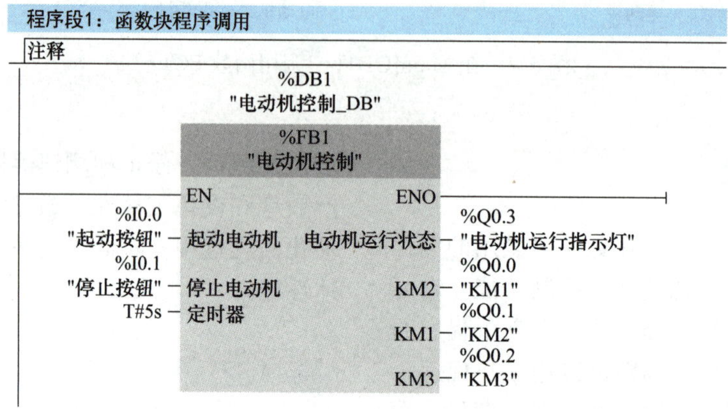

图 5-8　用函数块完成电动机的星－三角减压起动控制程序

任务分析

函数块（Function Block，FB）是一种在 PLC 编程中广泛使用的代码块，主要用于封装特定的功能或操作。

（1）函数块的定义和功能　函数块是一种“带内存”的代码块，它将输入、输出和输入 / 输出参数永久地存储在背景数据块中，从而在执行块之后，这些值依然有效。因此，函数块也称为“有存储器”的块。函数块可以包含静态变量和临时变量，静态变量在块执行结束后仍然保留，而临时变量则会在块执行结束后消失。

函数块通常用于执行需要保存状态的操作，如定时器、计数器等。由于函数块具有内部存储功能，它可以在程序中被多次调用而不会丢失之前的状态，这使得函数块特别适合用于需要重复调用且需要保存中间结果的场景。

（2）与函数的区别　函数是不带存储器的代码块，它在执行结束后不会保存任何状态。由于没有可以存储块参数值的数据存储器，调用函数时必须给所有形参分配实参。函数通常用于执行不需要保存状态的简单操作，如数学计算、逻辑判断。

（3）函数块支持的编程语言　函数块支持的编程语言有 LAD（梯形图）、FBD（功能块图）、SCL（结构化控制语言）以及 CEM（因果矩阵）。

（4）函数块的块接口

1）函数块可在块接口区域中定义 Input（输入）、Output（输出）、InOut（输入输出）、Static（静态变量）、Temp（临时变量）以及 Constant（常数）。函数块的块接口说明和参数说明见表 5-4 和表 5-5。

表 5-4　函数块的块接口说明

接口类型	说明	接口类型	说明
Input	输入	Static	静态变量
Output	输出	Temp	临时变量
InOut	输入输出	Constant	常数

表 5-5　函数块的参数说明

接口类型	读写访问	描述
Input	只读	调用函数块时，将数据传送到函数块
Output	读写	将函数块执行的结果输出
InOut	读写	读取外部实参数值并且将结果返回到实参；实参不可为常数
Static	读写	静态变量存储在背景数据块中，不参与对外的参数传递
Temp	读写	
Constant	只读	

2）对于带参数的函数块，有形参和实参两个概念。

形参：被调用块接口中定义的块参数。在调用过程中，形参将作为参数占位符传递给该块。

实参：调用块时，传递给块的参数称为实参。

例如，函数块和函数定义的接口是形参，然后向这个接口写入的数据或地址就是实参，如图 5-9 所示。

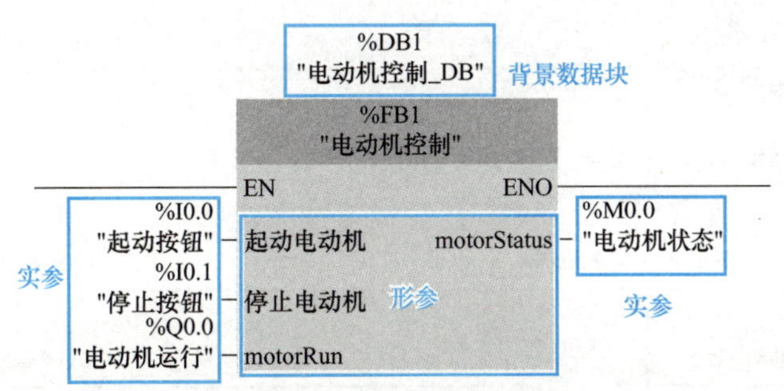

图 5-9　形参和实参图解

（5）函数块编程

1）带参数函数块：定义了块接口，函数块中通常不出现任何全局变量，如图 5-10 所示。其优点是实现模块化编程，对于相同的功能或逻辑，只需编写一个函数块即可，无须重复编写相同的代码。此外，还可将函数块做成项目库或全局库，以便后续其他项目和工程师使用。

2）不带参数函数块：不定义任何块接口，在函数块编程中使用全局变量，如图 5-11 所示。此种方式不推荐。

（6）函数块调用　函数块可以被组织块、函数或其他函数块调用，不同的块调用时调用方式也会不同，具体有以下三种：

1）在组织块中调用函数块时，仅支持单个实例调用，如图 5-12 所示。

2）在函数中调用函数块时，支持单个实例和参数实例调用，如图 5-13 所示。

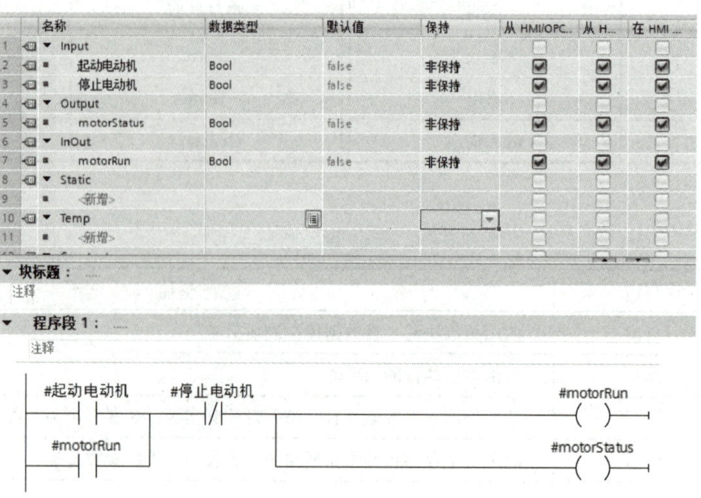

图 5-10　带参数函数块定义块接口编程

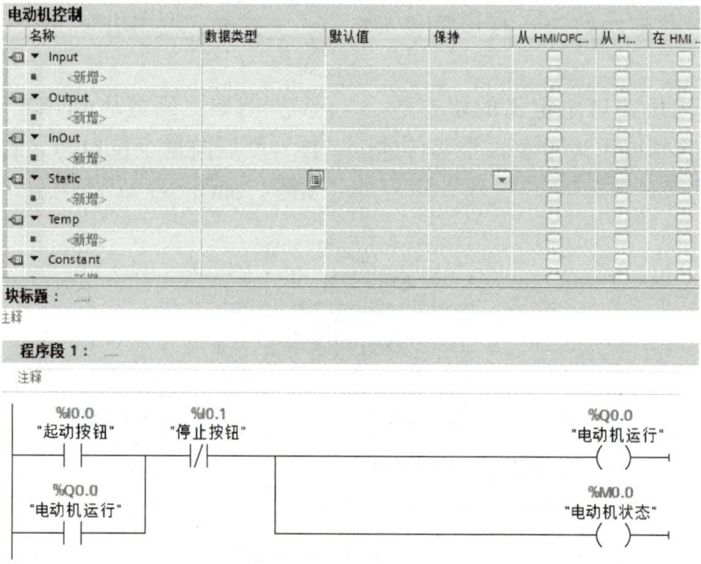

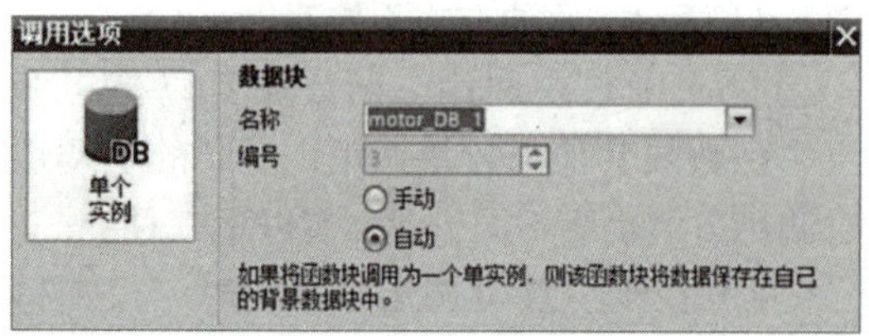

图 5-12　在组织块中调用函数块

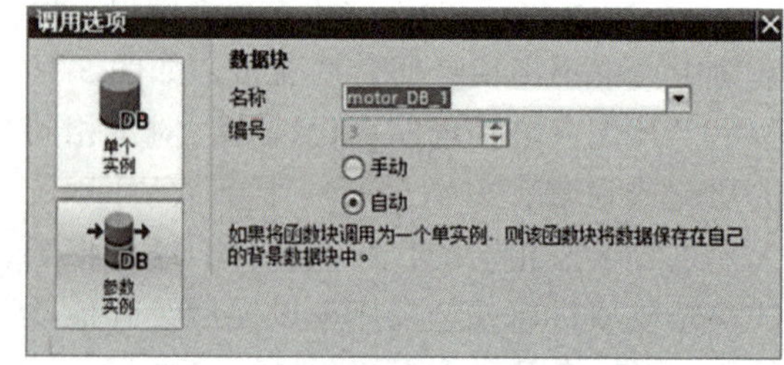

图 5-13　在函数中调用函数块

3）在函数块中调用另外一个函数块时，支持单个实例、多重实例和参数实例三种方式，如图 5-14 所示。

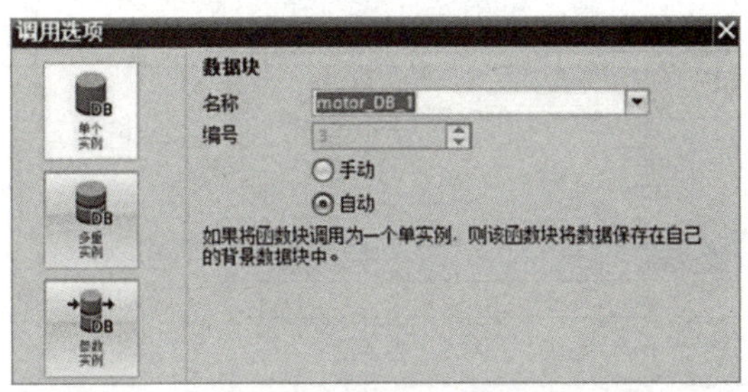

图 5-14　在函数块中调用另外一个函数块

任务实施

1. I/O 信号分配表

根据对实际需要输入 / 输出的分析，其 I/O 信号分配见表 5-6。

2. I/O 接线图

I/O 接线图如图 5-15 所示。

3. PLC 程序变量表

PLC 程序变量表如图 5-16 所示。

表 5-6　I/O 信号分配

输入		输出	
起动按钮	I0.0	主交流接触器 KM1	Q0.0
停止按钮	I0.1	电动机星形（Y）运行 KM2	Q0.1
		电动机三角形（△）运行 KM3	Q0.2
		电动机运行状态指示灯	Q0.3

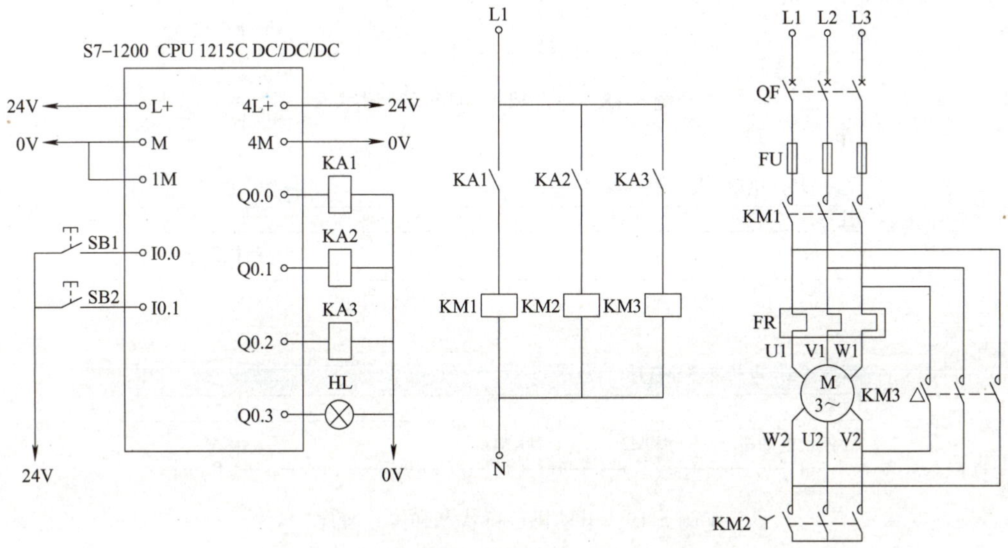

图 5-15　I/O 接线图

PLC 变量

名称	变量表	数据类型	地址
起动按钮	默认变量表	Bool	%I0.0
停止按钮	默认变量表	Bool	%I0.1
KM1	默认变量表	Bool	%Q0.0
KM2	默认变量表	Bool	%Q0.1
KM3	默认变量表	Bool	%Q0.2
电动机运行指示灯	默认变量表	Bool	%Q0.3

图 5-16　PLC 程序变量表

4. PLC 控制程序

PLC 控制程序如图 5-17 ～图 5-19 所示。

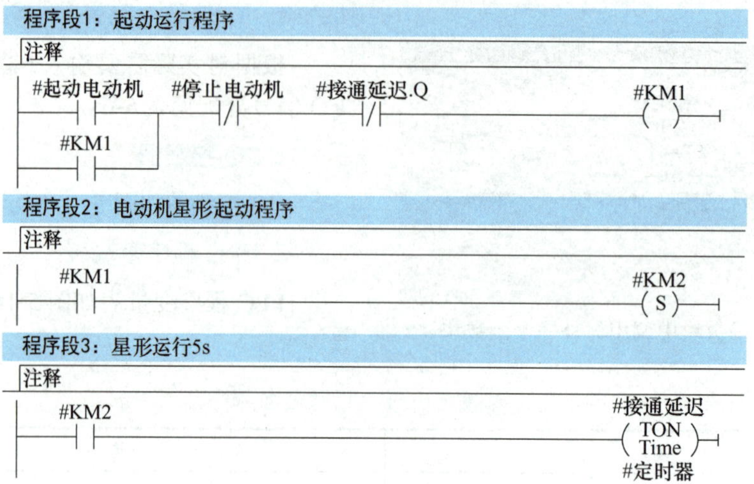

图 5-17　电动机星形运行程序

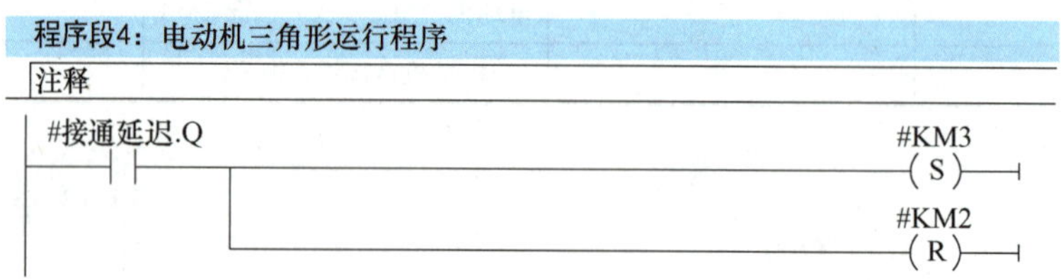

图 5-18　电动机三角形运行程序

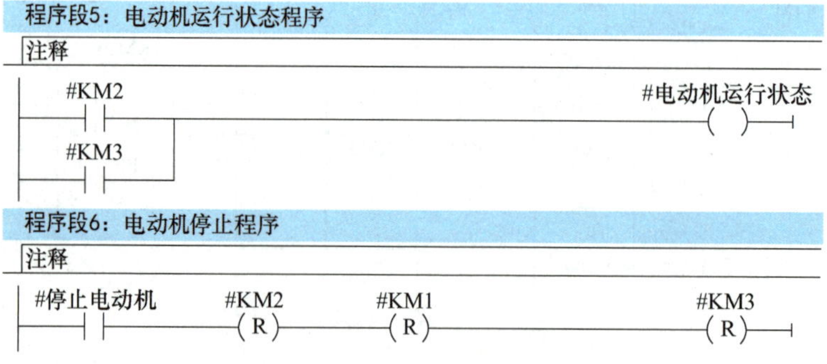

图 5-19　电动机运行状态和停止程序

任务总结

西门子 S7-1200 PLC 中，函数和函数块在编程上有着显著的区别。函数用于实现特定的计算或逻辑操作，例如数学运算或比较等。而函数块是更复杂的过程或操作的组合，例如控制算法或自定义逻辑，并可以在项目中重复使用。简单来说，函数侧重于简单的计算功能，而函数块则侧重于构建复杂的控制过程。在 S7-1200 PLC 编程中，这两种元素相互协作，可以实现更复杂的自动化任务。

任务评价

任务评价见表 5-7。

表 5-7　任务评价

评价内容	评价标准	配分	得分
I/O 信号分配	合理分配 I/O 地址	10	
外部接线与布线	按照接线图，正确、规范接线	30	
PLC 程序设计	正确编写 PLC 程序	30	
程序检查与运行	下载、运行、监控正确的程序	10	
理解、总结能力	能正确理解实训任务，善于总结实训经验	10	
语言表达能力	能清楚地表达实训操作步骤并合理解释实训现象	10	

每课寄语

专业成就卓越，技能成就未来。

拓展练习

请编写 3 台电动机依次起动逆序停止的函数块，并在程序中调用测试该函数块。

项目6　模拟量及高速计数器应用与程序设计

在现代工业自动化系统中，模拟量和高速计数器的应用至关重要。模拟量用于连续变化物理量（如温度、压力、流量等）的测量与控制。而高速计数器则用于高速旋转或移动物体的计数、测速和位移测量。本项目将深入探讨模拟量及高速计数器的应用背景、工作原理、程序设计方法以及在实际控制系统中的重要作用。

任务1　管道气体压力测量程序设计

任务目标

1. 知识目标

1）了解模拟量输入模块的应用范围。

2）掌握模拟量输入模块的接线。

2. 技能目标

1）完成模拟量输入模块的接线。

2）完成模拟量转换输出程序的编写与调试。

3. 素质目标

1）能与他人合作完成资料查阅，培养团队合作精神。

2）培养勇于探索、创新实践的精神。

3）团结协作，共同进步。

任务布置

一风机向管道送风，压力传感器测量管道的压力，量程为0～10kPa，输出直流0～10V信号，如图6-1所示。其控制要求如下：

1）将测量压力保存到MW100中，用于显示。

2）当压力大于9kPa时，指示灯HL1亮，同时风机停止送风，否则HL1熄灭。

3）当压力小于8kPa时，风机自动起动。

4）当压力小于3kPa时，指示灯HL2亮，否则HL2熄灭。

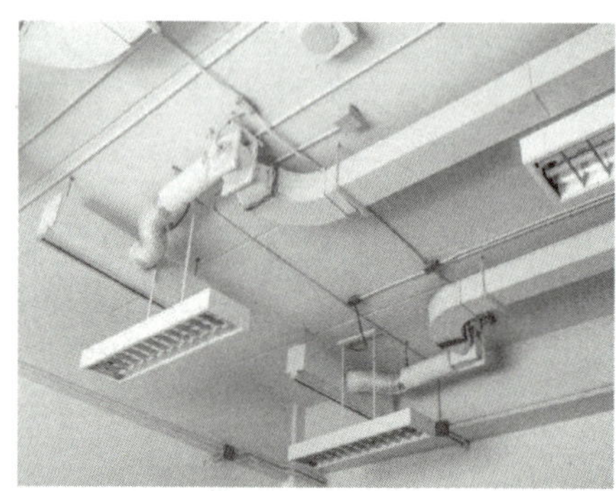

图6-1　风机向管道送风

任务分析

1. 模拟量输入模块

（1）模拟量的极性　S7-1200 CPU 1215C集成了2通道模拟量输入（输入默认地址为IW64和IW66）、2通道模拟量输出（输出默认地址为 QW64 和 QW66），只能使用 0 ～ 10V 的单极性模拟量电压输入。电压输入分为单极性和双极性，电流输入只有单极性。如果需要双极性电压输入或电流输入，可以选择信号模块 SM1231 或信号板 SB1231。

（2）模拟量与模拟值的对应关系　单极性模拟量输入与模拟值之间的对应关系中，最重要的是单极性模拟量量程的上、下限分别对应模拟值 27648 和 0。也就是说，0 ～ 10V（或 0 ～ 20mA、4 ～ 20mA）对应的模拟值为 0 ～ 27648，见表 6-1。

表 6-1　单极性模拟量输入与模拟值之间的对应关系

范围	量程			模拟值	
	0 ～ 10V	0 ～ 20mA	4 ～ 20mA	十进制	十六进制
上溢	11.852V	>23.52mA	>22.81mA	32767	7FFF
	11.759V	23.52mA	22.81mA	32512	7F00
上溢警告	11.759V	23.52mA	22.81mA	32511	7EFF
	10V	20mA	20mA	27649	6C01
正常范围	10V	20mA	20mA	27648	6C00
	0V	0mA	4mA	0	0
下溢警告	不支持负数	0mA	4mA	−1	FFFF
		−3.52mA	1.185mA	−4864	ED00
下溢		−3.52mA	1.185mA	−4865	ECFF
		<−3.52mA	<1.185mA	−32768	8000

2. 相关指令介绍

本任务需要进行模拟量的量程转换，所以会用到“SCALE_X”（缩放）指令和“NORM_X”（标准化）指令。在介绍这两个指令前，需要先进入 TIA Portal V16 编程界面找到它们。

步骤 1：在编程界面右侧选择“指令”标签，如图 6-2 所示。

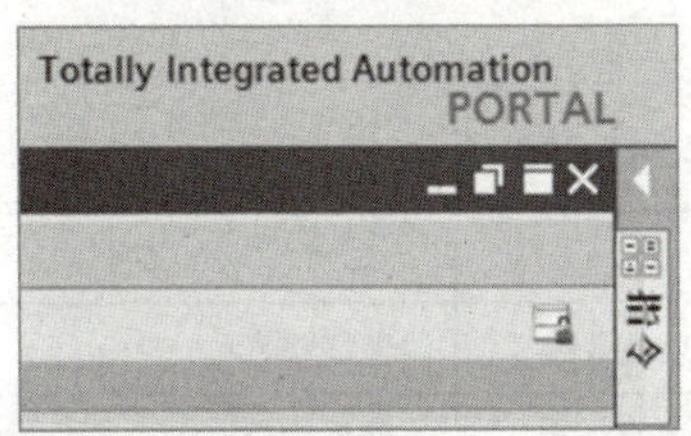

图 6-2　在编程界面右侧选择“指令”标签

步骤 2：展开“基本指令”，如图 6-3 所示。

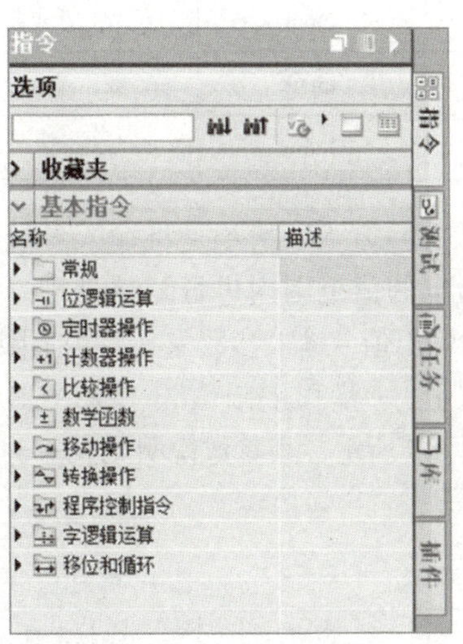

图 6-3　展开“基本指令”

步骤 3：展开“转换操作”，如图 6-4 所示。

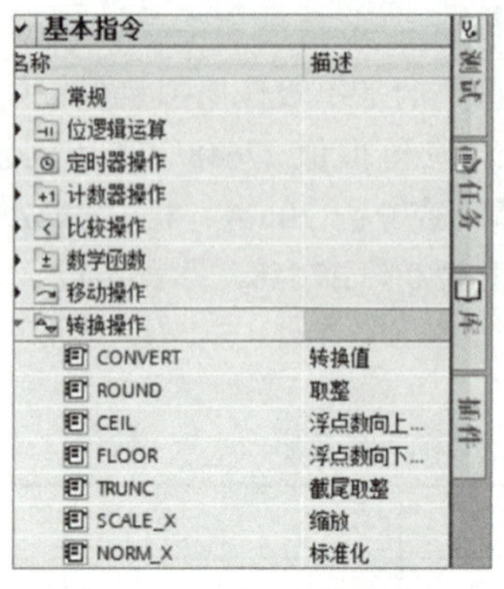

图 6-4　展开“转换操作”

此时，便可以找到“SCALE_X”指令和“NORM_X”指令，如图 6-5 所示。

“NORM_X”指令是将输入参数的值映射到线性标尺对其进行标准化处理，计算公式为“输出值 =（输入参数 - 量程下限值）/（量程上限值 - 量程下限值）”。“NORM_X”指令如图 6-6 所示，其参数说明见表 6-2。

转换操作
CONVERT 转换值
ROUND 取整
CEIL 浮点数向上...
FLOOR 浮点数向下...
TRUNC 截尾取整
SCALE_X 缩放
NORM_X 标准化

图 6-5　“SCALE_X”指令和“NORM_X”指令

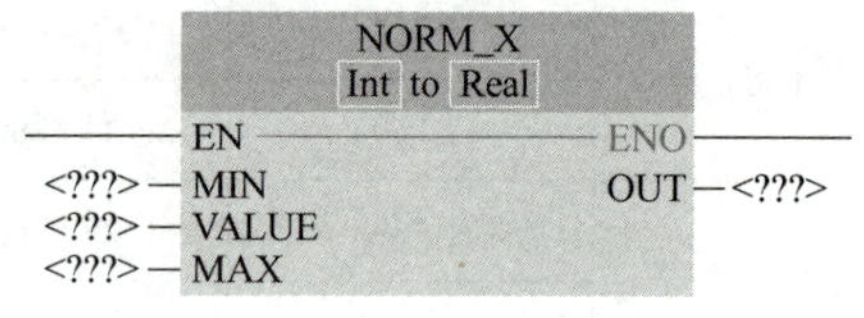

图 6-6　“NORM_X”指令

表 6-2　“NORM_X”指令的参数说明

参数	声明	数据类型	存储区	说明
EN	Input	Bool	I、Q、M、D、L 或常数	使能输入
ENO	Output	Bool	I、Q、M、D、L	使能输出
MIN	Input	整数、浮点数	I、Q、M、D、L 或常数	取值范围的下限
VALUE	Input	整数、浮点数	I、Q、M、D、L 或常数	要标准化的值
MAX	Input	整数、浮点数	I、Q、M、D、L 或常数	取值范围的上限
OUT	Output	浮点数	I、Q、M、D、L	标准化结果

“SCALE_X”指令是将输入参数的值映射到指定的值范围内进行缩放处理，计算公式为“输出值 = 输入参数 ×（量程上限值 - 量程下限值）+ 量程下限值”。“SCALE_X”指令如图 6-7 所示，其参数说明见表 6-3。

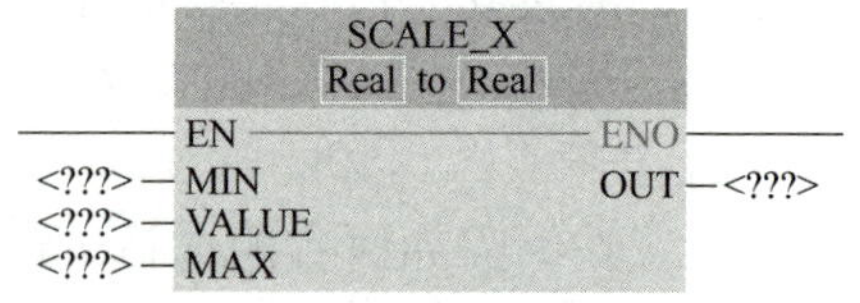

图 6-7　“SCALE_X”指令

表 6-3　“SCALE_X”指令的参数说明

参数	声明	数据类型	存储区	说明
EN	Input	Bool	I、Q、M、D、L 或常数	使能输入
ENO	Output	Bool	I、Q、M、D、L	使能输出
MIN	Input	整数、浮点数	I、Q、M、D、L 或常数	取值范围的下限

（续）

参数	声明	数据类型	存储区	说明
VALUE	Input	浮点数	I、Q、M、D、L 或常数	要缩放的值。如果输入一个常数，则必须对其声明
MAX	Input	整数、浮点数	I、Q、M、D、L 或常数	取值范围的上限
OUT	Output	浮点数	I、Q、M、D、L	缩放的结果

任务实施

1. I/O 信号分配表

I/O 信号分配见表 6-4。

2. I/O 接线图

I/O 接线图如图 6-8 所示。

3. 组态 PLC

步骤 1：打开项目视图，单击“新建项目”按钮，弹出“创建新项目”对话框，如图 6-9 所示。

表 6-4　I/O 信号分配

输入		输出	
起动按钮	I0.0	风机送风	Q0.0
停止按钮	I0.1	高于 9kPa 指示灯	Q0.1
		低于 3kPa 指示灯	Q0.2

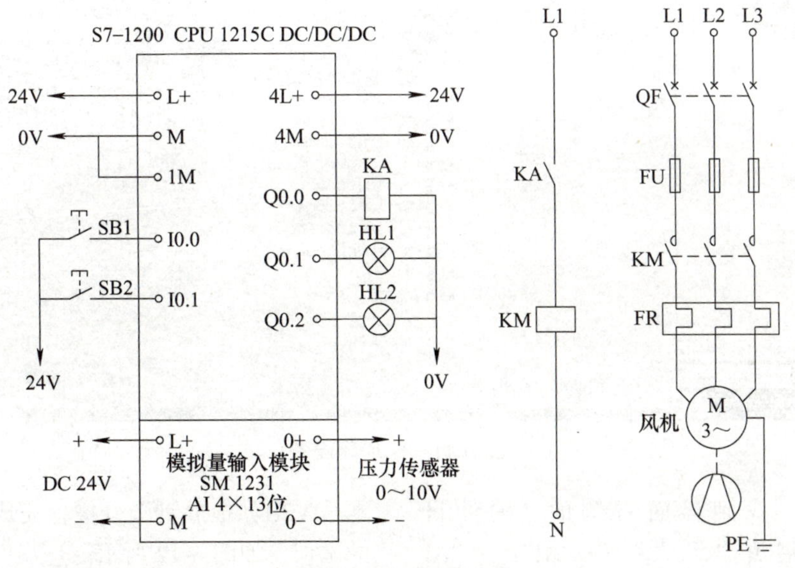

图 6-8　I/O 接线图

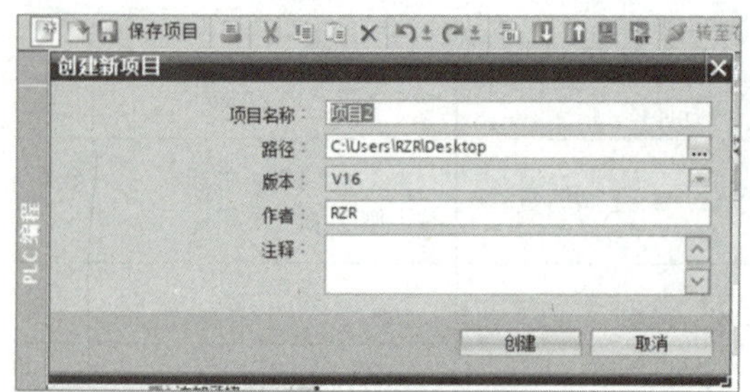

图 6-9　单击“新建项目”按钮

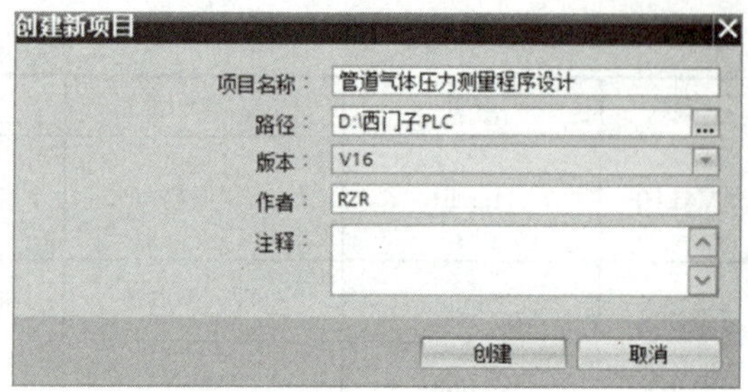

图 6-10　创建新项目

步骤 2：新建一个“项目名称”为“管道气体压力测量程序设计”、“路径”为“D:\ 西门子 PLC”、“版本”为“V16”、“作者”为自己计算机软件默认的名称、“注释”为空白的新项目，编辑完各项后单击“创建”按钮完成新项目的创建，如图 6-10 所示。

步骤 3：双击“添加新设备”，添加的 PLC 为 CPU 1215C DC/DC/DC，版本号选择 V4.4，单击“确定”按钮完成新设备的添加，如图 6-11 所示。

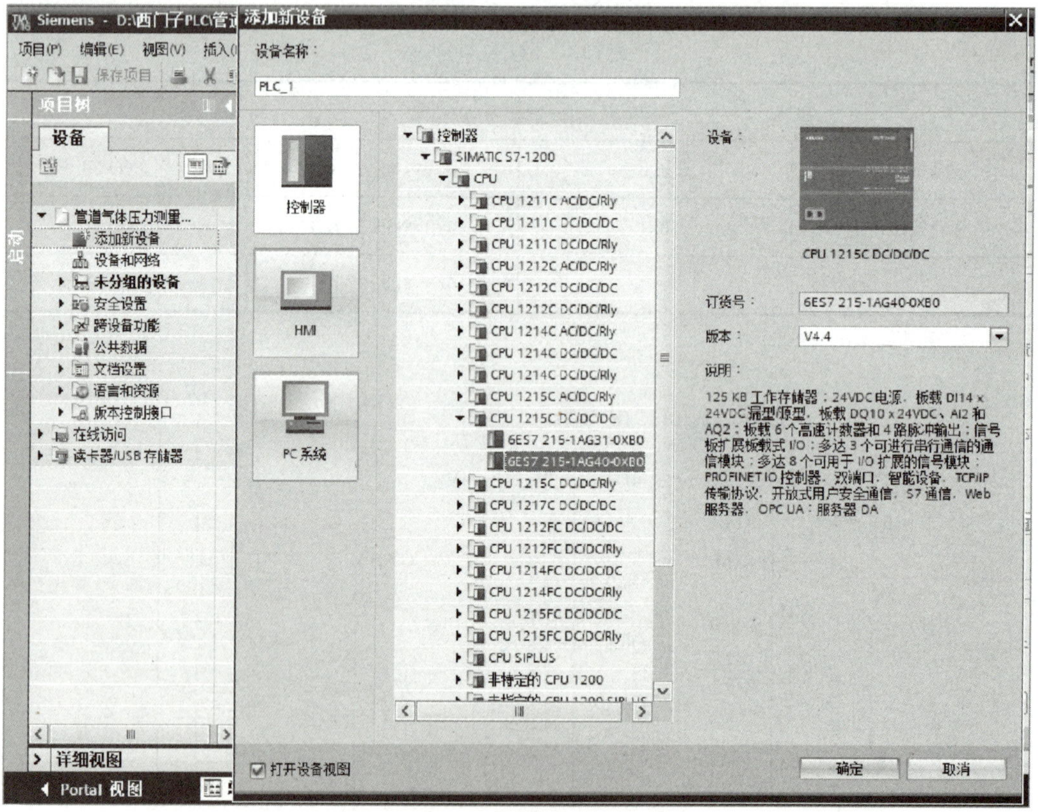

图 6-11　添加新设备

步骤 4：找到界面右侧的“硬件目录”，依次展开“目录”→“AI”→“AI 4×13BIT_1”，将 6ES7 231-4HD32-0XB0（版本号 V2.1）拖放到 2 号槽，完成模拟量模块的添加，如图 6-12 所示。

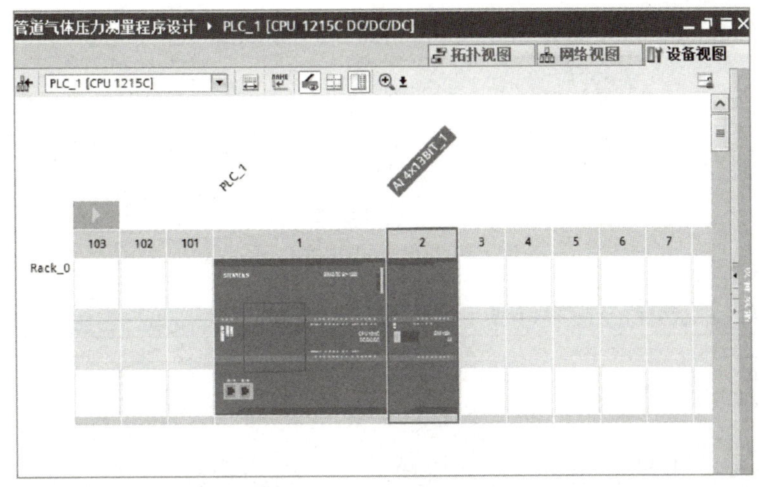

图 6-12　添加模拟量模块

步骤 5：在“设备视图”组态界面双击“AI 4×13BIT_1”，单击“属性”按钮，依次展开“AI4”→“模拟量输入”，可以选择各通道的测量类型（电压、电流）和测量范围（电压为 ±10V、±5V、±2.5V，电流为 0 ～ 20mA、4 ～ 20mA），本例选择通道 0 的测量类型为“电压”，电压范围为“+/–10V”，模拟量输入组态的默认地址为“IW96 ～ IW102”。本例使用的是通道 0，故地址为“IW96”，如图 6-13 所示。

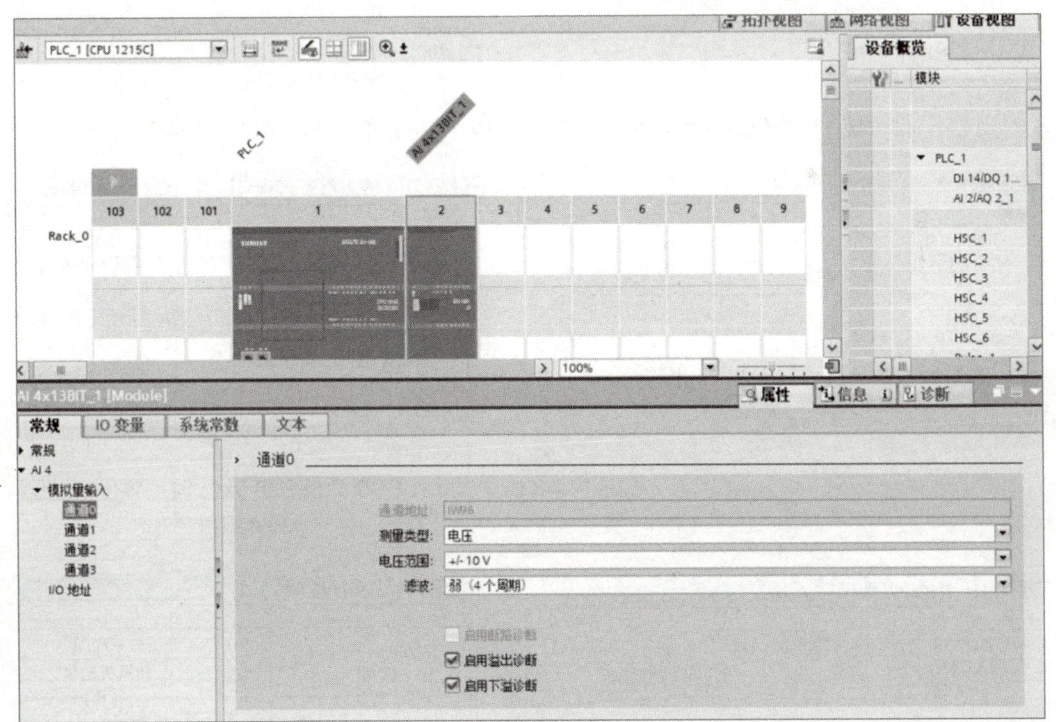

图 6-13　模拟量输入组态

4. PLC 程序变量表

PLC 程序变量表如图 6-14 所示。

5. PLC 控制程序

PLC 控制程序如图 6-15 ～图 6-20 所示。

PLC 变量

名称	变量表	数据类型	地址
起动按钮	默认变量表	Bool	%I0.0
停止按钮	默认变量表	Bool	%I0.1
风机送风	默认变量表	Bool	%Q0.0
高于9kPa指示灯	默认变量表	Bool	%Q0.1
低于3kPa指示灯	默认变量表	Bool	%Q0.2
模拟值	默认变量表	Word	%IW96
压力值	默认变量表	Word	%MW100
高于8kPa标志	默认变量表	Bool	%M0.0
过程值	默认变量表	DWord	%MD104
Tag_1	默认变量表	Bool	%M0.1

图 6-14　PLC 程序变量表

程序段1：风机起动控制或压力低于8kPa重启

注释

%I0.0
"起动按钮"
%Q0.0
"风机送风"
S
%M0.0
"高于8kPa标志"
%MW100
"压力值"
<
Int
8000
%M0.0
"高于8kPa标志"
R

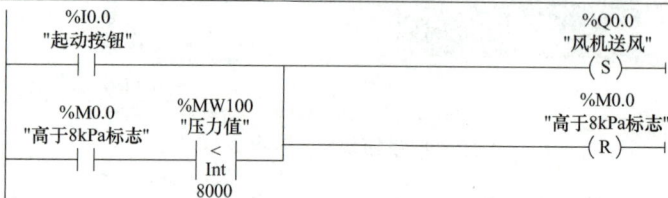

图 6-15　风机起动控制或压力低于 8kPa 重启

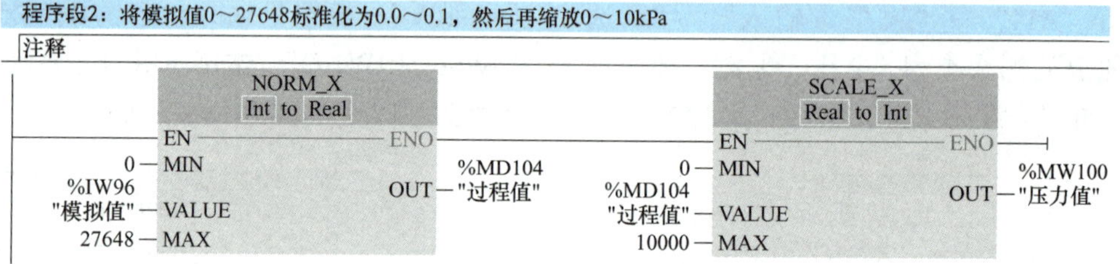

图 6-16　将模拟值 0 ~ 27648 标准化为 0.0 ~ 0.1，然后再缩放 0 ~ 10kPa

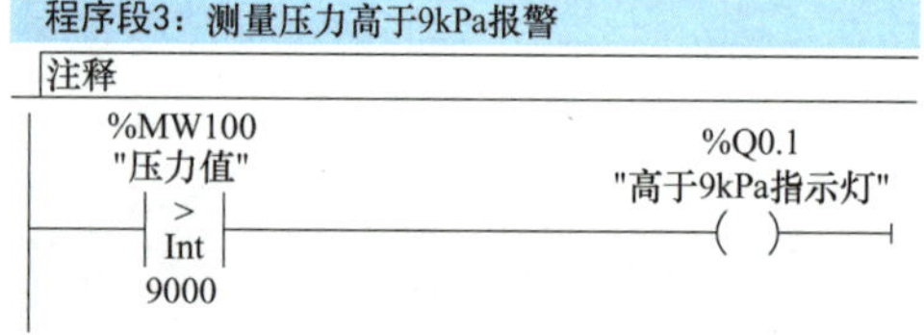

图 6-17　测量压力高于 9kPa 报警

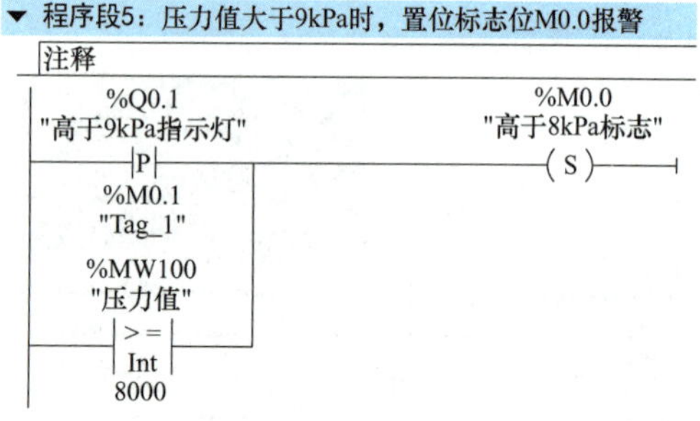

图 6-19　压力值大于 9kPa 时，置位标志位 M0.0 报警

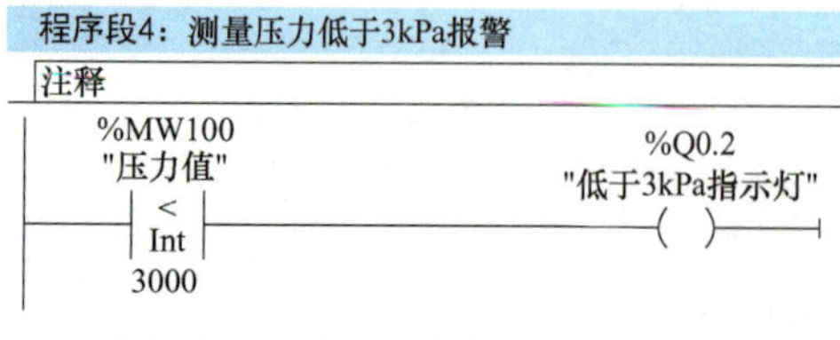

图 6-18　测量压力低于 3kPa 报警

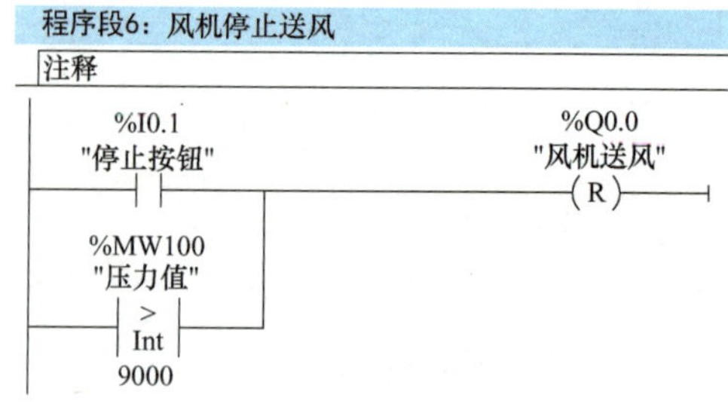

图 6-20　风机停止送风

6. PLC 程序调试

步骤 1：在程序段 1 中，当按下起动按钮 SB2 时，I0.1 常开触点接通，Q0.0 置位，风机起动。

步骤 2：在程序段 2 中，要将模拟输入值（地址为 IW96，范围为 0 ～ 27648）线性转换为 0 ～ 10kPa，可以先使用 NORM_X 指令将 0 ～ 27648 线性转换为 0.0 ～ 1.0，然后再通过 SCALE_X 指令将 0.0 ～ 1.0 线性转换为 0 ～ 10000，保存到 MW100，MW100 即压力测量值。

步骤 3：在程序段 3 中，当压力值大于 9kPa 时，Q0.1 线圈通电，指示灯亮，表示高于 9kPa。

步骤 4：在程序段 4 中，当压力值小于 3kPa 时，Q0.2 线圈通电，指示灯亮，表示低于 3kPa。

步骤 5：在程序段 5 中，当压力值大于 9kPa 时，置位标志位 M0.0 报警。

步骤 6：在程序段 6 中，当按下停止按钮 SB1（I0.1 常开触点接通）或压力大于 9kPa 时，Q0.0 复位，风机停止。

注意：压力低于 8kPa 时的风机重启。在程序段 1 中，当压力值高于 8kPa 时，M0.0 为“1”，其常开触点接通。当压力值下降到低于 8kPa 时，Q0.0 置位，风机重启，同时复位高于 8kPa 标志 M0.0。

步骤 7：程序运行并监控。

任务总结

西门子 S7–1200 PLC 的模拟量输入模块具有诸多优点。首先，其高精度的数据采集能力确保了模拟信号的准确输入。其次，模块的稳定性强，能够在各种工业环境下持续稳定工作，降低故障率。此外，其灵活的配置和强大的数据处理能力，使得系统能够快速响应并处理复杂的模拟信号。同时，模块的抗干扰能力强，能够在恶劣的电磁环境中稳定运行。总之，西门子 S7–1200 PLC 模拟量输入模块为工业控制提供了高效、稳定的数据处理方案。

任务评价

任务评价见表 6-5。

表 6-5　任务评价

评价内容	评价标准	配分	得分
I/O 信号分配	合理分配 I/O 端子	10	
外部接线与布线	按照接线图，正确、规范接线	30	
PLC 程序设计	正确编写 PLC 程序	30	
程序检查与运行	下载、运行、监控正确的程序	10	
理解、总结能力	能正确理解实训任务，善于总结实训经验	10	
语言表达能力	能清楚地表达实训操作步骤并合理解释实训现象	10	

每课寄语

锤炼技术，锻造品格，技能成就梦想。

拓展练习

1. 选择题

1）项目树中“AI 4 × 13BIT_1”表示（　　）。

A. 模拟量输入模块，4 路输入

B. 模拟量输入模块，13 路输入

C. 模拟量输出模块，4 路输出

D. 模拟量输出模块，13 路输出

2）西门子 S7-1200 PLC 模拟量输入类型有（　　）。

A. 电压　　B. 电流

C. 转速　　D. 温度

3）西门子 S7-1200 PLC 电流型模拟量输入为 4 ～ 20mA，对应数值范围的最大值和最小值分别为（　　）和（　　）。

A. 9000　　B. 5530

C. 27648　　D. 32767

2. 判断题

1）DI 是数字量输入模块。（　　）

2）AI 是模拟量输入模块。（　　）

3）“AI 4×13BIT_1”表示模拟量输入模块，4 路输入。（　　）

任务 2　模拟量控制变频器运行程序设计

任务目标

1. 知识目标

1）了解模拟量输出模块的应用范围。

2）掌握模拟量输出模块的接线。

2. 技能目标

1）完成模拟量输出模块的接线。

2）完成模拟量转换输出程序的编写与调试。

3. 素质目标

1）能与他人合作完成资料查阅，培养团队合作精神。

2）培养勇于探索、创新实践的精神。

3）团结协作，共同进步。

任务布置

请用模拟量模拟（0 ～ 10V 电压）模拟量输出模块，将 PLC 数值转换得到的模拟量输入到变频器中，控制变频器的运行速度。

任务分析

1. 模拟量输出的模拟值与输出量程

S7-1200 PLC 的输出信号类型可以是电压或电流，分为单极性和双极性。

（1）双极性模拟输出值与输出量程　双极性模拟输出值与输出量程最重要的关系是双极性模拟输出值 -27648 ～ 27648 对应输出量程 -10 ～ 10V，见表 6-6。

表 6-6　双极性模拟输出值与输出量程的对应关系

范围	模拟输出值		输出量程
	十进制	十六进制	±10V
上溢	32767	7FFF	STOP 模式的替代值
	32512	7F00	
上溢警告	32511	7EFF	11.759V
	27649	6C01	10V

（续）

范围	模拟输出值		输出量程
	十进制	十六进制	± 10V
正常范围	27648	6C00	10V
	0	0	0V
	−27648	9400	−10V
下溢警告	−27649	93FF	−10V
	−32512	8100	−11.759V
下溢	−32513	80FF	STOP 模式的替代值
	−32768	8000	

（2）单极性模拟输出值与输出量程

单极性模拟输出值与输出量程最重要的关系是单极性模拟输出值 0 ～ 27648 对应模拟量输出 0 ～ 10V（或 0 ～ 20mA、4 ～ 20mA），见表 6-7。

表 6-7　单极性模拟输出值与输出量程的对应关系

范围	模拟输出值		输出量程		
	十进制	十六进制	0 ～ 10V	0 ～ 20mA	4 ～ 20mA
上溢	32767	7FFF	STOP 模式的替代值		
	32512	7F00			
上溢警告	32511	7EFF	11.759V	23.52mA	22.8lmA
	27649	6C01	10V	20mA	20mA
正常范围	27648	6C00	10V	20mA	20mA
	0	0	0V	0mA	4mA

2. 模拟量输出接线

模拟量输出信号模块“SM 1232 AQ 2×14BIT_1”的接线如图 6-21 所示。DC 为供电电源，要求使用 DC 24V 供电。该模拟量输出模块有 2 个通道，分别为“通道 0”“通道 1”。每个输出通道的 M 为“输出信号公共端”，比如可以将模拟量输出通道 0 的 0M 连接到负载的负极，0 连接到负载的正极。

在使用时，需要对模拟量输出信号的类型进行组态，可以看到该通道的地址为 QW96，测量类型可以选择电压，如图 6-22 所示，输出电压范围为 ± 10V（也可以输出电流，输出电流范围可以选择 0 ～ 20mA 或 4 ～ 20mA），还可以设定从 RUN 模式切换到 STOP 模式时通道的替代值。

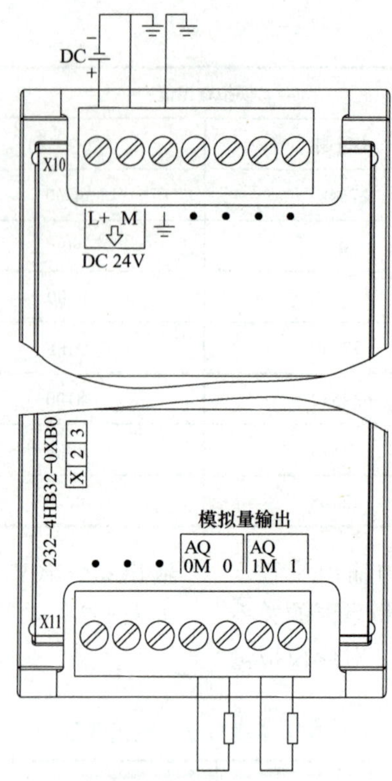

图 6-21 模拟量输出信号模块“SM 1232 AQ 2×14BIT_1”的接线

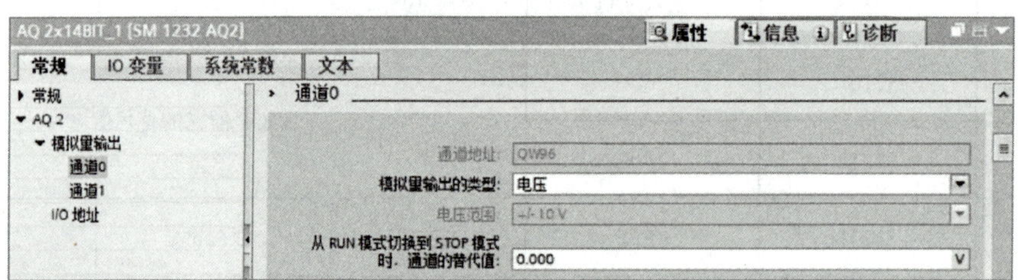

图 6-22 模拟量输出组态

任务实施

1. I/O 分配表

I/O 信号分配见表 6-8。

2. I/O 接线图

I/O 接线图如图 6-23 所示。

表 6-8 I/O 信号分配

输入		输出	
启动按钮	I0.0	输出值	QW96
停止按钮	I0.01	变频器启停	Q0.0
模拟量“模拟电压”参数	MW50		

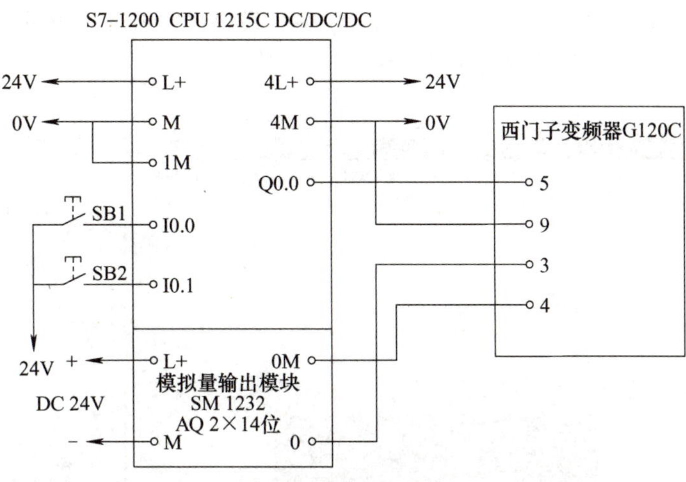

图 6-23　I/O 接线图

3. 程序组态

本次调试用的是 0 ~ 10V 电压数字量数值转换为模拟量信号，也就是本次实验的 D/A 转换，本次运用 D/A 转换得到的模拟量信号输入到变频器控制速度值。程序调试过程如下：

步骤 1：组态一个 1215C 的 PLC，固件版本为 V4.4，如图 6-24 所示。

图 6-24　添加 PLC

步骤 2：在 PLC_1 的 PLC 中选择设备组态，在右侧硬件目录中选择对应的模拟量输出模块进行组态，如图 6-25 所示。

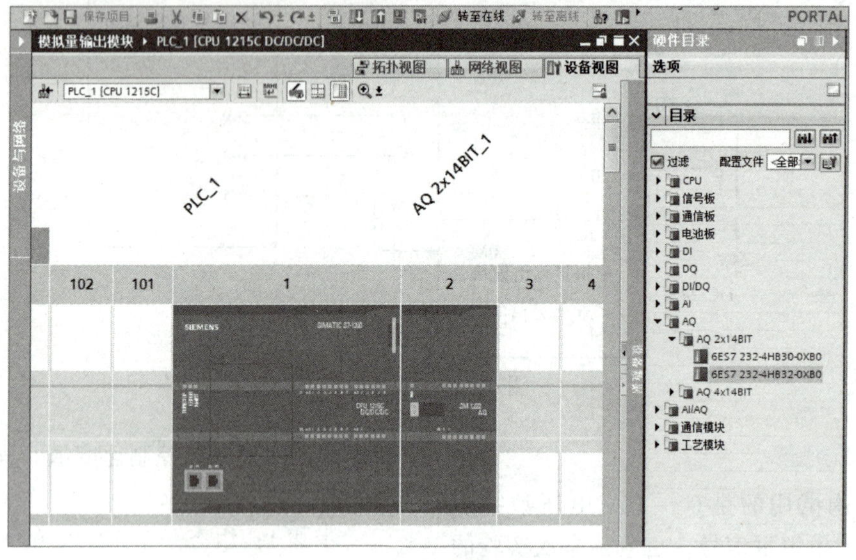

图 6-25　添加模拟量输出模块

4. PLC 程序变量表

PLC 程序变量表如图 6-26 所示。

5. PLC 控制程序

PLC 控制程序如图 6-27 所示。

6. PLC 程序调试

步骤 1：在程序段 1 中，当按下启动按钮时，I0.0 常开触点接通，Q0.0 置位，变频器进入启动状态。

步骤 2：在程序段 2 中，要将模拟电压输入值（地址为 MW50，范围为 0 ～ 27648）线性转换为 0 ～ 10V，可以先使用 NORM_X 指令将 0 ～ 10V 线性转换为 0.0 ～ 1.0，然后再通过 SCALE_X 指令将 0.0 ～ 1.0 线性转换为 0 ～ 16384，保存到 QD96，QD96 即变频器中的电动机转速值。

步骤 3：在程序段 3 中，当按下停止按钮时，I0.1 常开触点接通，Q0.0 复位，变频器进入停止状态。

步骤 4：程序运行并监控。

	名称	数据类型	地址
◀	启动按钮	Bool	%I0.0
◀	停止按钮	Bool	%I0.1
◀	变频器启停	Bool	%Q0.0
◀	变频器转速	Int	%QW96
◀	模拟量"模拟电压"参数	Int	%MW50
◀	转换值	Real	%MD52

图 6-26　PLC 程序变量表

任务总结

西门子 S7-1200 PLC 的模拟量输出模块具有以下显著优点：

1）高精度：提供高精度的模拟信号输出，确保精确控制。

2）稳定性好：模块运行稳定，降低故障率，提高系统可靠性。

3）灵活性强：适用于多种工业控制场景，可与多种设备无缝对接。

4）易于集成：可轻松集成到现有的 PLC 系统中，简化安装和维护过程。

该模块广泛应用于自动化控制系统，如温度、压力和速度控制等，为工业生产提供精确、可靠的模拟量控制。

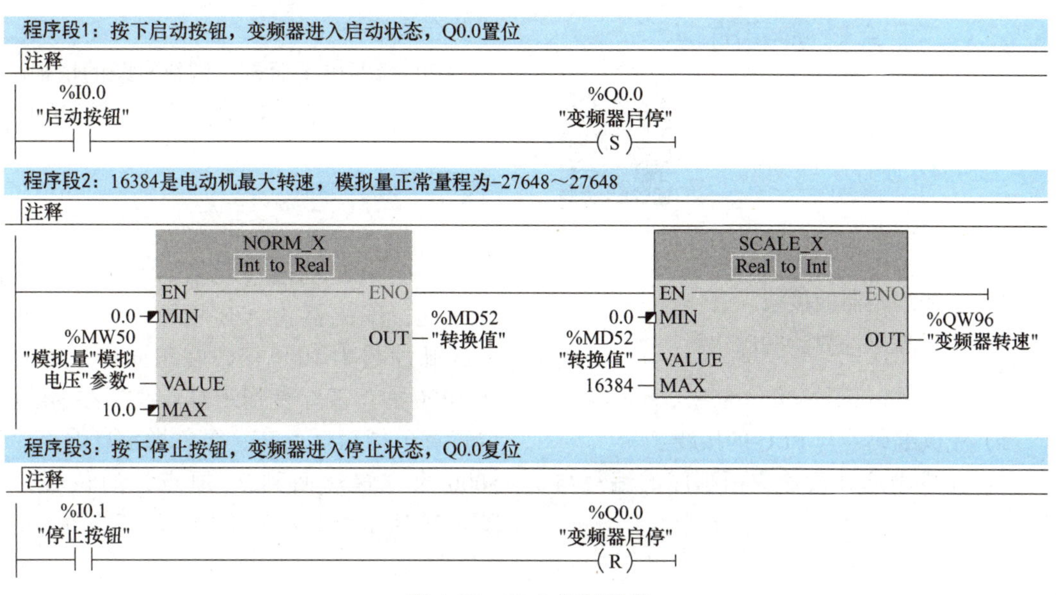

图 6-27　PLC 控制程序

任务评价

任务评价见表 6-9。

表 6-9　任务评价

评价内容	评价标准	配分	得分
I/O 信号分配	合理分配 I/O 端子	10	
外部接线与布线	按照接线图，正确、规范接线	30	
PLC 程序设计	正确编写 PLC 程序	30	
程序检查与运行	下载、运行、监控正确的程序	10	
理解、总结能力	能正确理解实训任务，善于总结实训经验	10	
语言表达能力	能清楚地表达实训操作步骤并合理解释实训现象	10	

每课寄语

匠者，平心做平凡之事，精工筑精品之魂。

拓展练习

请根据以上任务，用模拟量模拟（0～10V 电压）输出模块，将 PLC 数值转换得到的模拟量输入到变频器中，控制变频器运行速度，并且能显示变频器运行时的工作频率。

按照控制要求，列出 I/O 信号分配表，绘制 I/O 接线图，编写 PLC 程序，下载到 PLC 中进行调试，观察状态是否和控制要求一致。

任务 3　高速计数器的应用

任务目标

1. 知识目标

1）了解编码器的接线。

2）了解高速计数器的应用。

2. 技能目标

1）完成编码器与 PLC 的接线。

2）完成高速计数器应用程序的编写与调试。

3. 素质目标

1）能与他人合作完成资料查阅，培养团队合作精神。

2）培养勇于探索、创新实践的精神。

3）勇于创新，挑战自我。

任务布置

一台电动机通过联轴器与编码器连接在一起，编码器为 A/B 相脉冲输出，转一圈的脉冲数为 1000 个，在正向计数中要求在 1000 的位置绿色指示灯点亮，在 3000 的位置黄色指示灯点亮、绿色指示灯熄灭，到 5000 的位置返回到 0（原点）的位置，如图 6-28 所示。

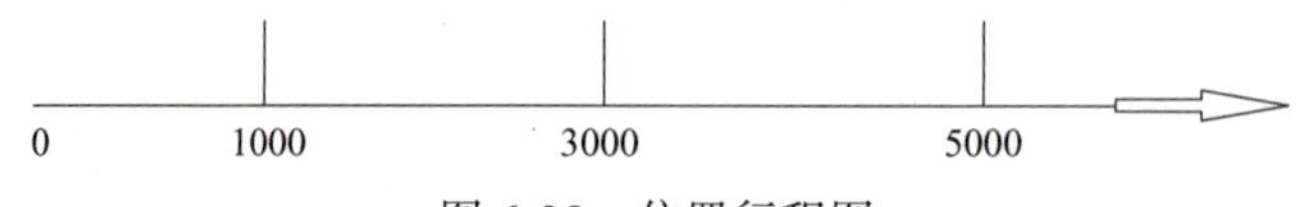

图 6-28　位置行程图

任务分析

1. 高速计数器和普通计数器的区别

高速计数器和普通计数器的区别如图 6-29 所示。

2. 高速计数器的工作模式

高速计数器有 5 种工作模式，每个计数器都有时钟、方向控制、复位启动等特定输入。对于双相计数器，两个时钟都可以运行在最高频率。高速计数器的最高计数频率取决于 CPU 的类型和信号板的类型。

（1）单相计数　单相计数的内部方向控制和外部方向控制如图 6-30 所示。

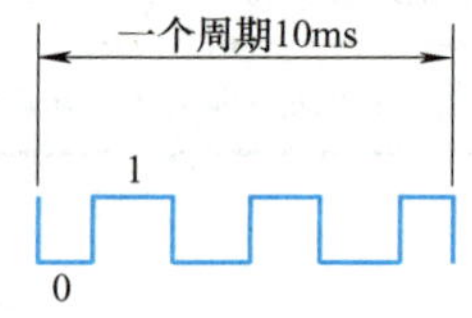

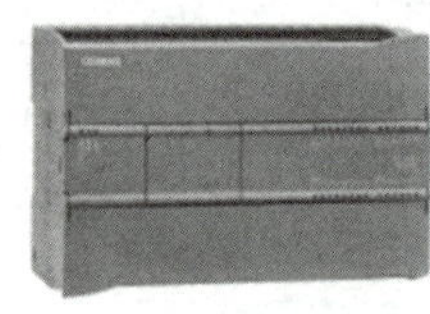

高速计数器

独立于扫描周期

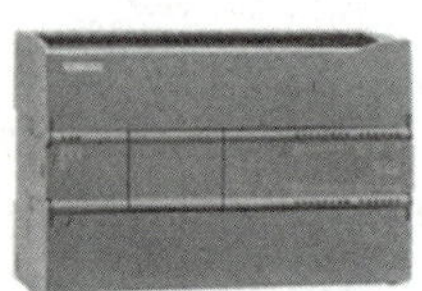

图 6-29　高速计数器与普通计数器的区别

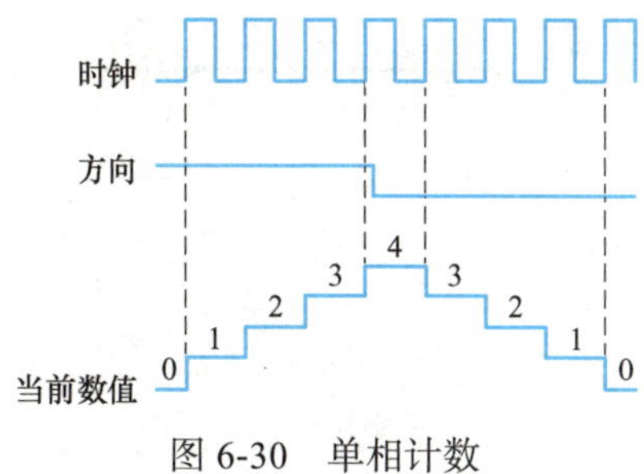

图 6-30　单相计数

（2）双相计数　双相计数的两路时钟脉冲输入如图 6-31 所示。

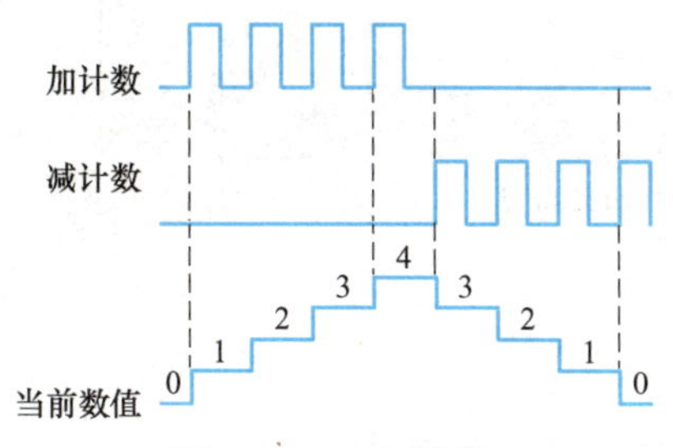

图 6-31　双相计数

（3）A/B 相正交计数　A/B 相正交计数如图 6-32 所示。

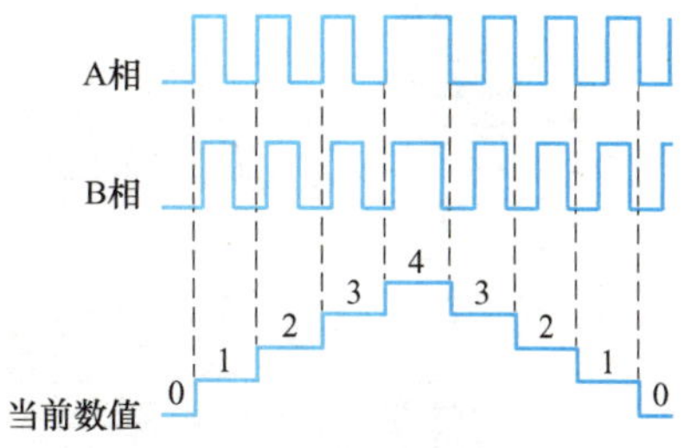

图 6-32　A/B 相正交计数

3. 高速计数器的硬件输入

（1）高速计数器通道　高速计数器通道说明见表 6-10。

（2）高速计数器硬件输入　高速计数器 HSC1 硬件输入和接线如图 6-33、图 6-34 所示。

表 6-10　高速计数器通道说明

项目	描述		输入点			功能
HSC	HSC 1	使用 CPU 上集成 I/O 或者信号板或者 PTO0	I0.0 I4.0 PTO0	I0.0 I4.0 PTO0 方向	I0.3	
	HSC 2	使用 CPU 上集成 I/O 或者信号板或者 PTO1	I0.2 PTO1	I0.2 PTO1 方向	I0.1	
	HSC 3	使用 CPU 上集成 I/O	I0.4	I0.5	I0.7	
	HSC 4	使用 CPU 上集成 I/O	I0.6	I0.7	I0.5	
	HSC 5	使用 CPU 上集成 I/O 或者信号板或者 PTO0	I1.0 I4.0	I1.1 I4.1	I1.2	
	HSC 6	使用 CPU 上集成 I/O	I1.3	I1.4	I1.5	
模式	单相计数，内部方向控制		时钟		复位	
	单相计数，外部方向控制		时钟	方向	复位	计数或频率计数
	双相计数，两路时钟脉冲输入		加时钟	减时钟	复位	计数或频率计数
	A/B 相正交计数		A 相	B 相	Z 相	计数或频率计数
	监控 PTO 输出		时钟	方向		计数

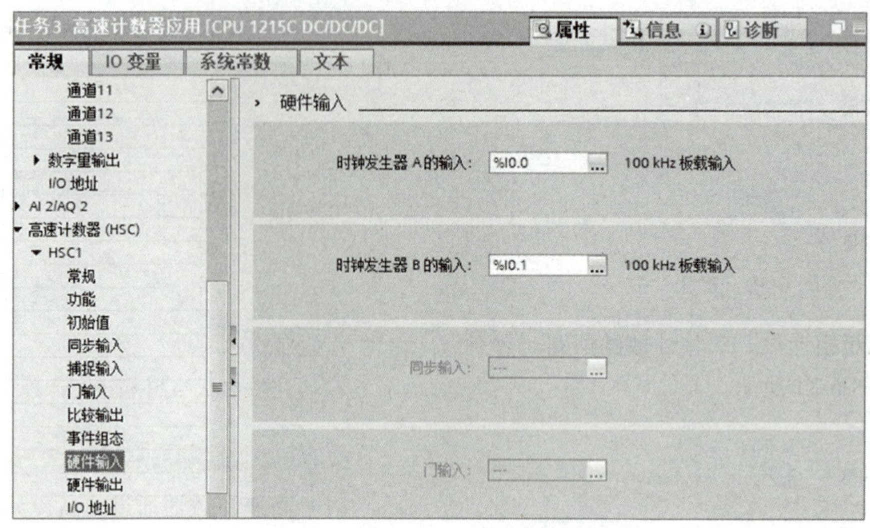

图 6-33　高速计数器 HSC1 硬件输入

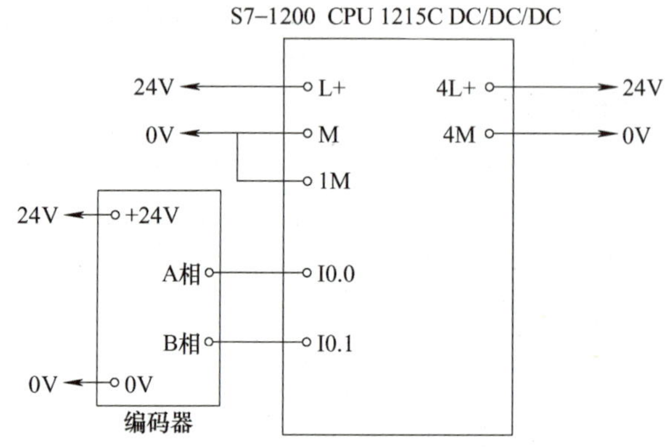

图 6-34　高速计数器 HSC1 硬件接线

4. 高速计数器的寻址

高速计数器数据地址见表 6-11。

修改高速计数器地址如图 6-35 所示。

5. 高速计数器指令

（1）高速计数器指令　高速计数器指令如图 6-36 所示。

（2）高速计数器指令说明　高速计数器指令说明见表 6-12。

表 6-11　高速计数器数据地址

高速计数器编号	默认地址	高速计数器编号	默认地址
HSC1	ID1000	HSC4	ID1012
HSC2	ID1004	HSC5	ID1016
HSC3	ID1008	HSC6	ID1020

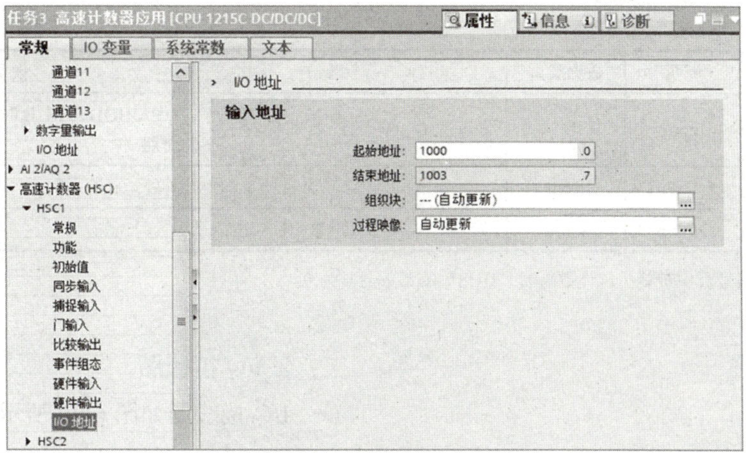

图 6-35　修改高速计数器地址

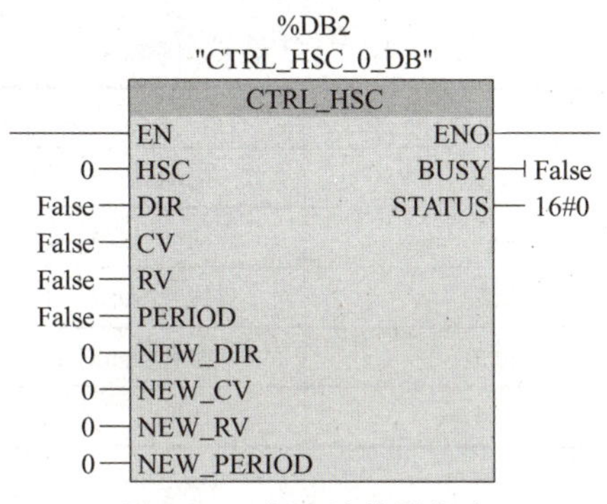

图 6-36　高速计数器指令

表 6-12　高速计数器指令说明

参数	声明	数据类型	存储区	说明
EN	Input	Bool	I、Q、M、D、L、T、C	使能输入
ENO	Output	Bool	I、Q、M、D、L	使能输出
HSC	Input	HW_HSC	I、Q、M 或常数	高速计数器的硬件地址（HW-ID）
DIR	Input	Bool	I、Q、M、D、L 或常数	启用新的计数方向（请参见 NEW_DIR）
CV	Input	Bool	I、Q、M、D、L 或常数	启用新的计数值（请参见 NEW_CV）
RV	Input	Bool	I、Q、M、D、L 或常数	启用新的参考值（请参见 NEW_RV）
PERIOD	Input	Bool	I、Q、M、D、L 或常数	启用新的频率测量周期（请参见 NEW_PERIOD）
NEW_DIR	Input	Int	I、Q、M、D、L 或常数	DIR=TRUE 时装载的计数方向
NEW_CV	Input	DInt	I、Q、M、D、L 或常数	CV=TRUE 时装载的计数值
NEW_RV	Input	DInt	I、Q、M、D、L 或常数	RV=TRUE 时装载的参考值

（续）

参数	声明	数据类型	存储区	说明
NEW_PERIOD	Input	Int	I、Q、M、D、L 或常数	PERIOD=TRUE 时装载的频率测量周期
BUSY	Output	Bool	I、Q、M、D、L	处理状态
STATUS	Output	Word	I、Q、M、D、L	运行状态

注：CPU 或信号板中带有高速计数器时，BUSY 的参数通常为 0。

任务实施

1. I/O 信号分配表

I/O 信号分配见表 6-13。

表 6-13　I/O 信号分配

输入		输出	
编码器 A 相	I0.0	电动机正转 KA1	Q0.0
编码器 B 相	I0.1	电动机反转 KA2	Q0.1
起动按钮 SB1	I0.2	绿色指示灯 HL1	Q0.2
停止按钮 SB2	I0.3	黄色指示灯 HL2	Q0.3
原点传感器 SQ	I0.4		

2. I/O 接线图

I/O 接线图如图 6-37 所示。

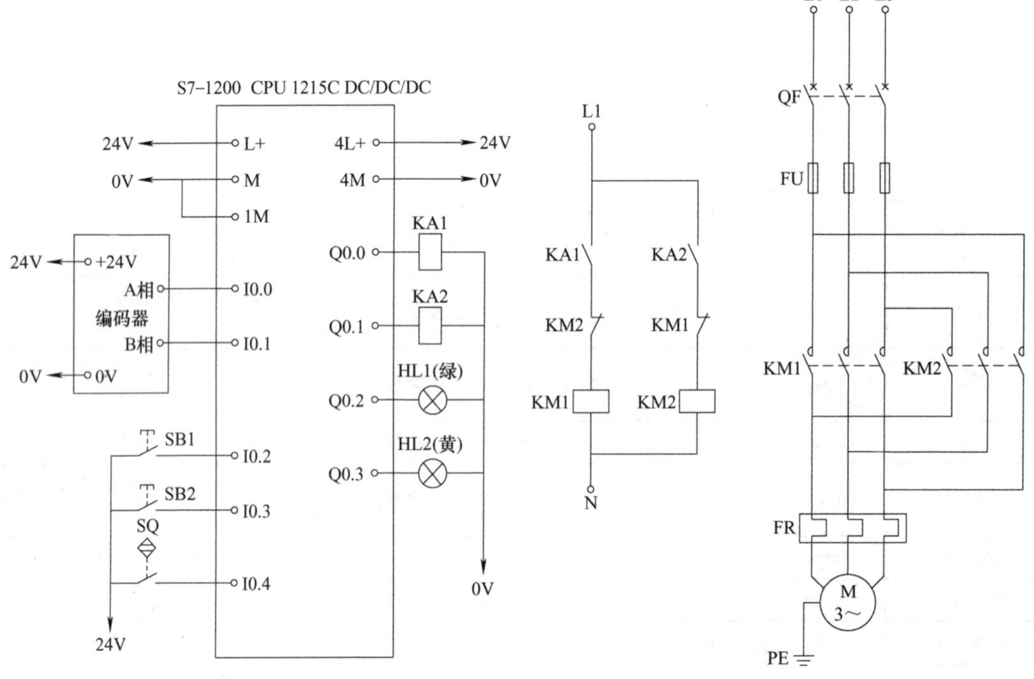

图 6-37　I/O 接线图

3. 组态 PLC

下面将介绍高速计数器如何记录电动机的运行位置，这里仍以 1215C 的 PLC 为例进行组态。

步骤 1：单击 PLC“属性”，选择“高速计数器（HSC）”→“HSC1”→“常规”，勾选“启用该高速计数器”，如图 6-38 所示。

步骤 2：单击“功能”，选择“工作模式”为 A/B 计数器、“初始计数方向”为“加计数”，如图 6-39 所示。

步骤 3：单击“硬件输入”，选择“时钟发生器 A 的输入”为 I0.0、“时钟发生器 B 的输入”为 I0.1，如图 6-40 所示。

时钟发生器 A 的输入之所以选 I0.0，是因为编码器 A 相线接在 PLC 输入点 I0.0 的位置上。时钟发生器 B 的输入之所以选 I0.1，是因为编码器 B 相线接在 PLC 输入点 I0.1 的位置上。

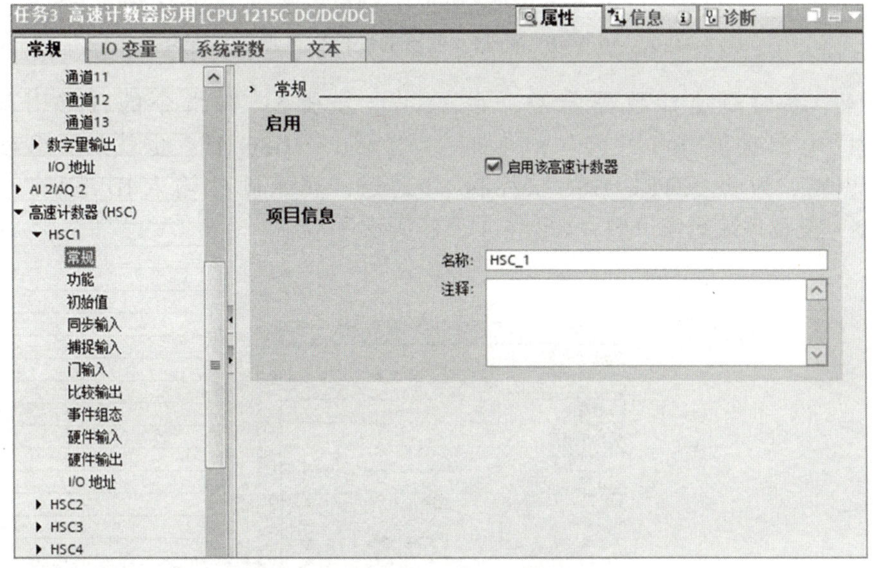

图 6-38　高速计数器组态

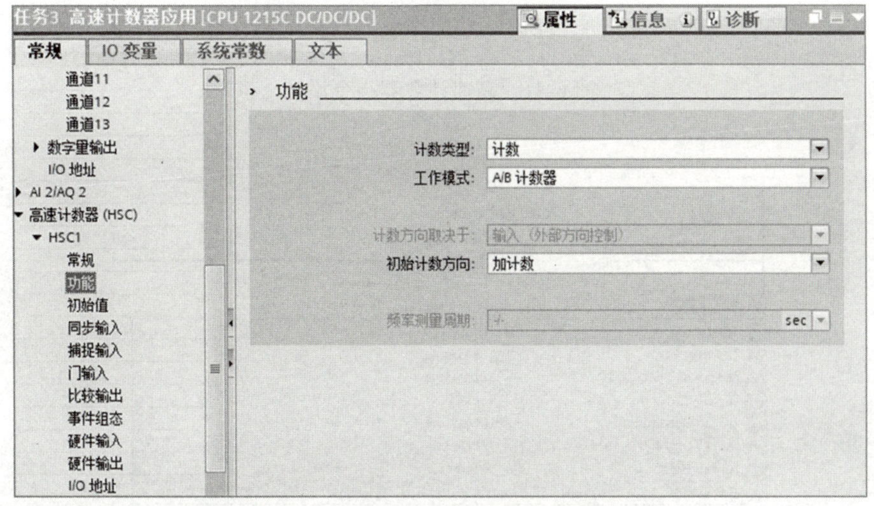

图 6-39　设置高速计数器工作模式

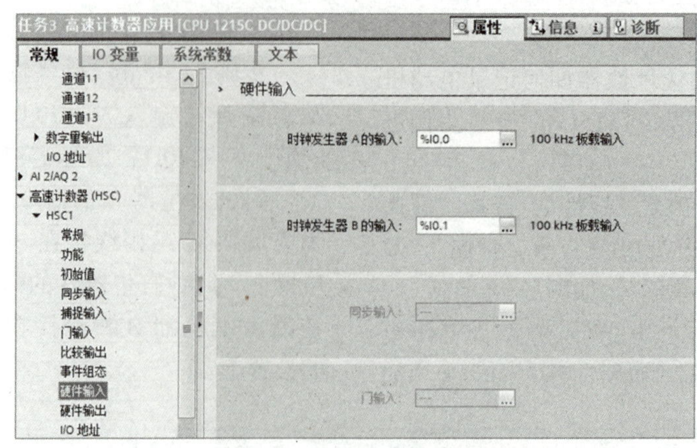

图 6-40　高速计数器的硬件输入点

步骤 4：添加高速计数器指令，在指令导航栏中依次展开“工艺”→“计数”→“其他”，拖动“CTRL_HSC”（控制高速计数器）至程序编辑窗口中，如图 6-41 所示。

步骤 5：在指令的 HSC 引脚中选择“Local ~ HSC_1”，也就是要组态的 HSC1 通道，属于硬件输入 ID 地址，如图 6-42 所示。

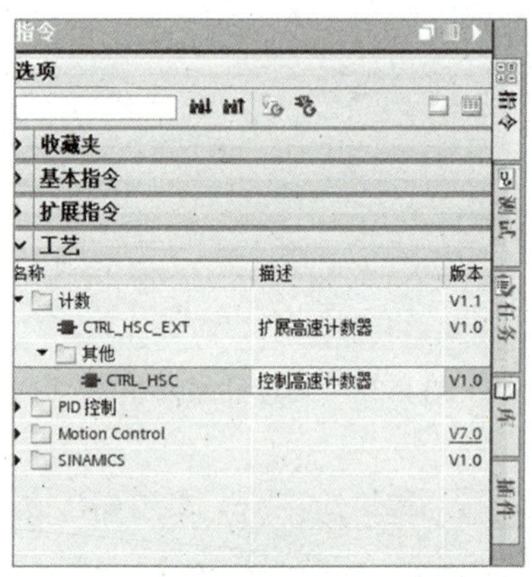

图 6-41　高速计数器指令添加

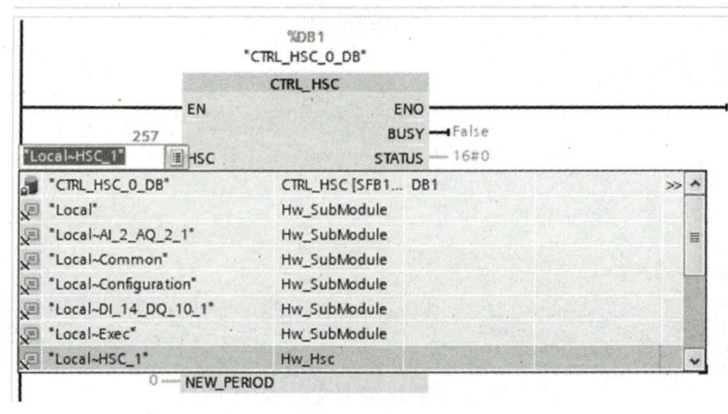

图 6-42　高速计数器 HSC 引脚配置

4. PLC 程序变量表

PLC 程序变量表如图 6-43 所示。

PLC 变量

名称	变量表	数据类型	地址
编码器A相	默认变量表	Bool	%I0.0
编码器B相	默认变量表	Bool	%I0.1
起动按钮	默认变量表	Bool	%I0.2
停止按钮	默认变量表	Bool	%I0.3
原点传感器	默认变量表	Bool	%I0.4
电动机正转	默认变量表	Bool	%Q0.0
电动机反转	默认变量表	Bool	%Q0.1
绿色指示灯	默认变量表	Bool	%Q0.2
黄色指示灯	默认变量表	Bool	%Q0.3
电动机当前位置	默认变量表	DWord	%ID1000

图 6-43 PLC 程序变量表

5. PLC 控制程序

PLC 控制程序如图 6-44 ～图 6-50 所示。

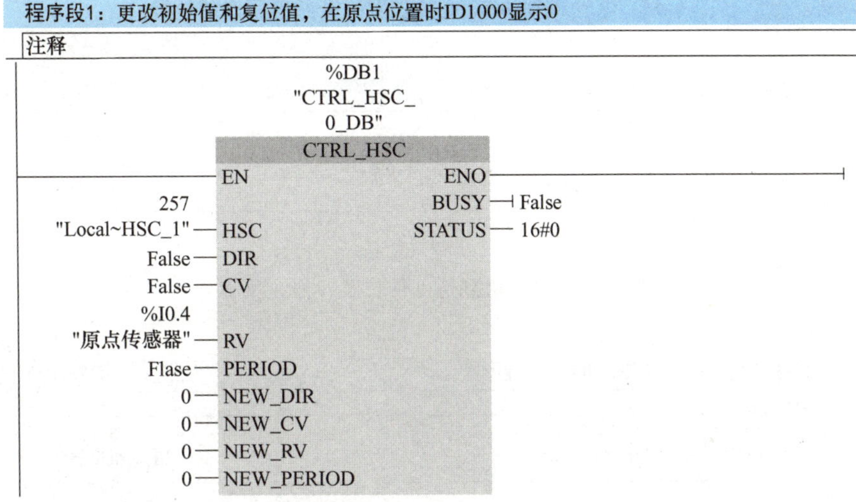

图 6-44 更改初始值和复位值，在原点位置时 ID1000 显示 0

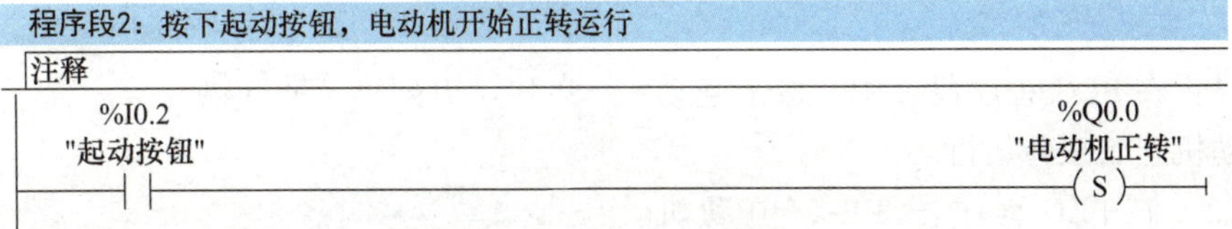

图 6-45 按下起动按钮，电动机开始正转运行

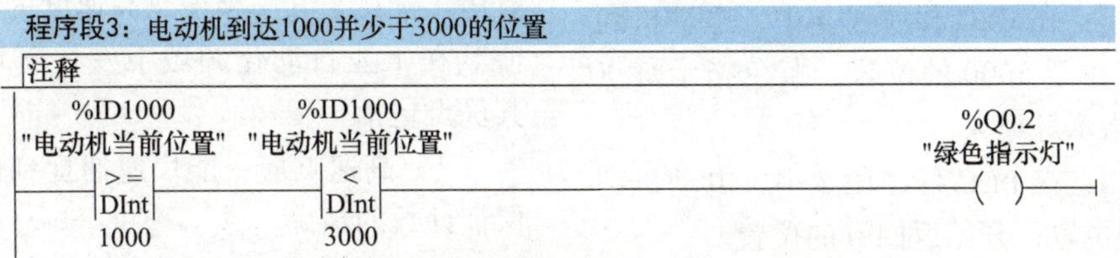

图 6-46 电动机到达 1000 并少于 3000 的位置

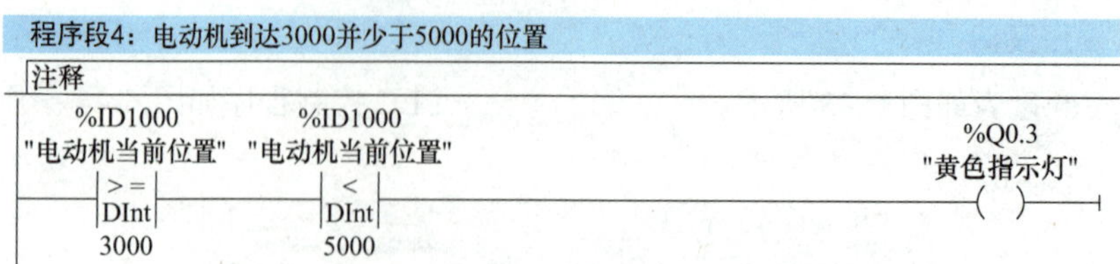

图 6-47　电动机到达 3000 并少于 5000 的位置

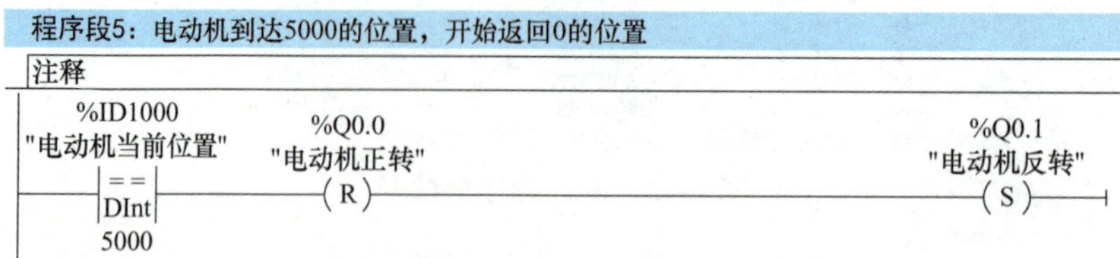

图 6-48　电动机到达 5000 的位置，开始返回 0 的位置

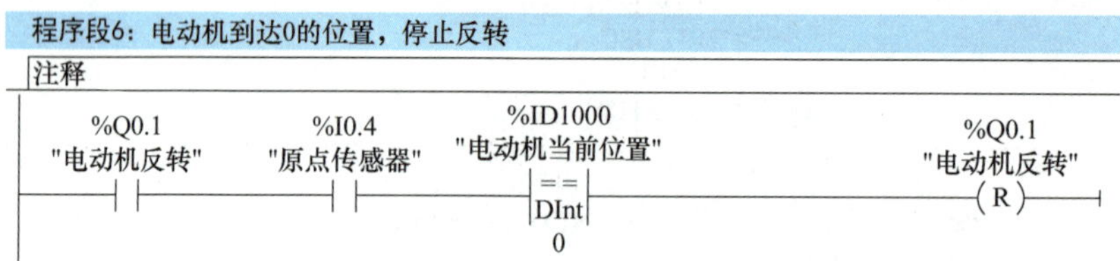

图 6-49　电动机到达 0 的位置，停止反转

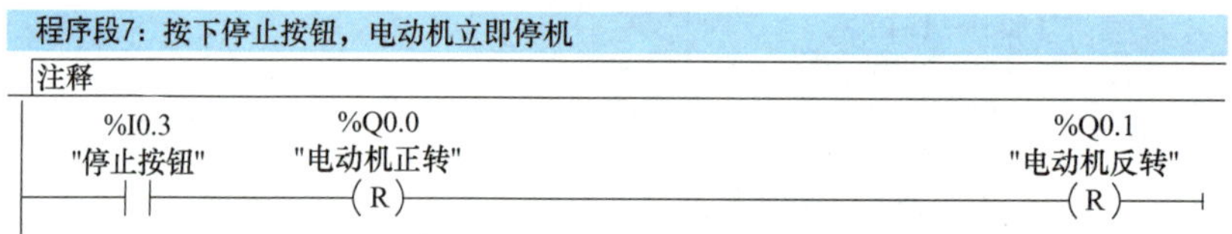

图 6-50　按下停止按钮，电动机立即停机

6. PLC 程序调试

步骤 1：在 PLC 程序段 2 中，按下起动按钮，电动机开始正转运行。

步骤 2：在 PLC 程序段 3 中，电动机到达 1000 并少于 3000 的位置，绿色指示灯点亮。

步骤 3：在 PLC 程序段 4 中，电动机到达 3000 并少于 5000 的位置，黄色指示灯点亮，绿色指示灯熄灭。

步骤 4：在 PLC 程序段 5 中，电动机到达 5000 的位置，开始返回 0 的位置。

步骤 5：在 PLC 程序段 6 中，电动机到达 0 的位置，停止反转。

步骤 6：在 PLC 程序段 7 中，按下停止按钮，电动机立即停机。

任务总结

西门子 S7-1200 PLC 的高速计数器具有诸多优点，其高精度、高速度的计数能力，使其在工业自动化领域中发挥着重要作用。其优点包括：

1）高速响应：能快速捕捉到信号变化，保证计数的精确。

2）高可靠性：适应恶劣的工业环境，长期稳定运行。

3）配置灵活：可适应多种应用场景，

方便用户进行配置。

高速计数器广泛应用于精密测量、机器人控制、生产线自动化等场景，有效提高生产效率和产品质量。总之，西门子 S7–1200 PLC 的高速计数器是工业自动化领域不可或缺的重要工具。

任务评价

任务评价见表 6-14。

表 6-14　任务评价

评价内容	评价标准	配分	得分
I/O 信号分配	合理分配 I/O 端子	10	
外部接线与布线	按照接线图，正确、规范接线	30	
PLC 程序设计	正确编写 PLC 程序	30	
程序检查与运行	下载、运行、监控正确的程序	10	
理解、总结能力	能正确理解实训任务，善于总结实训经验	10	
语言表达能力	能清楚地表达实训操作步骤并合理解释实训现象	10	

每课寄语

以“满分状态”坚持自立自强，在日复一日的“精益求精”中始终保持“践行初心，担当使命”的“精气神”。

拓展练习

一台电动机通过联轴器与编码器连接在一起，编码器为 A/B 相，当按下起动按钮，电动机从 0（原点）的位置出发，正转运行到 5000 的位置时停 5s，再返回到 0 的位置，重复循环 3 次。

按照控制要求，列出 I/O 信号分配表，绘制 I/O 接线图，编写 PLC 程序，下载到 PLC 中进行调试，观察状态是否和控制要求一致。

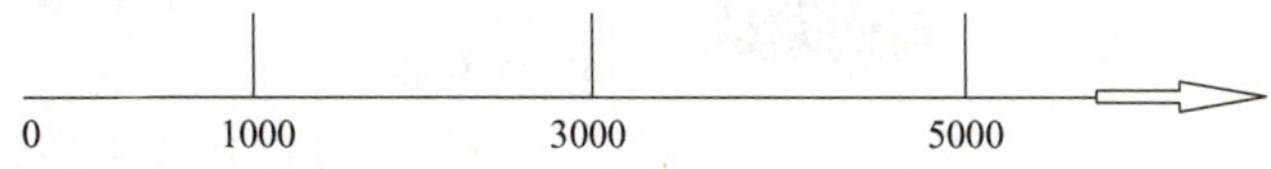

项目 7　步进电动机与伺服电动机控制程序设计

在现代工业自动化控制系统中，步进电动机和伺服电动机因各自独特的性能优势而被广泛应用。步进电动机以其高精度、无累积误差和开环控制的特点，在定位控制中表现出色；而伺服电动机则以其高响应性、高精度和闭环控制的特性，在需要动态响应和精确控制的场合中占据优势。PLC 是工业自动化领域的核心控制设备，使用 PLC 对步进电动机和伺服电动机进行控制显得尤为重要。

任务 1　步进电动机控制系统程序设计

1. 知识目标

1）了解运动控制指令的应用。

2）了解步进电动机的参数设置以及与 PLC 的接线。

3）掌握 PLC 控制步进电动机程序的编写。

2. 技能目标

1）完成步进电动机与 PLC 的接线。

2）完成 PLC 控制步进电动机运动程序的编写与调试。

3. 素质目标

1）强化专业技能，提升自身的专业素质。

2）强化综合素质，培养探索创新实践的精神。

3）严格要求，精益求精。

任务布置

西门子 S7–1200 PLC 可以向步进电动机发送脉冲以及方向信号，控制电动机的速度以及方向。

请用 PLC 作为上位机控制步进电动机，组态工艺轴，让电动机能够以 15mm/s 的速度进行点动正反转控制。

已知：原点与 A 点的距离为 80mm，丝杠的螺距为 4mm，电动机转一圈需要的脉冲数为 800 个，如图 7-1 所示。

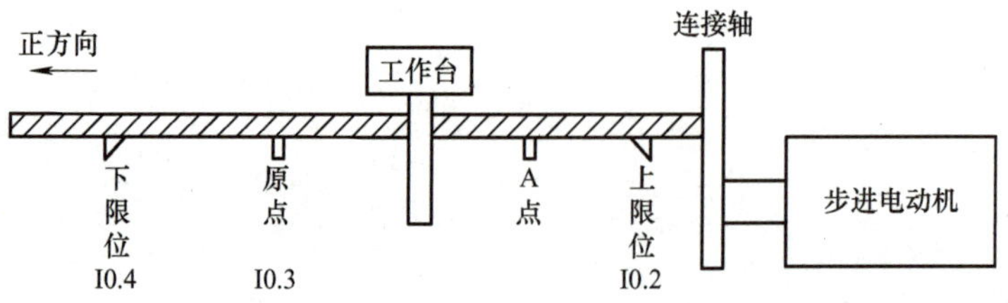

图 7-1　PLC 控制步进电动机

1. 设置步进驱动器的细分数

在驱动器的顶部有一个 8 位 DIP 功能设定开关，DIP 开关的分布如图 7-2 所示，可用来设定驱动器的工作方式和工作参数，其功能见表 7-1。

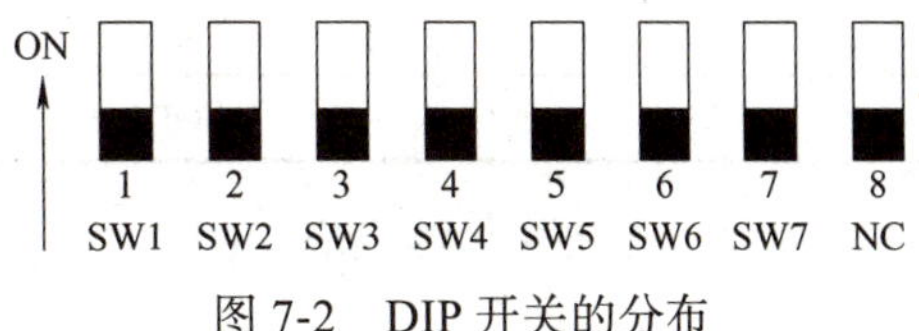

图 7-2 DIP 开关的分布

表 7-1 DIP 开关的功能

开关序号	ON 功能	OFF 功能
SW1 ～ SW3	输出电流设置用	输出电流设置用
SW4	静态电流全流	静态电流半流
SW5 ～ SW7	细分设置用	细分设置用

细分设置见表 7-2，在本次任务中设置驱动器的细分数为 800。

设置驱动器的输出电流，见表 7-3。因为驱动器可以输出多种电流等级，因此需设置步进电动机的电流大约等于步进电动机的额定电流。在本次任务中设置驱动器的输出电流为 1A。

表 7-2 细分设置

细分倍数	脉冲数 / 圈	SW5	SW6	SW7
1	200	ON	ON	ON
2	400	OFF	ON	ON
3	800	ON	OFF	ON
4	1600	OFF	OFF	ON
5	3200	ON	ON	OFF
6	6400	OFF	ON	OFF
7	12800	ON	OFF	OFF
8	25600	OFF	OFF	OFF

表 7-3 驱动器输出电流的设置

峰值	SW1	SW2	SW3
2.00A	ON	ON	ON
1.75A	OFF	ON	ON
1.50A	ON	OFF	ON
1.25A	OFF	OFF	ON
1.00A	ON	ON	OFF
0.75A	OFF	ON	OFF

（续）

峰值	SW1	SW2	SW3
0.50A	ON	OFF	OFF
0.25A	OFF	OFF	OFF

2. “MC_Power”指令和“MC_MoveJog”指令介绍

本任务用到的指令是“MC_Power”（轴使能）指令以及“MC_MoveJog”（点动轴）指令，指令说明如下：

在编程界面右侧选择“指令”→“工艺”→“Motion Control”，便可以找到“MC_Power”和“MC_MoveJog”指令，如图 7-3 所示。

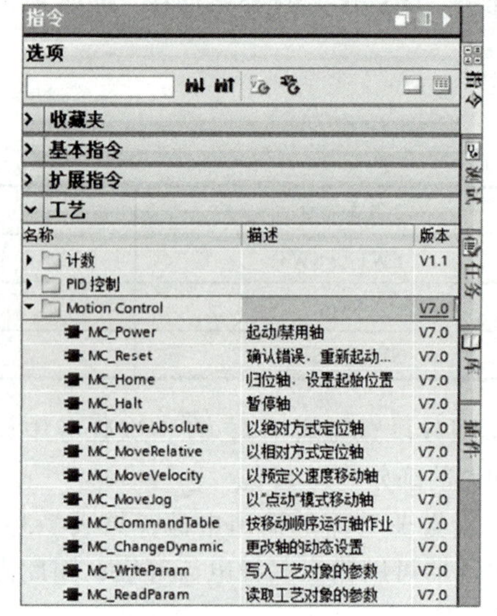

图 7-3 “MC_Power”和“MC_MoveJog”指令

（1）“MC_Power”指令介绍 “MC_Power”指令用于对运动轴的起动和停止，如图 7-4 所示。“MC_Power”指令必须在程序里被一直调用。

“MC_Power”指令的输入 / 输出引脚参数的数据类型及说明见表 7-4。

（2）“MC_MoveJog”指令介绍 “MC_MoveJog”指令如图 7-5 所示，用于运动轴的正反转以及速度值的给定，要与“MC_Power”指令搭配应用。

“MC_MoveJog”指令的输入 / 输出引脚参数的数据类型及说明见表 7-5。

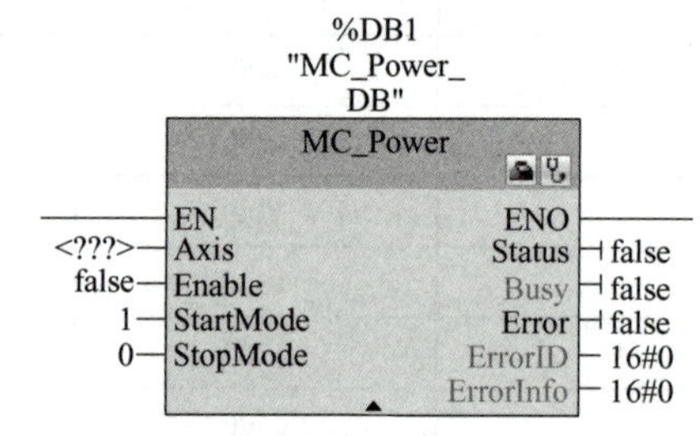

图 7-4 “MC_Power”指令

表 7-4 “MC_Power”指令的输入 / 输出引脚参数的数据类型及说明

引脚参数	数据类型	说明
EN	Bool	使能输入
ENO	Bool	使能输出
Axis	TO_Axis	轴工艺对象
Enable	Bool	0= 轴停止 1= 轴起动
StartMode	Int	0= 速度控制 1= 位置控制

（续）

引脚参数	数据类型	说明
StopMode	Int	0= 紧急停止，停止轴 1= 立即停止，PLC 停止发脉冲 2= 斜坡停止
Status	Bool	轴的使能状态
Busy	Bool	指令是否处在活跃状态
Error	Bool	指令是否产生错误
ErrorID	Word	指令错误时的错误代码 ID 号
ErrorInfo	Word	指令错误时产生的错误信息

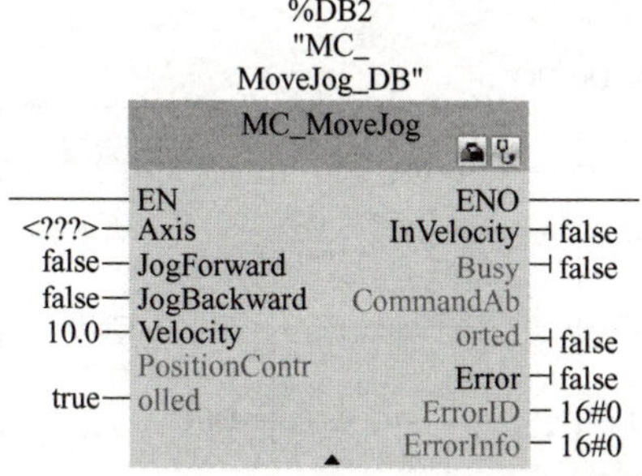

图 7-5　“MC_MoveJog”指令

表 7-5　“MC_MoveJog”指令的输入 / 输出引脚参数的数据类型及说明

引脚参数	数据类型	说明
EN	Bool	使能输入
ENO	Bool	使能输出
Axis	TO_SpeedAxis	轴工艺对象
JogForward	Bool	正转起动
JogBackward	Bool	反转起动
Velocity	Real	点动模式的预设速度
PositionControlled	Bool	0= 非位置控制操作 1= 位置控制操作
InVelocity	Bool	是否达到预设速度
CommandAborted	Bool	指令在执行过程中是否被另一指令中止
Busy	Bool	指令是否处在活跃状态
Error	Bool	指令是否产生错误
ErrorID	Word	指令错误时的错误代码 ID 号
ErrorInfo	Word	指令错误时产生的错误信息

任务实施

1. I/O 信号分配表

I/O 信号分配见表 7-6。

2. I/O 接线图

I/O 接线图如图 7-6 所示。

3. PLC 程序变量表

PLC 程序变量表如图 7-7 所示。

表 7-6　I/O 信号分配表

输入		输出	
上限位	I0.2	脉冲	Q0.0
原点	I0.3	方向	Q0.1
下限位	I0.4		

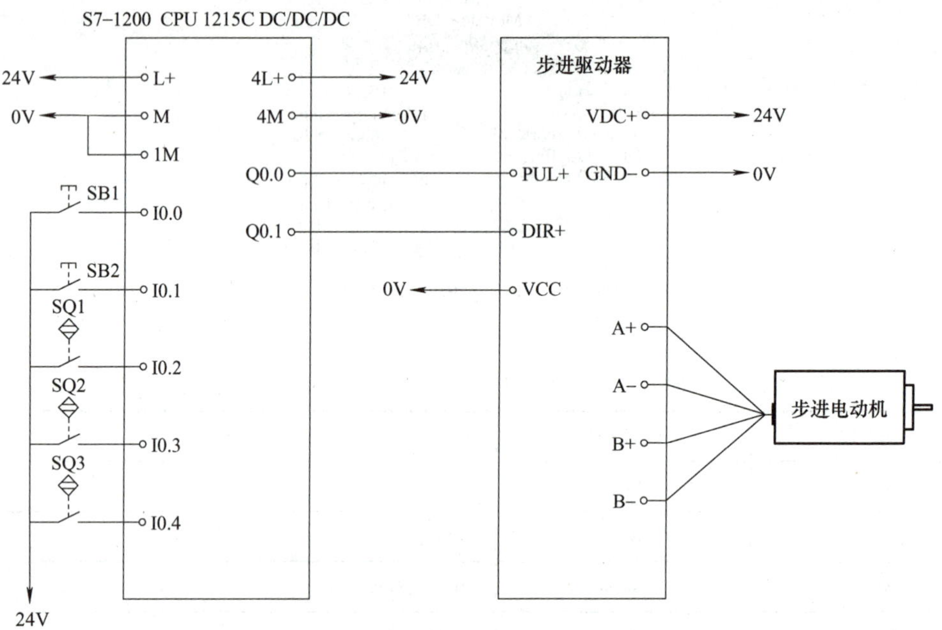

图 7-6　I/O 接线图

PLC 变量

名称	变量表	数据类型	地址
起动按钮	默认变量表	Bool	%I0.0
停止按钮	默认变量表	Bool	%I0.1
上限位	默认变量表	Bool	%I0.2
原点	默认变量表	Bool	%I0.3
下限位	默认变量表	Bool	%I0.4
脉冲	默认变量表	Bool	%Q0.0
方向	默认变量表	Bool	%Q0.1
速度	默认变量表	Real	%MD10
轴使能	默认变量表	Bool	%M3.0
正转	默认变量表	Bool	%M0.0
反转	默认变量表	Bool	%M0.1

图 7-7　PLC 程序变量表

4. PLC 控制程序

本任务主要掌握工艺对象组态以及如何实现步进电动机正反转，下面仍以 1215C 的 PLC 为例进行组态并通信。

步骤 1：新建轴功能块。

新建新项目，进入“项目视图”，在项目树中依次展开“PLC_1[CPU 1215C DC/DC/DC]”→“工艺对象”，双击“新增对象”，在弹出的“新增对象”界面中选择“TO_PositioningAxis”，单击“确定”按钮完成对象新增，如图 7-8 所示。

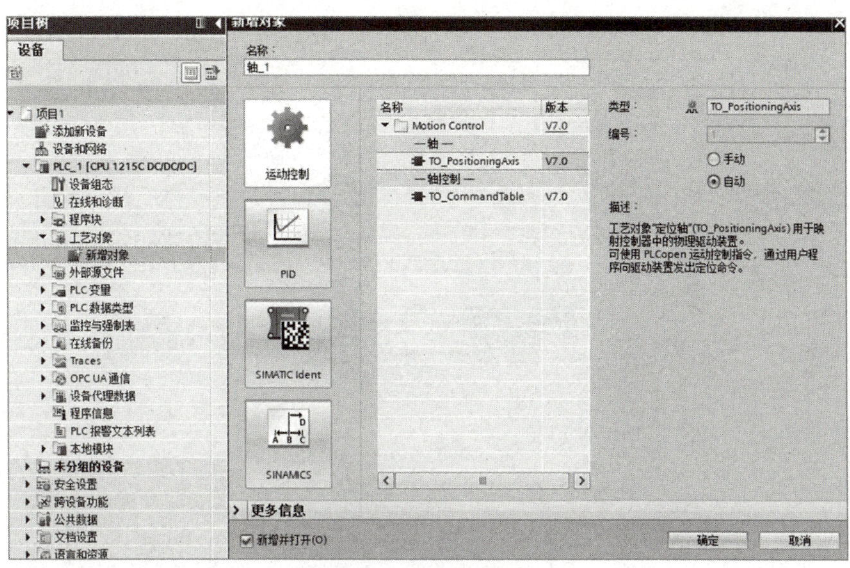

图 7-8　新建轴功能块

步骤 2：组态工艺轴。

展开“基本参数”，选择“常规”，保持默认“轴名称”为“轴_1”，“驱动器”选择 PTO，测量单位设为“mm”，如图 7-9 所示。

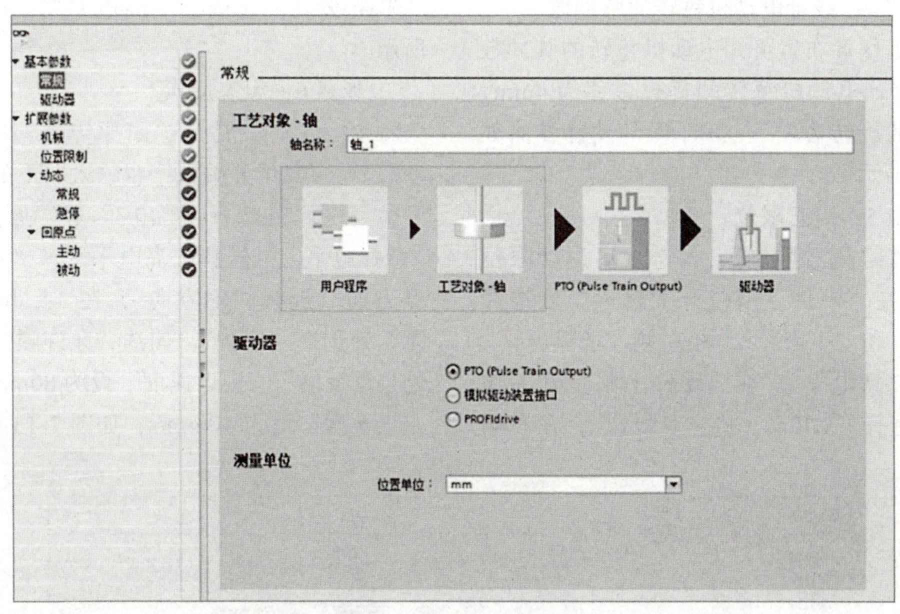

图 7-9　常规参数设置

步骤 3：组态驱动器，选择脉冲加方向的控制方式。

展开“基本参数”，选择“驱动器”，将“硬件接口”→“脉冲发生器”后的下拉列表框展开，选择“Pulse_1”，在“脉冲输出”后的框中选择“脉冲”，地址为“%Q0.0”，勾选“激活方向输出”，在“方向输出”后的框中选择“方向”，地址为“%Q0.1”，如图 7-10 所示。

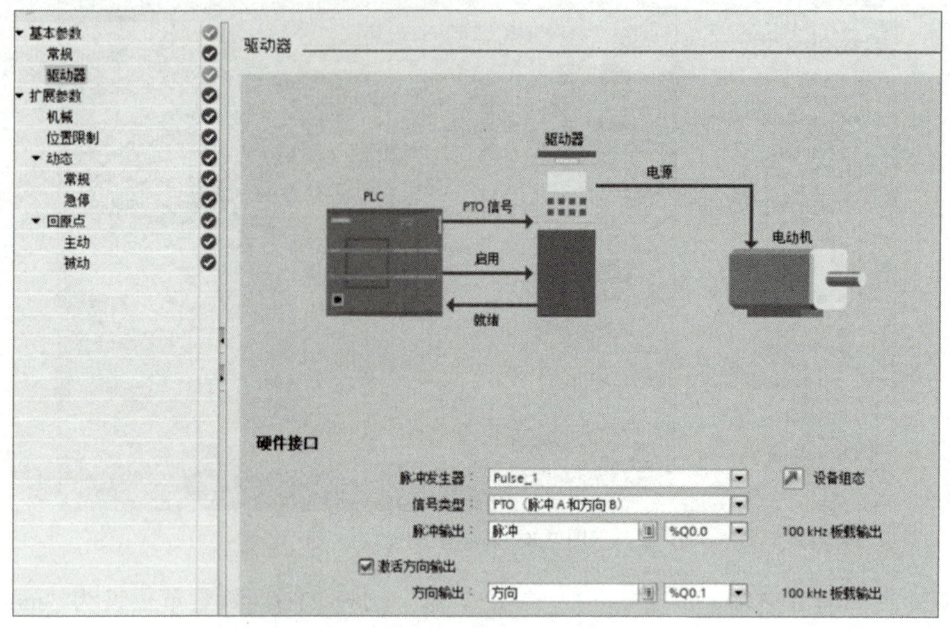

图 7-10　组态驱动器，选择脉冲加方向的控制方式

步骤 4：设置电动机每转的脉冲数。

根据任务布置可知电动机每转的脉冲数为 800 个，电动机每转的负载位移为 4mm，所允许的旋转方向为“双向”，设置界面如图 7-11 所示。

步骤 5：组态限位。

选择“位置限制”，勾选“启用硬限位开关”，在“硬件下限位开关输入”处选择“%I0.4”和“下限位”，在左侧“选择电平”处选择“高电平”，在“硬件上限位开关输入”处选择“%I0.2”和“上限位”，在右侧“选择电平”处选择“高电平”，如图 7-12 所示。

步骤 6：组态原点。

1）主动。展开“回原点”，选择“主动”，在“归位开关数字量输入”下的“输入归位开关”处选择“%I0.3”和“原点”，在“选择电平”处选择“高电平”，“接近 / 回原点方向”选择“正方向”，在“归位开关一侧”处选择“下侧”，勾选“允许硬限位开关处自动反转”，“接近速度”设为 80mm/s，“回原点速度”设为 40mm/s，如图 7-13 所示。

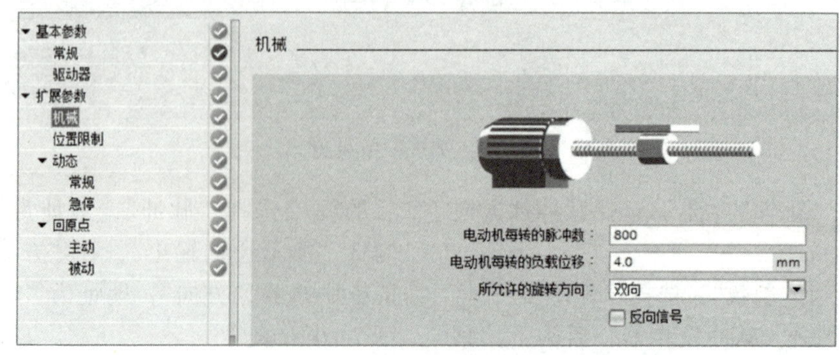

图 7-11　设置电动机每转的脉冲数

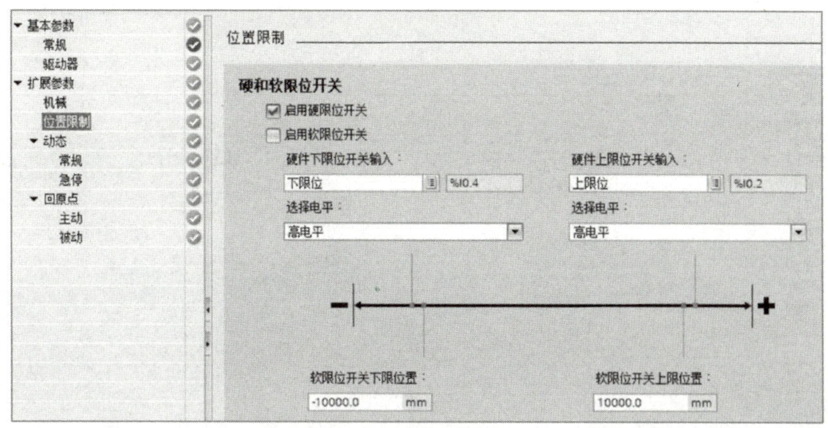

图 7-12　上下限位组态

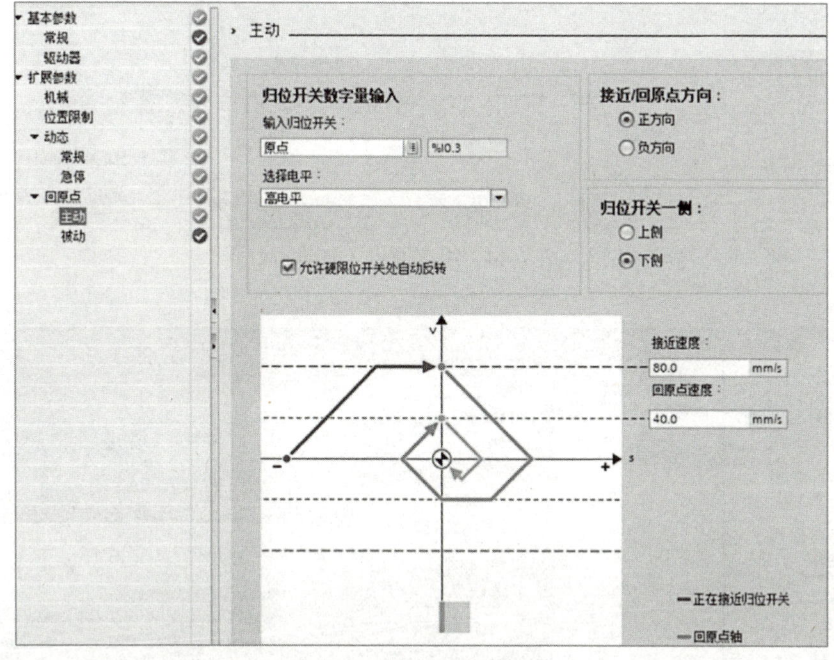

图 7-13　组态原点（主动）

2）被动。展开“回原点”，选择“被动”，在“归位开关数字量输入”下的“输入归位开关”处选择“%I0.1”和“原点”，在“选择电平”处选择“高电平”，在“归位开关一侧”处选择“下侧”，如图 7-14 所示。

步骤 7：调试工艺轴。

组态完成后，在软件左侧项目树中双击“调试”，弹出“轴控制面板”界面，单击“主控制”后的“激活”按钮，弹出“是否使用主控制对轴轴 _1 进行控制？”，单击“是”按钮，完成主控制的激活，如图 7-15 所示。

进行主控制的“启用”，如图 7-16 所示。

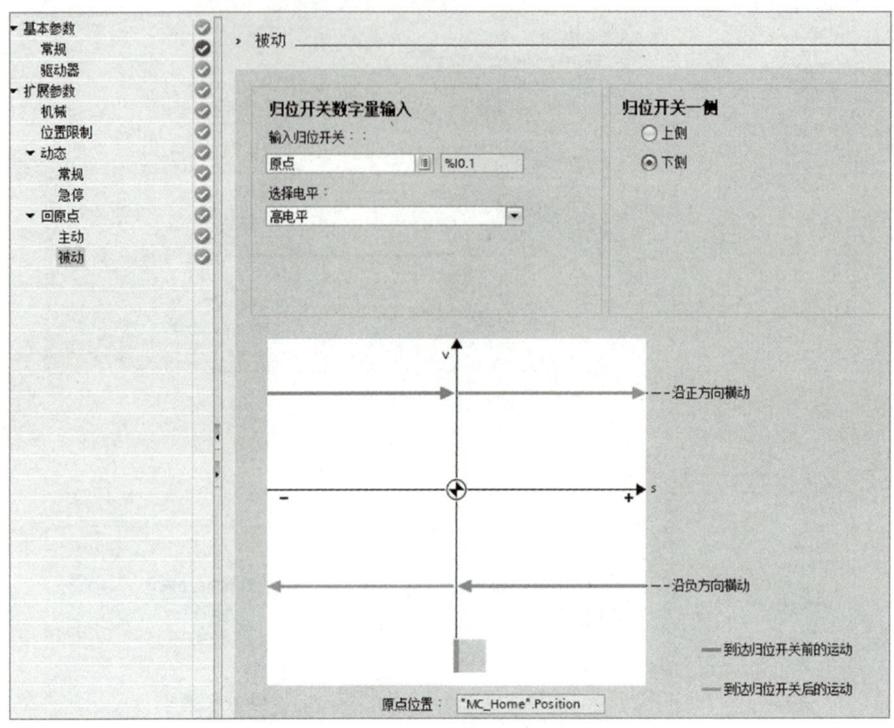

图 7-14　组态原点（被动）

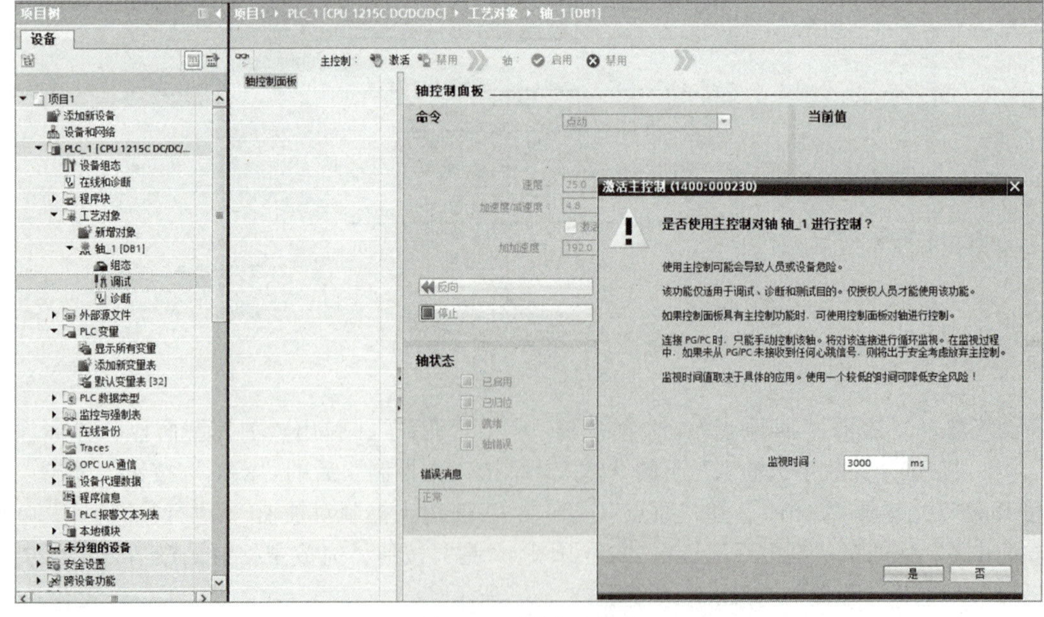

图 7-15　调试工艺轴

图 7-16　进行主控制的“启用”

在“轴控制面板”界面中的“命令”处选择“点动”，速度设为 125mm/s，正反向起动看电动机是否转动，如图 7-17 所示。

步骤 8：编写程序。

组态调试完成后便开始编写程序，将已建的工艺轴拉入“Axis”中，如图 7-18～图 7-21 所示。

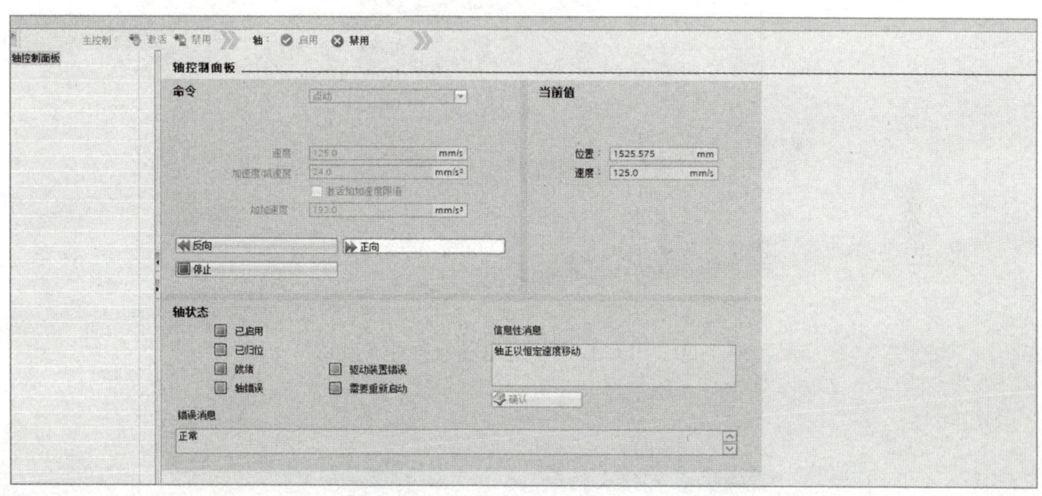

图 7-17　在“轴控制面板”界面中的“命令”处选择“点动”

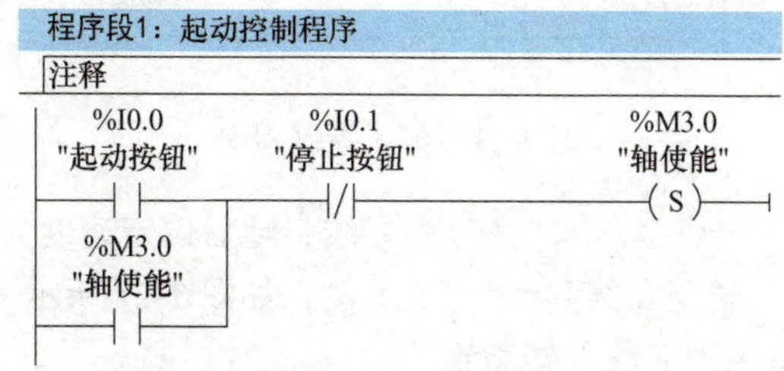

图 7-18　起动控制程序

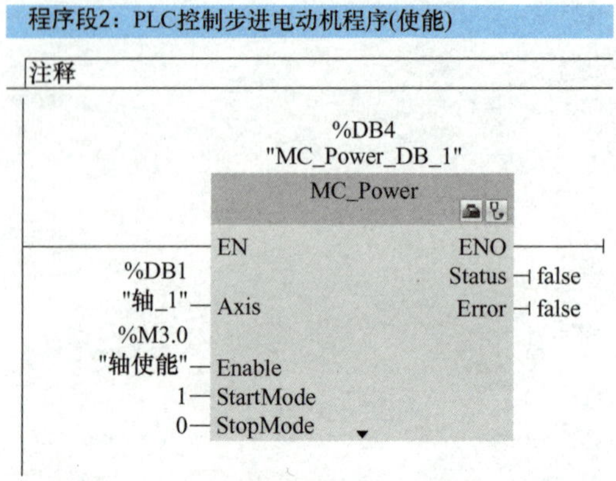

程序段2：PLC控制步进电动机程序(使能)

注释

%DB4
"MC_Power_DB_1"
MC_Power
EN
ENO
Status — false
Error — false
%DB1
"轴_1" — Axis
%M3.0
"轴使能" — Enable
1 — StartMode
0 — StopMode

图 7-19　PLC 控制步进电动机程序（使能）

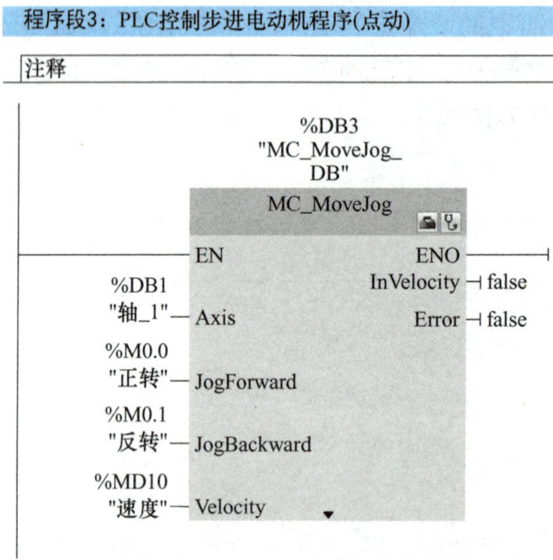

图 7-20　PLC 控制步进电动机程序（点动）

图 7-21　停止控制程序

步骤 9：编译、下载、转至在线。

编写完成后再进行编译、下载、转至在线，随后设定速度为 15mm/s，进行正反向点动，如图 7-22 所示。

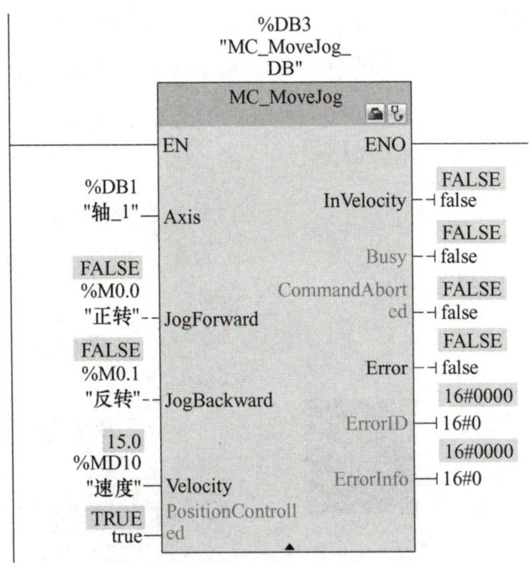

图 7-22　进行正反向点动

任务总结

西门子 S7-1200 PLC 在运动控制领域发挥着重要作用。其具有高性能的处理能力和灵活的编程方式，可轻松实现复杂运动的控制任务。该 PLC 能够与各种伺服电动机、步进电动机等运动设备无缝连接，提供精确的运动控制指令。此外，S7-1200 PLC 还具备高可靠性和稳定性，可确保运动控制系统的长期稳定运行。在工业自动化领域，其广泛应用于机床、包装机械、物流设备等设备的运动控制中。

任务评价

任务评价见表 7-7。

表 7-7　任务评价

评价内容	评价标准	配分	得分
I/O 信号分配	合理分配 I/O 端子	10	
外部接线与布线	按照接线图，正确、规范接线	30	
PLC 程序设计	正确编写 PLC 程序	30	
程序检查与运行	下载、运行、监控正确的程序	10	
理解、总结能力	能正确理解实训任务，善于总结实训经验	10	
语言表达能力	能清楚地表达实训操作步骤并合理解释实训现象	10	

每课寄语

于国，匠心之士为重器；于家，匠心之士为顶梁；于人，匠心之士为楷模。

拓展练习

将本次任务布置中的电动机运行速度改为 20mm/s，进行点动正反转控制。

已知：原点与 A 点的距离为 80mm，丝杠的螺距为 5mm，电动机转一圈需要的脉冲数为 1600 个。

试组态工艺轴，编写 PLC 控制程序并调试。

任务 2　伺服电动机控制系统程序设计

任务目标

1. 知识目标

1）了解运动控制指令的应用。

2）了解伺服电动机的参数设置以及与 PLC 的接线。

3）掌握 PLC 控制伺服电动机程序的编写。

2. 技能目标

1）完成伺服电动机与 PLC 的接线。

2）完成 PLC 控制伺服电动机运动程序的编写与调试。

3. 素质目标

1）强化专业技能，提升自身的专业素质。

2）强化综合素质，培养探索创新实践的精神。

3）严格要求，精益求精。

任务布置

用 PLC 作为上位机控制西门子 V90 伺服电动机，组态工艺轴，先回原点，然后使用绝对定位分别到达 200mm、300mm、500mm 的位置并分别停止 1s，最后返回原点，如图 7-23 所示。

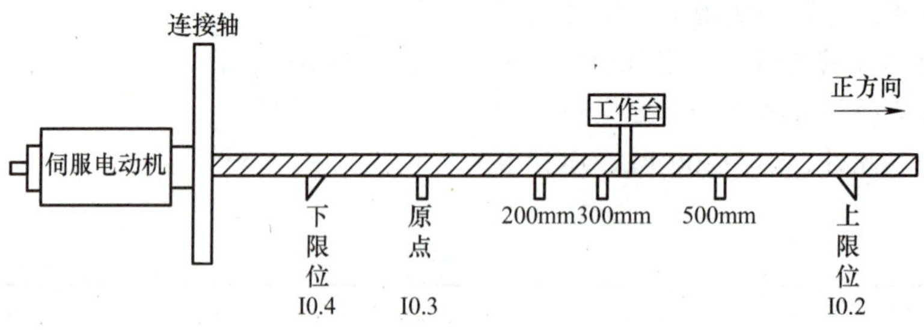

图 7-23　PLC 控制伺服电动机

任务分析

下面将介绍“MC_Home”（回原点轴）指令、“MC_MoveAbsolute”（绝对定位轴）指令和“MC_MoveRelative”（相对定位轴）指令。指令说明如下：

在编程界面右侧选择“指令”→“工艺”→“Motion Control”，便可以找到“MC_Home”“MC_MoveAbsolute”“MC_MoveRelative”指令，如图 7-24 所示。

1. “MC_Home”指令介绍

使用“MC_Home”指令可将轴坐标与实际物理驱动器位置匹配。轴的绝对定位需要回原点。“MC_Home”指令如图 7-25 所示。

“MC_Home”指令的输入 / 输出引脚参数的数据类型及说明见表 7-8。

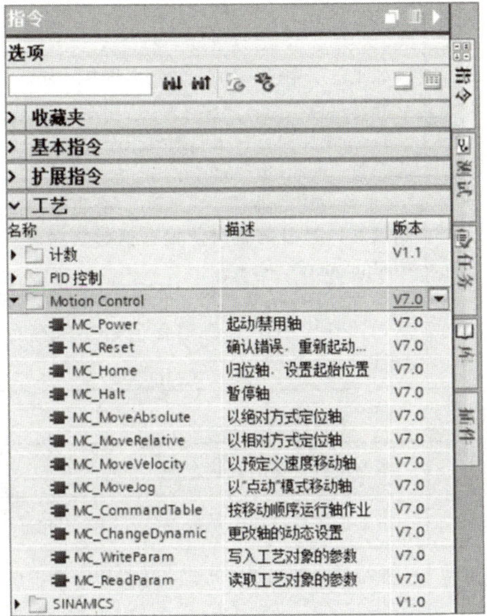

图 7-24　“MC_Home”“MC_MoveAbsolute”“MC_MoveRelative”指令

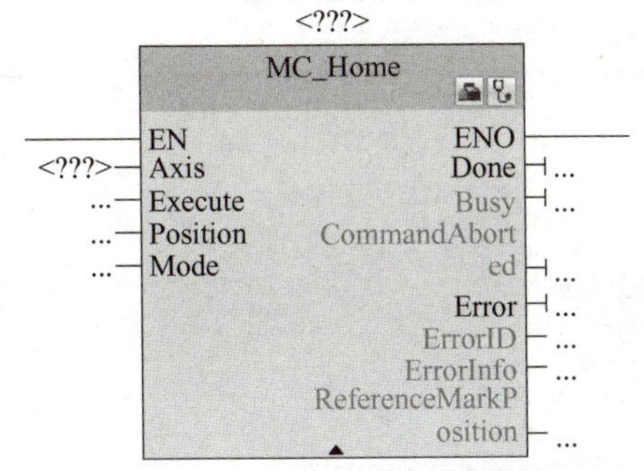

图 7-25　“MC_Home”指令

2. “MC_MoveAbsolute”指令介绍

“MC_MoveAbsolute”指令可以起动轴定位运动，以将轴移动到某个绝对位置，如图 7-26 所示。

“MC_MoveAbsolute”指令的输入 / 输出引脚参数的数据类型及说明见表 7-9。

表 7-8　“MC_Home”指令的输入 / 输出引脚参数的数据类型及说明

引脚参数	数据类型	说明
EN	Bool	使能输入
ENO	Bool	使能输出
Axis	TO_Axis	轴工艺对象
Execute	Bool	开始回零
Position	Real	指定值根据选定的“模式”使用
Mode	Int	归位模式： 0：绝对式直接回原点，新的轴位置为参数“Position”的位置值 1：相对式直接回原点，新的轴位置等于当前轴位置 + 参数“Position”的位置值 2：被动回原点，将根据轴组态进行回原点。回原点后，将新的轴位置设置为参数“Position”的值

（续）

引脚参数	数据类型	说明
Mode	Int	如果已引用轴 < 轴名称 >.StatusBits.HomingDone=TRUE，此状态位在附加被动回原点操作期间保持置位 3：主动回原点，按照轴组态进行回原点操作。回原点后，将新的轴位置设置为参数“Position”的值 6：绝对编码器调节（相对），将当前轴位置的偏移值设置为参数“Position”的值。计算出的绝对值偏移值始终保存在 CPU 内（< 轴名称 >.StatusSensor.AbsEncoderOffset） 7：绝对编码器调节（绝对），将当前的轴位置设置为参数“Position”的值。计算出的绝对值偏移值始终保存在 CPU 内（< 轴名称 >.StatusSensor.AbsEncoderOffset）
Done	Bool	回零是否完成
Busy	Bool	指令是否处在活跃状态
CommandAborted	Bool	指令在执行过程中是否被另一指令中止
Error	Bool	执行指令期间是否出错。错误原因请参见“ErrorID”和“ErrorInfo”的参数说明
ErrorID	Word	参数“Error”的错误信息 ID
ErrorInfo	Word	参数“ErrorID”的错误信息 ID
ReferenceMarkPosition	Real	之前坐标系中参考标记处的轴位置

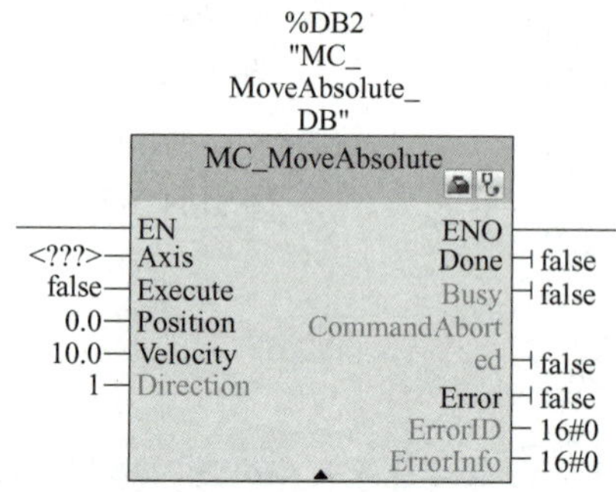

图 7-26 “MC_MoveAbsolute”指令

表 7-9 “MC_MoveAbsolute”指令的输入 / 输出引脚参数的数据类型及说明

引脚参数	数据类型	说明
Axis	TO_PositioningAxis	轴工艺对象
Execute	Bool	上升沿时启动指令
Position	Real	绝对目标位置 限值：$-1.0e^{12} \leqslant$ Position $\leqslant 1.0e^{12}$
Velocity	Real	轴的速度。由于所组态的加速度和减速度以及待接近的目标位置等原因，不会始终保持这一速度 限值：起动 / 停止速度≤Velocity≤最大速度

（续）

引脚参数	数据类型	说明
Direction	Int	轴的运动方向，仅在“模数”已启用的情况下才评估，启用步骤为工艺对象→组态→扩展参数→模数→启用模数（Technology object → Configuration → Extended parameters → Modulo → Enable Modulo） 对于 PTO 轴，忽略该参数 0：速度的符号（“Velocity”参数），用于确定运动的方向 1：正方向（从正方向逼近目标位置） 2：负方向（从负方向逼近目标位置） 3：最短距离（工艺将选择从当前位置开始，到目标位置的最短距离）
Done	Bool	是否达到绝对目标位置
Busy	Bool	指令是否正在执行
CommandAborted	Bool	指令在执行过程中是否被另一指令中止
Error	Bool	执行指令期间是否出错。错误原因请参见“ErrorID”和“ErrorInfo”的参数说明
ErrorID	Word	参数“Error”的错误信息 ID
ErrorInfo	Word	参数“ErrorID”的错误信息 ID

3. “MC_MoveRelative”指令介绍

通过“MC_MoveRelative”指令可以启动相对于起始位置的定位运动，如图 7-27 所示。

“MC_MoveRelative”指令的输入 / 输出引脚参数的数据类型及说明见表 7-10。

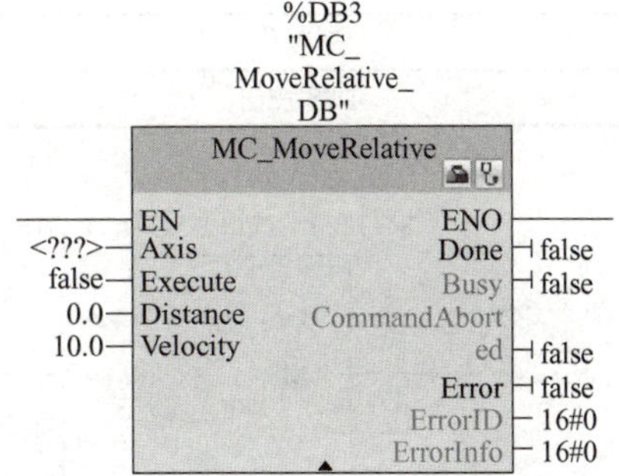

图 7-27　“MC_MoveRelative”指令

表 7-10　“MC_MoveRelative”指令的输入 / 输出引脚参数的数据类型及说明

引脚参数	数据类型	说明
Axis	TO_PositioningAxis	轴工艺对象
Execute	Bool	上升沿时启动命令
Distance	Real	定位操作的移动距离： 限值：$-1.0e^{12} \leq$ Distance $\leq 1.0e^{12}$
Velocity	Real	轴的速度 由于所组态的加速度和减速度以及要途经的距离等原因，不会始终保持这一速度 限值：起动 / 停止速度≤Velocity≤最大速度
Done	Bool	目标位置是否已到达
Busy	Bool	指令是否正在执行
CommandAborted	Bool	指令在执行过程中是否被另一指令中止
Error	Bool	执行指令期间是否出错。错误原因请参见“ErrorID”和“ErrorInfo”的参数说明

（续）

引脚参数	数据类型	说明
ErrorID	Word	参数“Error”的错误信息 ID
ErrorInfo	Word	参数“ErrorID”的错误信息 ID

任务实施

1. I/O 信号分配表

I/O 信号分配见表 7-11。

表 7-11　I/O 信号分配

输入	
起动按钮	I0.0
停止按钮	I0.1
上限位	I0.2
原点检测	I0.3
下限位	I0.4
回零按钮	I0.5

2. I/O 接线图

I/O 接线图如图 7-28 所示。

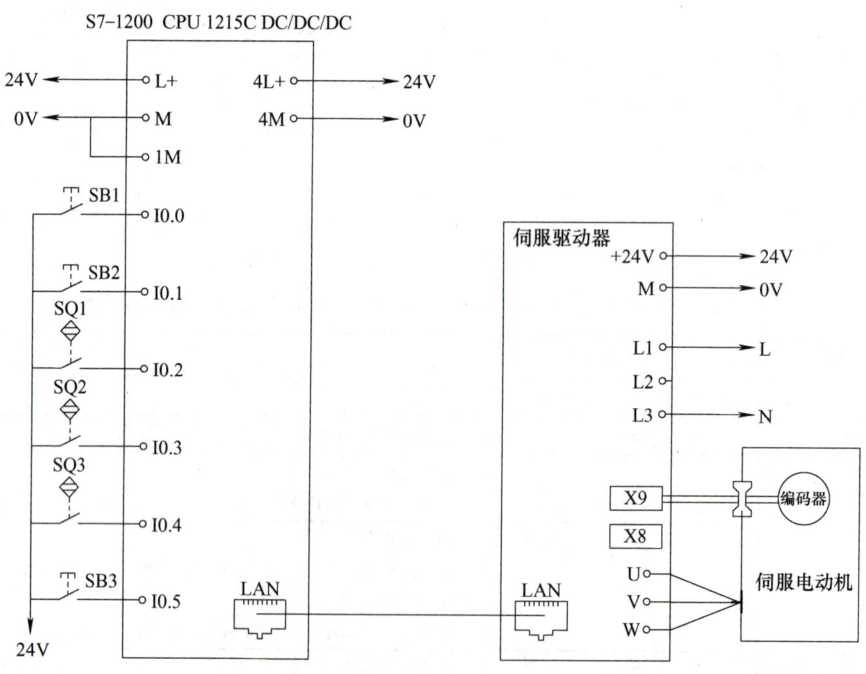

图 7-28　I/O 接线图

3. PLC 程序变量表

PLC 程序变量表如图 7-29 所示。

PLC 变量

名称	变量表	数据类型	地址
轴_1_Drive_IN	默认变量表	"PD_TEL3_IN"	%I68.0
轴_1_Drive_OUT	默认变量表	"PD_TEL3_OUT"	%Q68.0
起动按钮	默认变量表	Bool	%I0.0
停止按钮	默认变量表	Bool	%I0.1
上限位	默认变量表	Bool	%I0.2
原点	默认变量表	Bool	%I0.3
下限位	默认变量表	Bool	%I0.4
脉冲	默认变量表	Bool	%Q0.0
方向	默认变量表	Bool	%Q0.1
使能	默认变量表	Bool	%M10.0
回零	默认变量表	Bool	%M10.3
正转	默认变量表	Bool	%M10.1
反转	默认变量表	Bool	%M10.2
回零按钮	默认变量表	Bool	%I0.5
速度	默认变量表	Real	%MD20
位置	默认变量表	Real	%MD24
轴当前位置	默认变量表	Real	%MD30
下降沿	默认变量表	Bool	%M100.0
伺服使能按钮	默认变量表	Bool	%I0.6

图 7-29　PLC 程序变量表

4. PLC 控制程序

本任务主要掌握工艺对象组态以及如何实现伺服电动机正反转，下面仍以 1215C 的 PLC 为例组态并通信。

步骤 1：添加新设备。

依次选择“控制器”→“CPU”→“CPU 1215C DC/DC/DC”→“6ES7 215-1AG40-0XB0”。这是在选择所需 PLC 的型号与固件版本（PLC 型号根据实际硬件进行选择），本任务以 CPU 1215C DC/DC/DC、6ES7 215-1AG40-0XB0 为例。单击“确定”按钮完成 PLC 控制器的添加，如图 7-30 所示。

图 7-30　添加新设备

步骤 2：下载 V90 PN 的 GSD 文件。

V90 PN 的 GSD 文件下载链接为 https://support.industry.siemens.com/cs/ww/en/view/109737269，打开后的下载页面如图 7-31 所示。

SINAMICS V90: PROFINET GSD file

https://support.industry.siemens.com/cs/document/109737269/sinamics-v90-profinet-gsd-file?dti=0&lc=en-WW

SIEMENS

Industry Online Support International　Language　Contact　Help　Support Request

Home　Product Support

Entry type: Download Entry ID: 109737269, Entry date: 10/12/2020

(61) Rate

SINAMICS V90: PROFINET GSD file

Entry　Associated product(s)

Here you will find the PROFINET GSD files for the drive system SINAMICS V90 PROFINET (PN) version.

Description

The PROFINET GSD files are required to operate the SINAMICS V90 PN as a node on the PROFINET and to allow the configuration tools to recognize the drive. Examples of configuration tools are previous and current STEP7 versions. Within the tools the corresponding import functions are provided.

From version *GSDML_file_v2.32_sinamcis_v90pn_20180321*, supplementary telegram 750 is supported in addition to PROFIdrive telegram 1, 2, 3, 102, 7, 9, 110, 111.

SINAMICS V90 PROFINET GSD File

Designation	Article No.	Firmware	GSD-file
SINAMICS V90 PN	6SL3210-5Fxxx-xxFx	V1.04	GSDML-V2.32-Sinamics_V90PN-20190415.zip (20,9 KB)
SINAMICS V90 PN	6SL3210-5Fxxx-xxFx	V1.03	GSDML_file_v2.32_sinamcis_v90pn_20180321.zip (20,9 KB)
SINAMICS V90 PN	6SL3210-5Fxxx-xxFx	V1.02	GSDML_file_v2.32_sinamcis_v90pn_20160711.zip (20,7 KB)

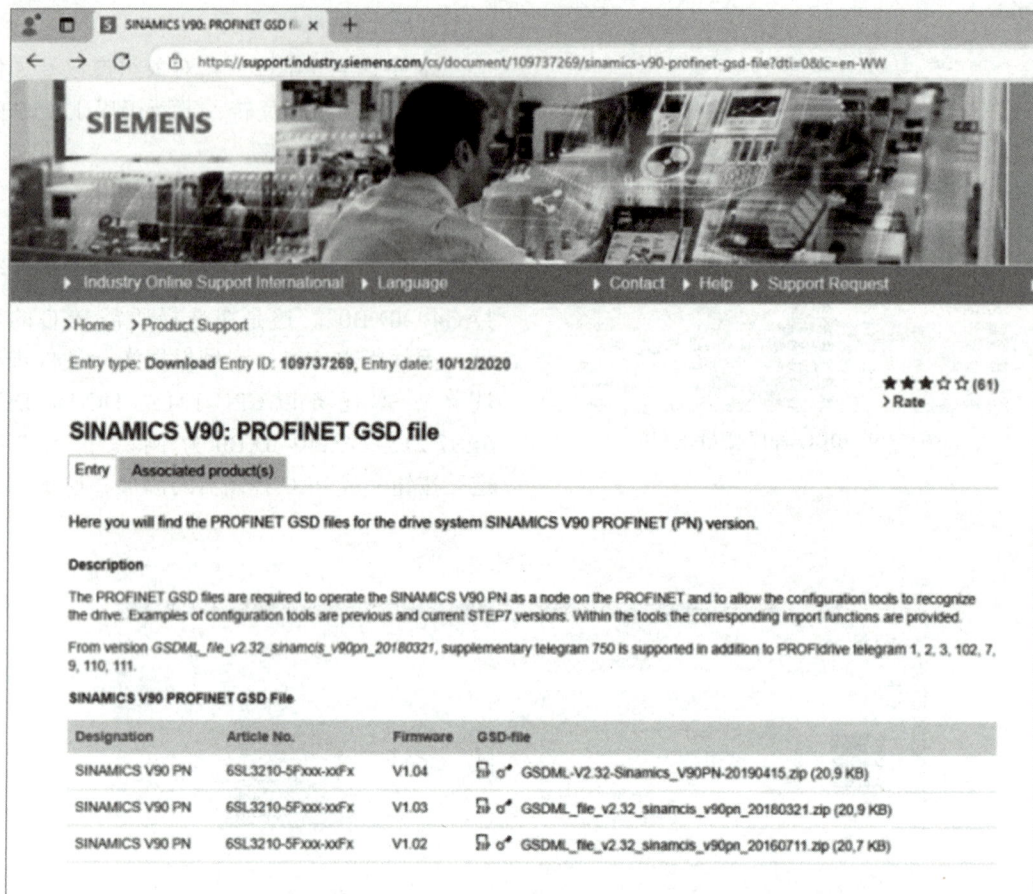

图 7-31　V90 PN 的 GSD 文件下载页面

步骤 3：安装 V90 PN 的 GSD 文件。

选择“选项”→“管理通用站描述文件（GSD）”，如图 7-32 所示。

弹出“管理通用站描述文件”对话框，在“源路径”后选择下载好的 V90 PN 的 GSD 文件，文件前的复选框应勾选，单击“安装”按钮，如图 7-33 所示。

在“硬件目录”中按照路径中找到 V90 PN 的 GSD 文件，如图 7-34 所示。

步骤 4：PLC 与 V90 PN 通信。

将 V90 PN 拖拽到画面中，需注意 V90 的版本选择，将 PLC 方框和 V90 方框连接在一起建立通信网，如图 7-35 所示。

设置 S7-1200 通信连接端口的 IP 地址，如图 7-36 所示。

设置 V90 PN 通信连接端口的 IP 地址及设备名称，如图 7-37 所示。

图 7-32　选择“选项”→“管理通用站描述文件（GSD）”命令

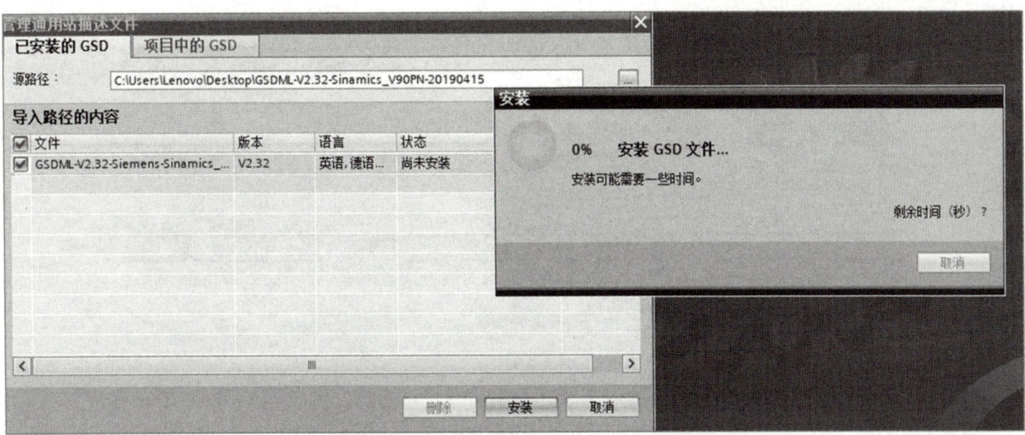

图 7-33　安装 V90 PN 的 GSD 文件

图 7-34　在“硬件目录”中按照路径找到 V90 PN 的 GSD 文件

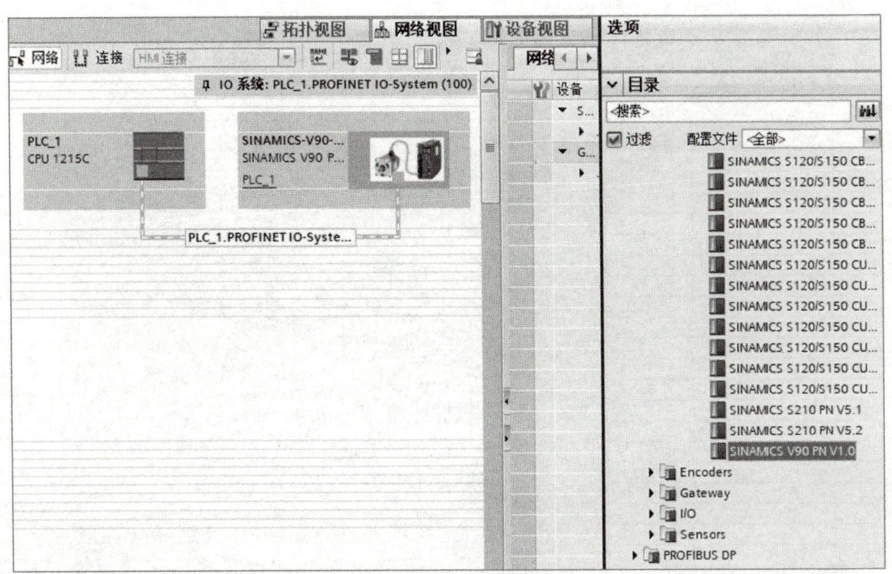

图 7-35　PLC 与 V90 PN 连接

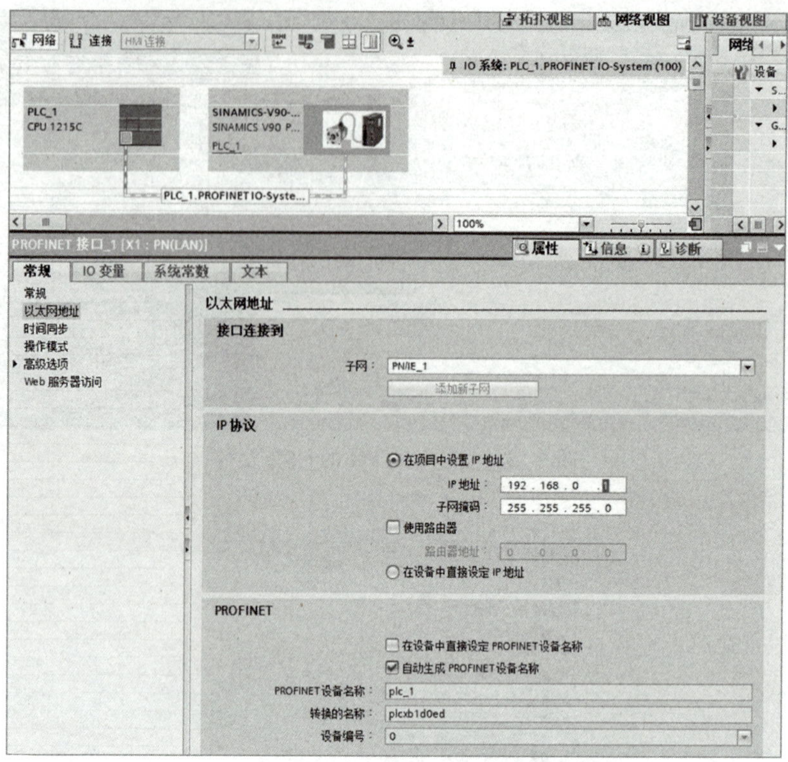

图 7-36　设置 S7-1200 通信连接端口的 IP 地址

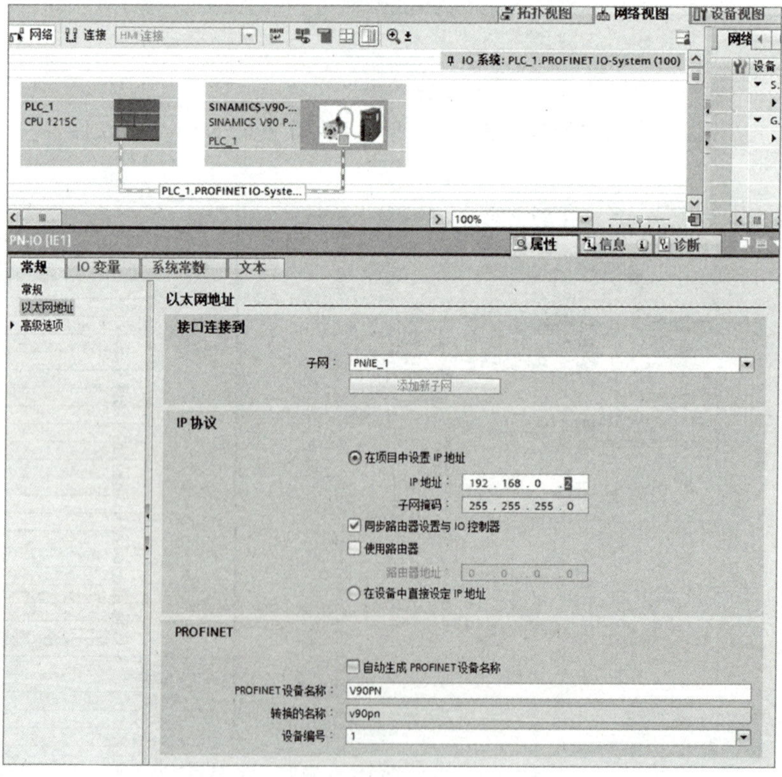

图 7-37　设置 V90 PN 通信连接端口的 IP 地址及设备名称

步骤 5：配置标准报文。

在设备视图中为 V90 配置“标准报文 3，PZD−5/9”，如图 7-38 所示。

步骤 6：插入位置轴。

插入一个位置轴，如图 7-39 所示。

步骤 7：常规参数配置。

轴名称为“轴_1”，驱动器选择“PROFIdrive”，位置单位设为“mm”，在“仿真”处选择“不仿真”，如图 7-40 所示。

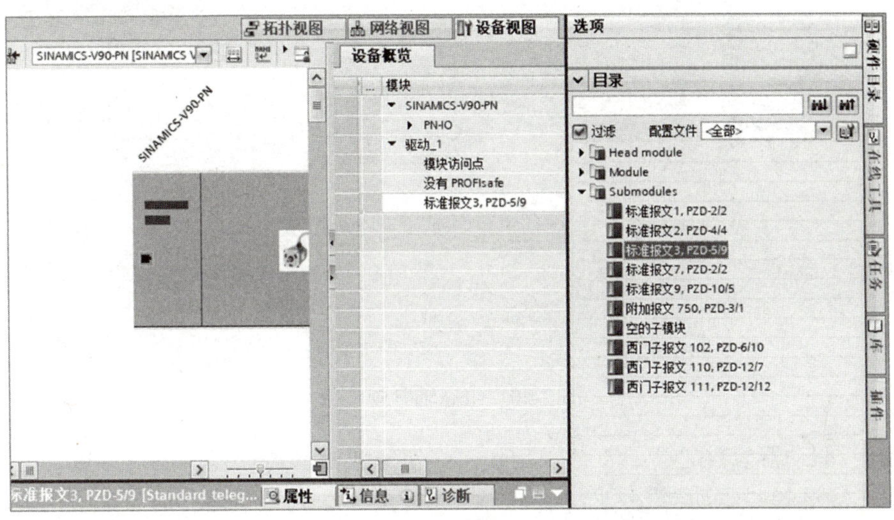

图 7-38　配置标准报文

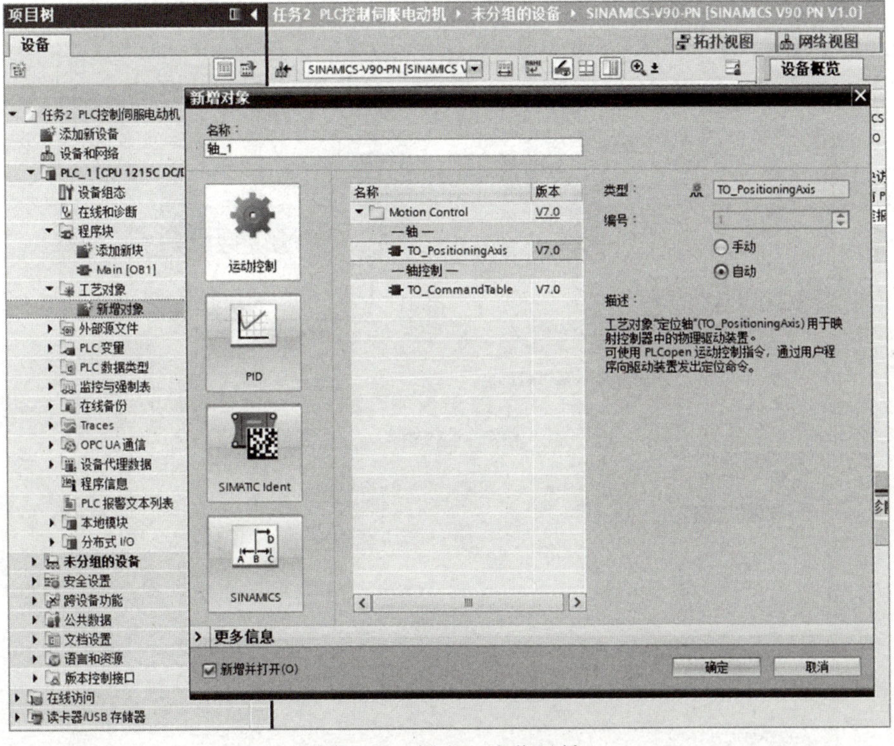

图 7-39　插入一个位置轴

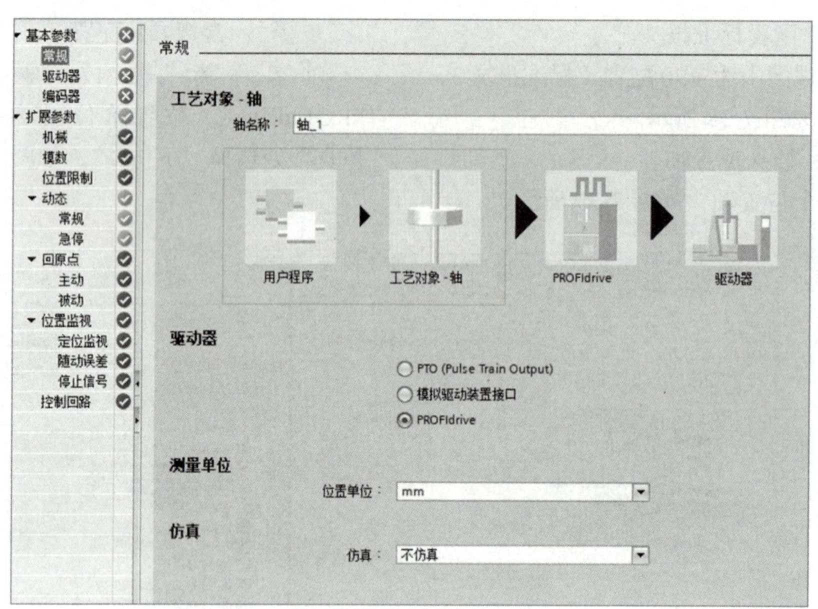

图 7-40 组态轴常规参数

步骤 8：驱动器参数配置。

数据连接选择“驱动器”，驱动器选择“SINAMICS-V90-PN”，单击绿色对勾按钮完成驱动器选择。驱动器报文选择“标准报文 3”，勾选“运行时自动应用驱动值（在线）”，如图 7-41 和图 7-42 所示。

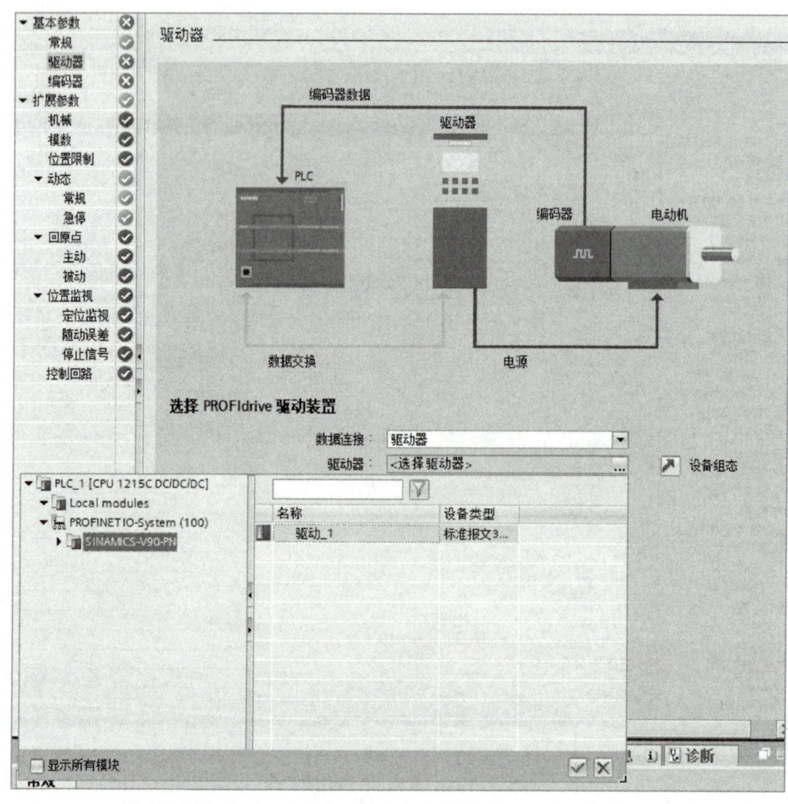

图 7-41 数据连接选择“驱动器”，驱动器选择“SINAMICS-V90-PN”

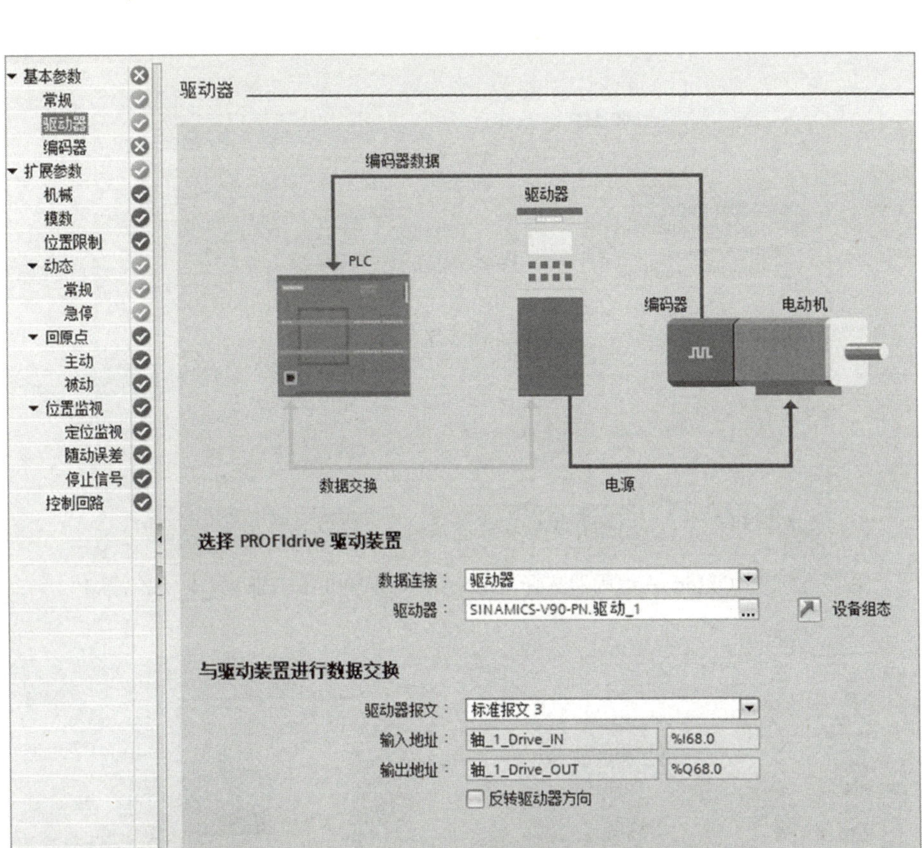

图 7-42　勾选“运行时自动应用驱动值（在线）”

步骤 9：编码器参数配置。

可以手动设置参考转速及最大转速，也可以选择“自动传送设备中的驱动装置参数”，配置编码器的数据交换。PROFIdrive 编码器选择“SINAMICS-V90-PN. 驱动 _1_ 编码器 1”，单击绿色对勾按钮完成驱动器选择。驱动器报文选择“标准报文 3”，勾选“运行时自动应用编码器值（在线）”，如图 7-43 和图 7-44 所示。

步骤 10：机械参数配置。

配置“扩展参数”中的机械参数，编码器安装类型为“在电动机轴上”，电动机每转的负载位移设为 10mm，如图 7-45 所示。

步骤 11：模数参数配置。

选择“模数”，勾选“启用模数”，设置模数长度为 360mm，模数起始值为 0mm，如图 7-46 所示。

步骤 12：位置限制参数配置。

设置硬限位开关及软限位开关位置。勾选“启用硬限位开关”，“硬件下限位开关输入”选择“下限位”和“%I0.4”，“硬件上限位开关输入”选择“上限位”和“%I0.2”，“选择电平”皆为“高电平”，如图 7-47 所示。

步骤 13：设置动态中常规参数。

包含最大转速、加速度及减速度，如图 7-48 所示。

步骤 14：设置动态中急停参数。

包含急停减速时间和紧急减速度，如图 7-49 所示。

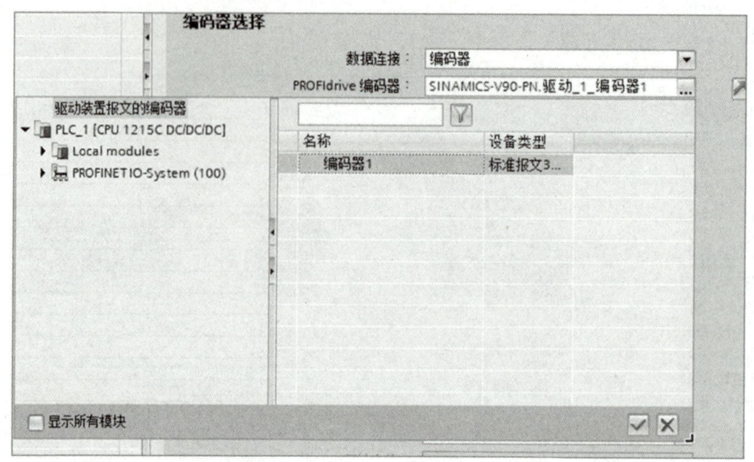

图 7-43　PROFIdrive 编码器选择“SINAMICS-V90-PN. 驱动 _1_ 编码器 1”

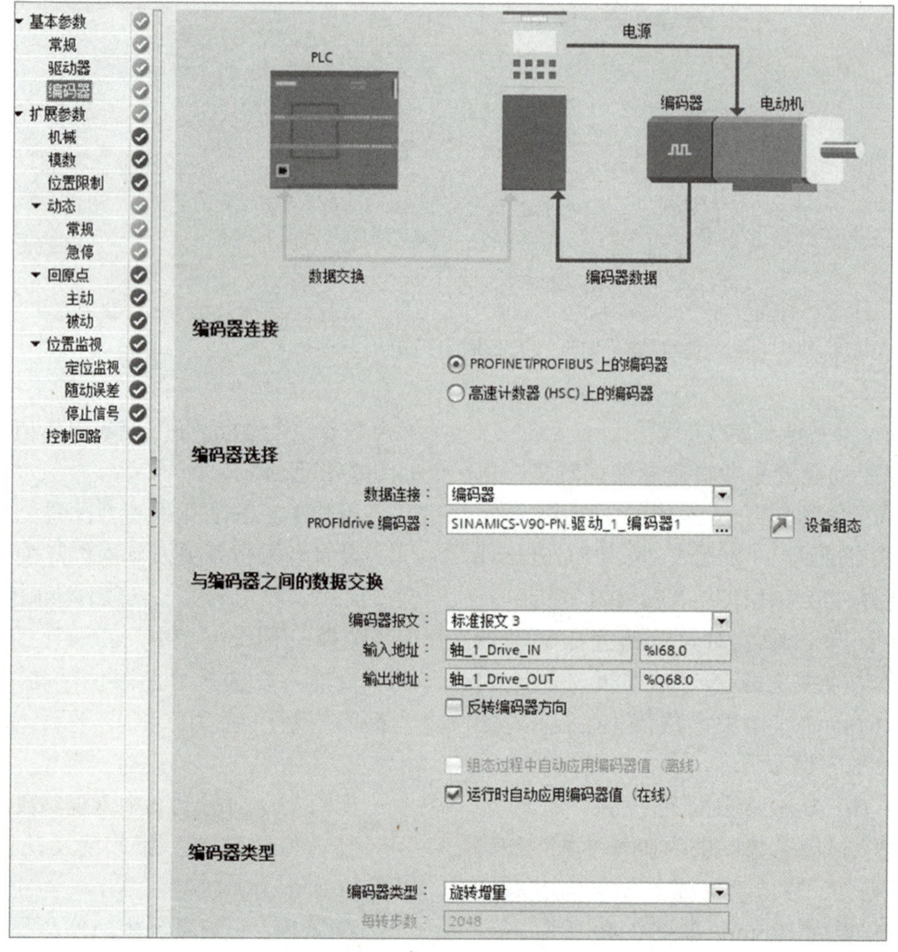

图 7-44　勾选“运行时自动应用编码器值（在线）”

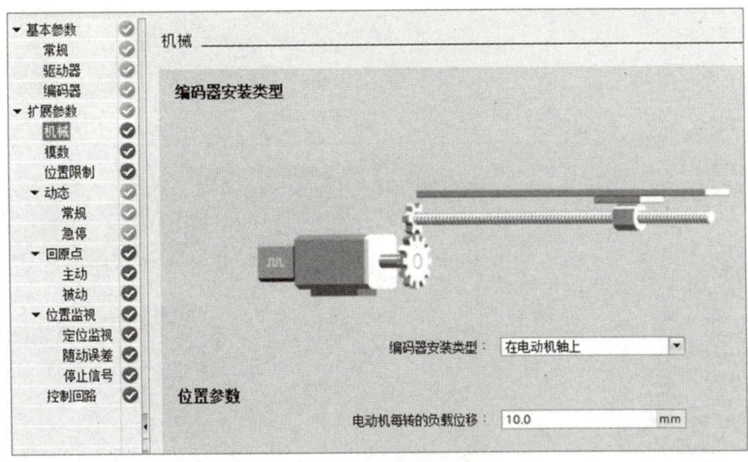

图 7-45　机械参数配置

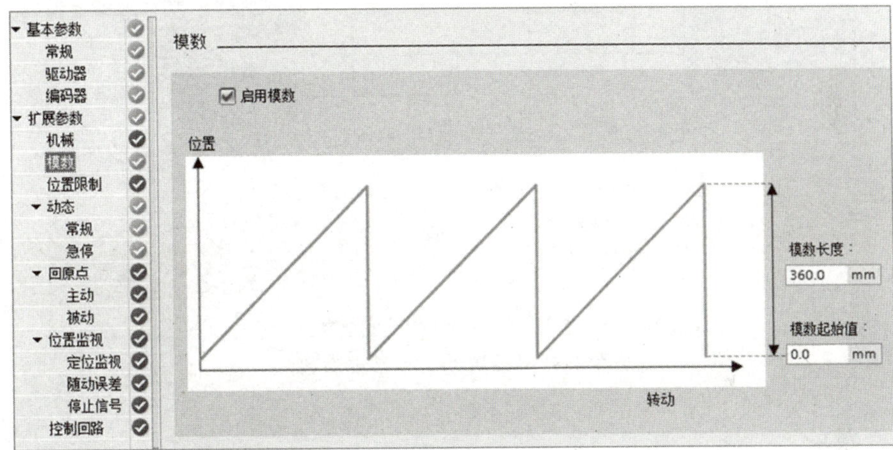

图 7-46　模数参数配置

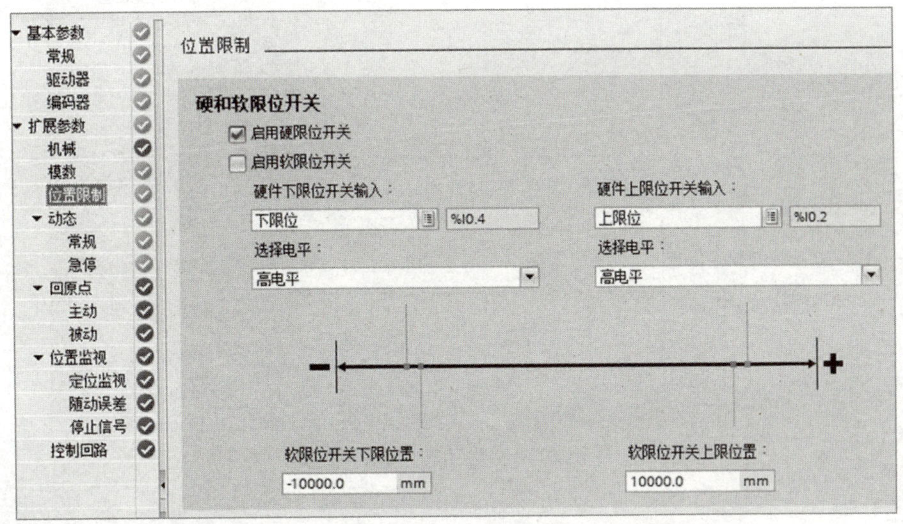

图 7-47　设置硬限位开关及软限位开关位置

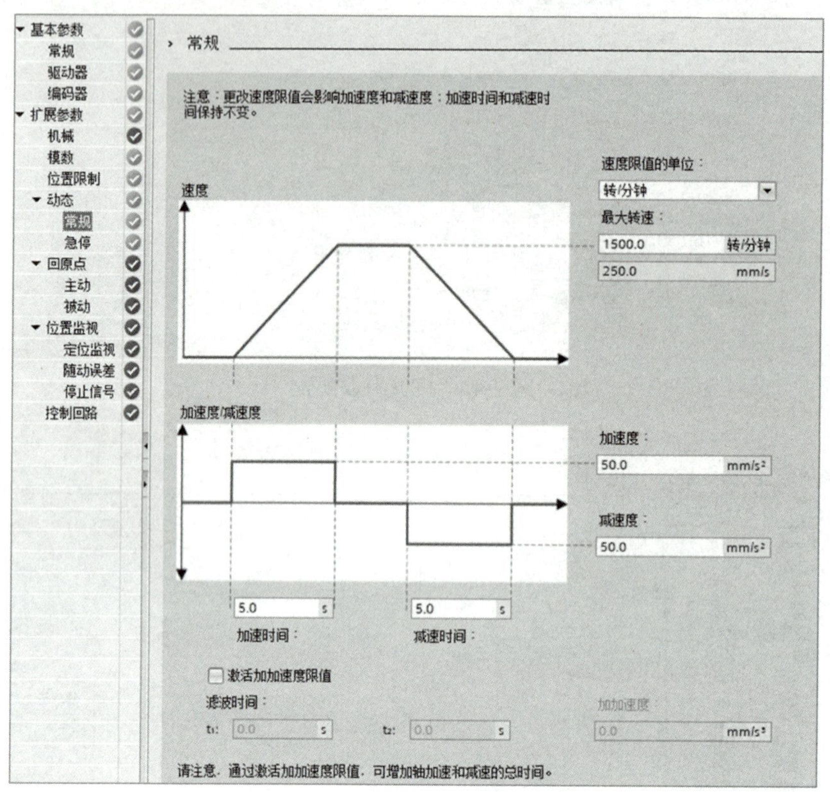

图 7-48 设置动态中常规参数

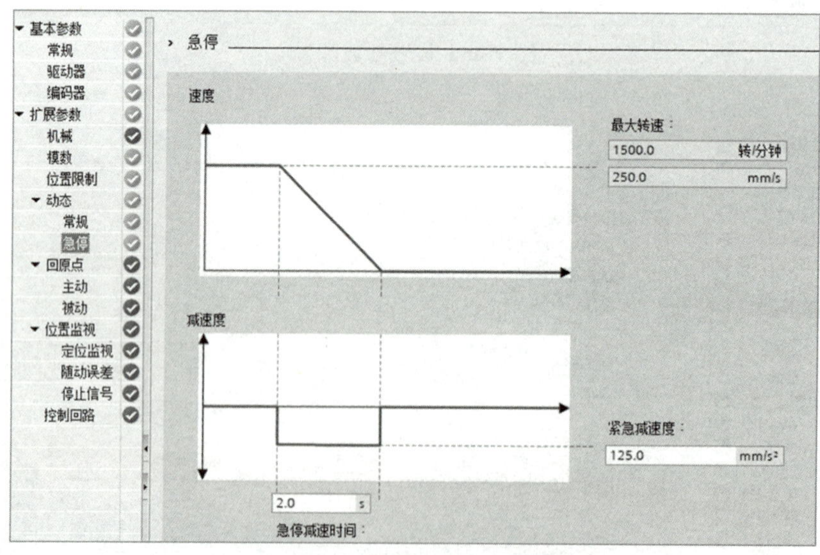

图 7-49 设置动态中急停参数

步骤 15：设置回原点参数。

如果使用的是主动回零，需要设置主动回零的方式。“选择归位模式”为“通过数字量输入使用归位开关”，“输入归位开关”选择“原点”和“%I0.3”，“选择电平”为“高电平”，“接近 / 回原点方向”为“正方向”，“归位开关一侧”为“下侧”，如图 7-50 所示。

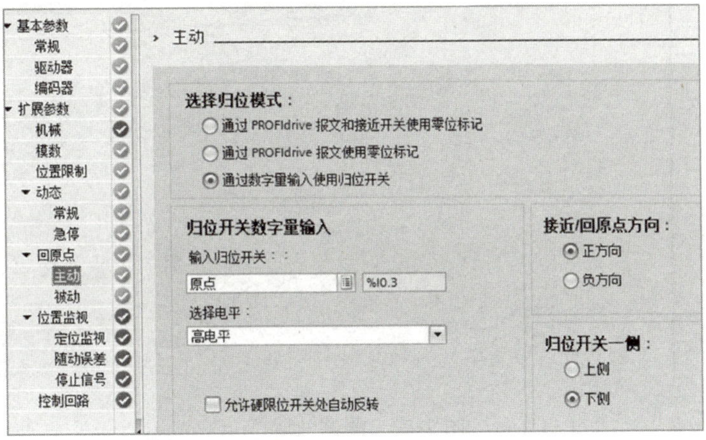

图 7-50　设置主动回零的方式

如果使用的是被动回零，需要设置被动回零的方式，如图 7-51 所示。

步骤 16：设置比例增益。

设置位置监视和控制回路的比例增益，保持默认即可。

步骤 17：测试轴运行。

轴组态完成无错误后下载项目，然后使用控制面板测试轴运行，如图 7-52 所示。

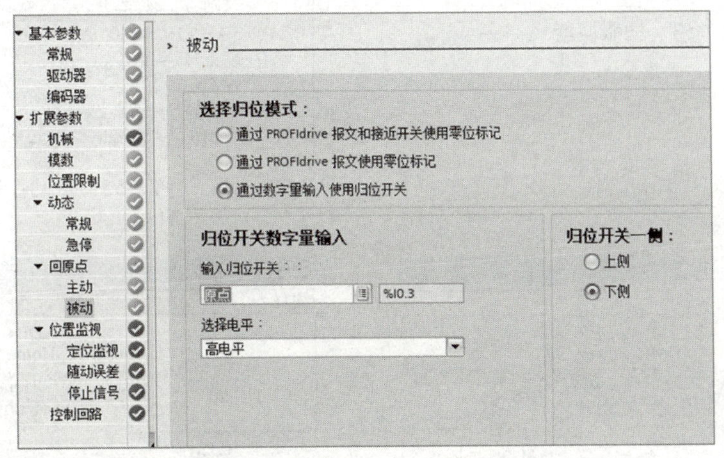

图 7-51　设置被动回零的方式

步骤 18：编写 PLC 程序。

使用“工艺”中的“Motion Control”下的指令进行运动控制编程，注意选择版本。PLC 控制程序如图 7-53 ～图 7-59 所示。

回零：注意，如果用的是绝对值编码器，不能通过控制面板进行轴回零，必须使用回零命令进行回零操作，HomingMode 选择“2”或“3”。

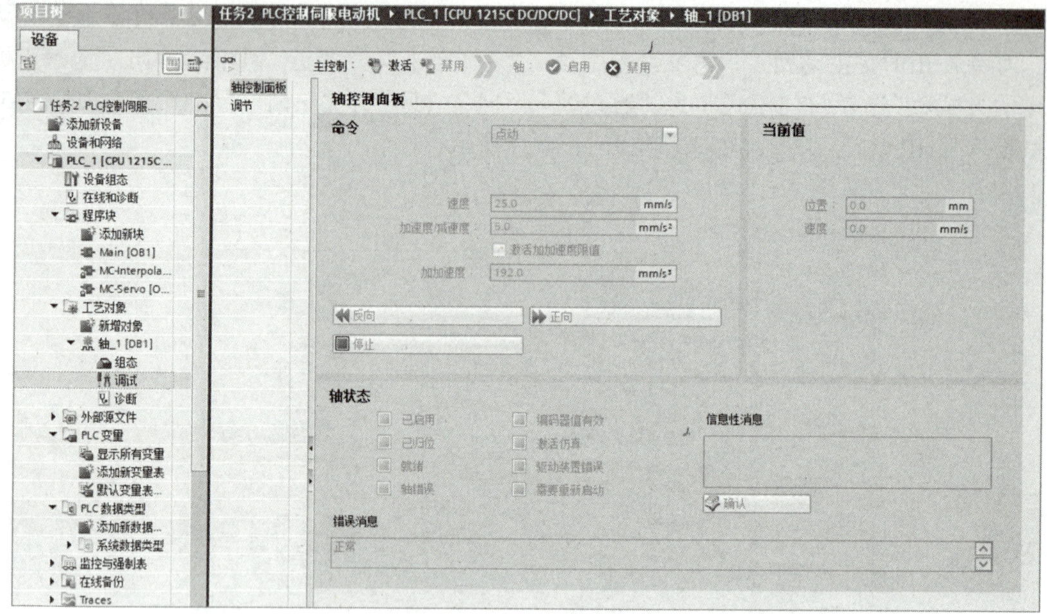

图 7-52 测试轴运行

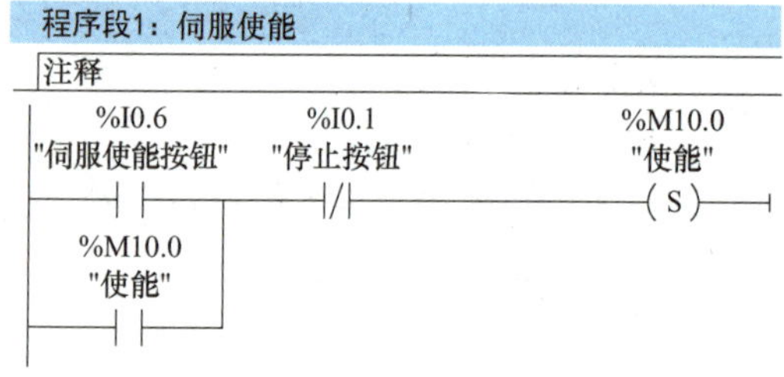

图 7-53 伺服使能

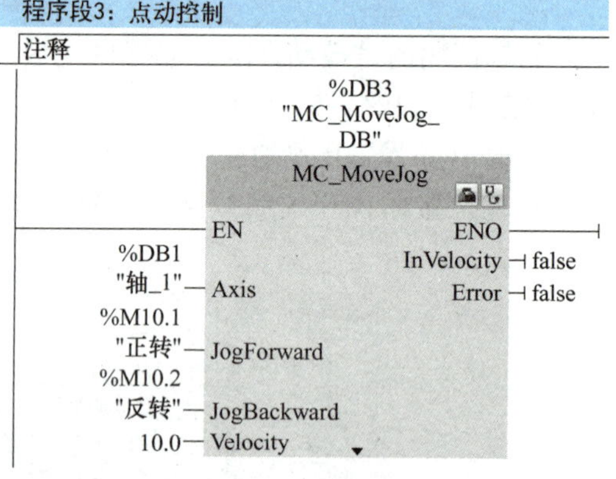

图 7-55 点动控制

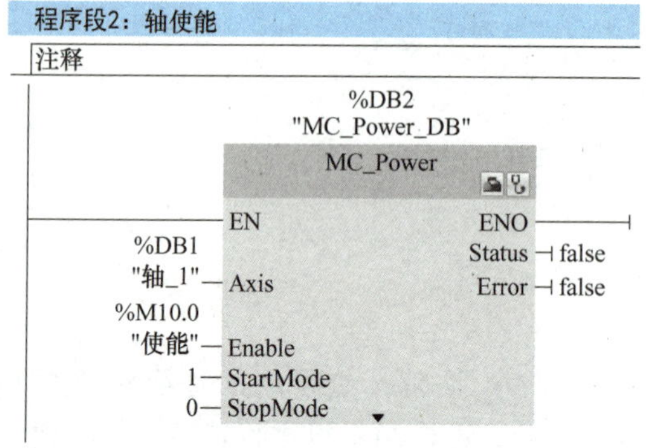

图 7-54 轴使能

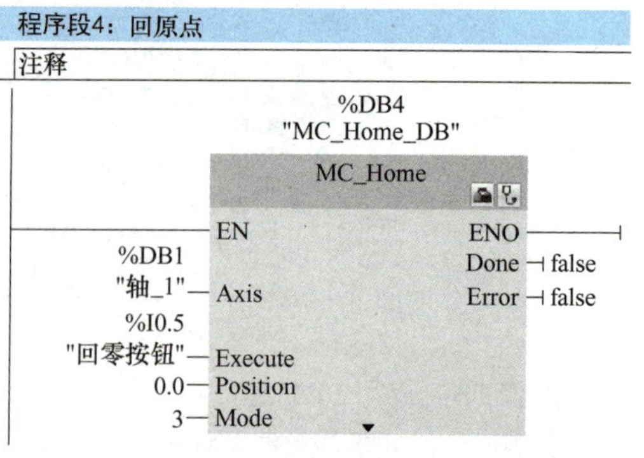

图 7-56 回原点

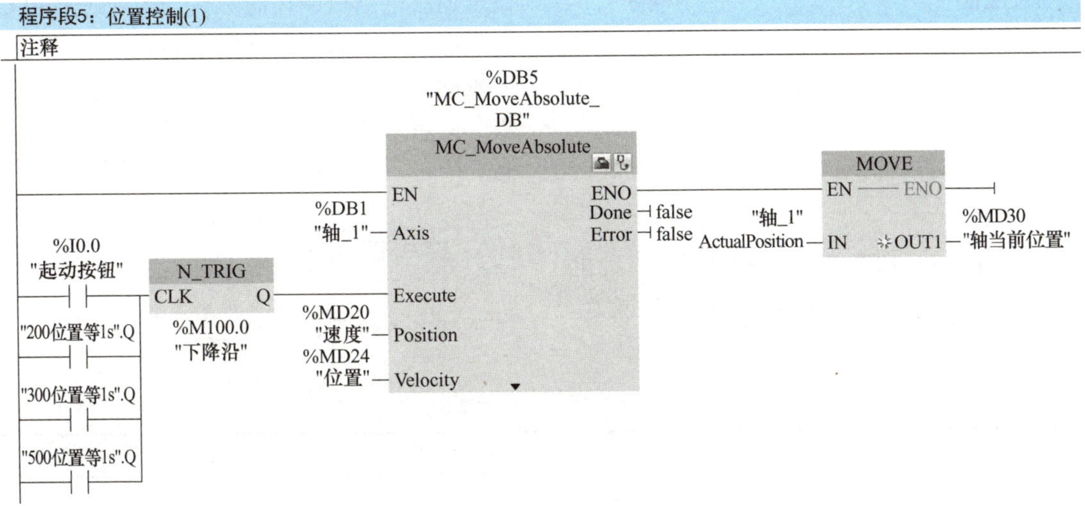

图 7-57　位置控制（1）

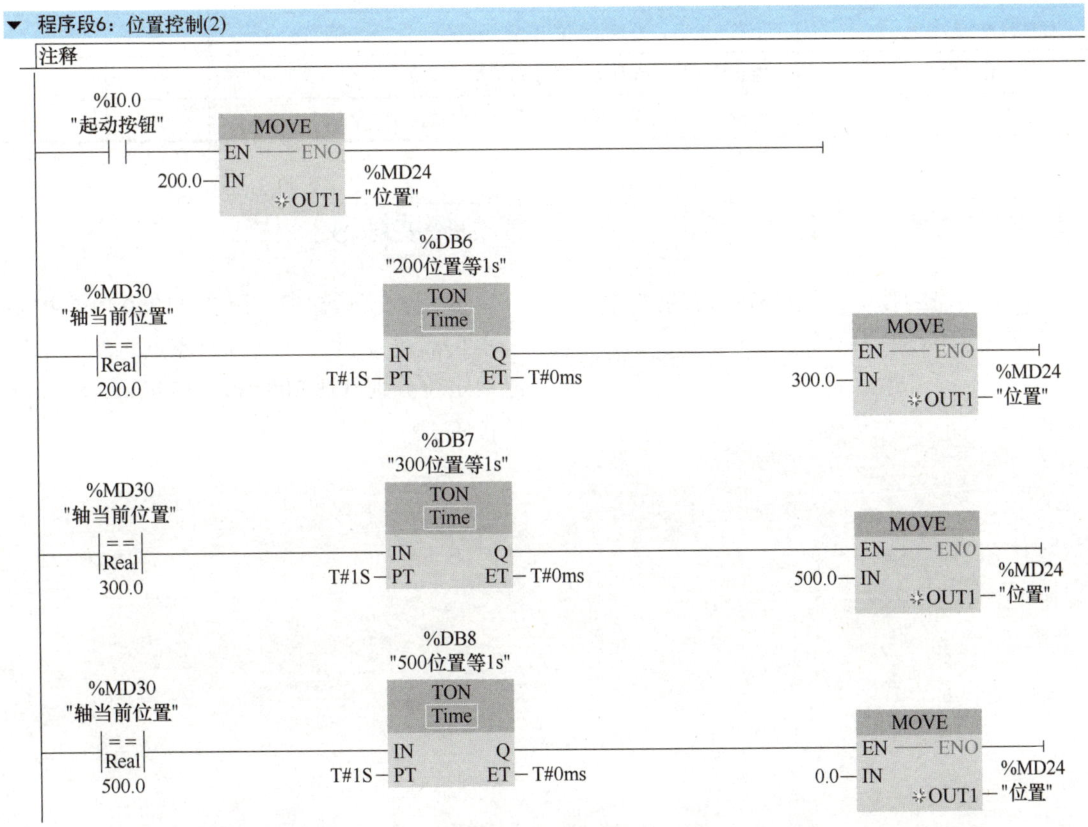

程序段6：位置控制(2)

注释

%I0.0 "起动按钮"
MOVE EN ENO
200.0 IN OUT1 %MD24 "位置"

%MD30 "轴当前位置" == Real 200.0
%DB6 "200位置等1s" TON Time IN Q T#1S PT ET T#0ms
MOVE EN ENO 300.0 IN OUT1 %MD24 "位置"

%MD30 "轴当前位置" == Real 300.0
%DB7 "300位置等1s" TON Time IN Q T#1S PT ET T#0ms
MOVE EN ENO 500.0 IN OUT1 %MD24 "位置"

%MD30 "轴当前位置" == Real 500.0
%DB8 "500位置等1s" TON Time IN Q T#1S PT ET T#0ms
MOVE EN ENO 0.0 IN OUT1 %MD24 "位置"

图 7-58　位置控制（2）

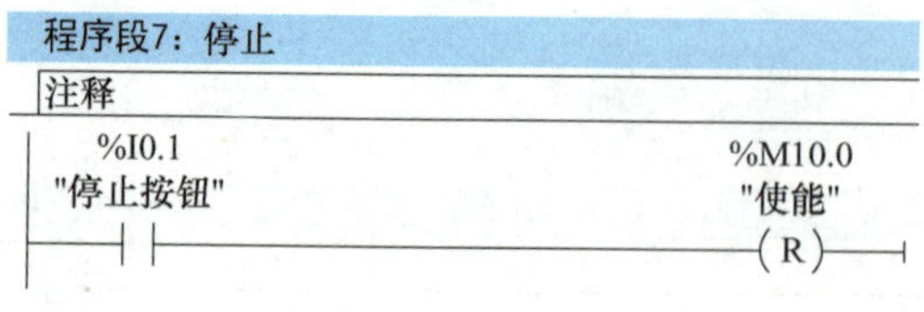

图 7-59　停止

任务总结

西门子 S7-1200 PLC 在控制伺服电动机时，主要利用其强大的编程和数据处理能力。通过编写适当的控制程序，PLC 可以精确控制伺服电动机的速度、位置和方向。首先，设定伺服电动机的控制参数，然后通过 PLC 的数字输出端口控制伺服驱动器，实现对电动机的实时监控和精确控制。此系统稳定可靠，适用于各种自动化控制场景，可有效提高生产效率和产品质量。

任务评价

任务评价见表 7-12。

表 7-12　任务评价

评价内容	评价标准	配分	得分
I/O 信号分配	合理分配 I/O 端子	10	
外部接线与布线	按照接线图，正确、规范接线	30	
PLC 程序设计	正确编写 PLC 程序	30	
程序检查与运行	下载、运行、监控正确的程序	10	
理解、总结能力	能正确理解实训任务，善于总结实训经验	10	
语言表达能力	能清楚地表达实训操作步骤并合理解释实训现象	10	

每课寄语

没有一流的技工，就没有一流的产品。

拓展练习

请根据所学知识，用 S7-1200 PLC 控制三菱伺服电动机，先进行回原点，然后使用绝对定位分别到达 200mm、350mm、600mm 的位置。

项目 8　PLC 网络通信应用与程序设计

PLC 作为工业自动化领域的核心设备，其网络通信能力对于实现设备间的数据交换、远程监控与控制至关重要。PLC 网络通信应用与程序设计旨在通过构建高效、可靠的网络通信系统，提升工业自动化系统的灵活性和整体性能。本项目将介绍 PLC 网络通信的基本原理、关键技术和应用场景。

PLC 网络通信是指 PLC 与其他 PLC、传感器、执行器、上位机等设备之间通过网络进行数据传输和交换的过程。PLC 网络通信通常基于工业以太网、现场总线等通信协议，如 EtherNet/IP、PROFIBUS、Modbus 等。这些协议提供了标准化的数据格式和通信规则，确保了不同品牌 PLC 之间的兼容性和互操作性。

任务 1　PROFINET IO 通信

任务目标

1. 知识目标

1）理解西门子 PROFINET IO 通信的数据交换方法。

2）了解 PROFINET IO 通信的编程方法。

2. 技能目标

1）掌握 PROFINET IO 通信的接线。

2）掌握两台西门子 S7-1200 PLC 间的 PROFINET IO 通信操作。

3）掌握 PROFINET IO 通信程序的编写与调试。

3. 素质目标

1）能与他人合作，培养团队合作精神。

2）形成不断学习持续进步的习惯。

3）安全第一，预防为主。

任务布置

请通过 PROFINET IO 通信完成两台 S7-1200 PLC 之间的通信，用一块 CPU 1215C 作为 IO 控制器，一块 CPU 1214C 作为 IO 智能设备。IO 控制器控制 IO 智能设备实现电动机的起动、停止。设备连接如图 8-1 所示。

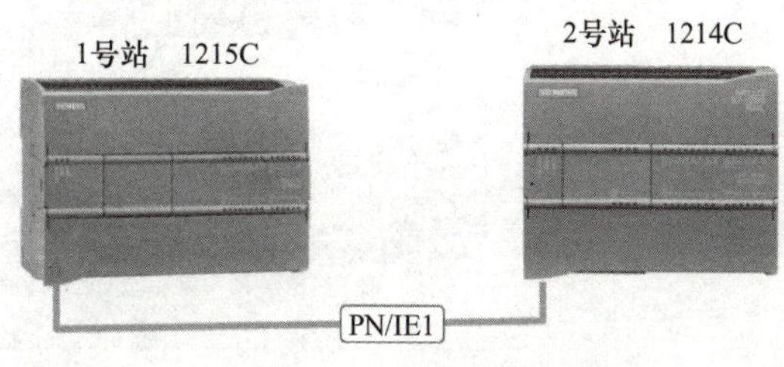

图 8-1　设备连接

任务分析

PROFINET IO 通信的连接方式更加简单。连接好控制器和 IO 设备，就可以通过设定好的数据交换区自动交换数据，数据的交换自动定时刷新，不需要编写程序进行收发，非常简便。

下面就通过 S7-1200 PLC 之间的 PROFINET IO 通信来进行内容讲解，操作步骤如下：

（1）添加两台 PLC　分别命名为“1 号站”和“2 号站”，并把 1 号站的 IP 设定为 192.168.0.3，2 号站的 IP 设定为 192.168.0.4，如图 8-2 所示。

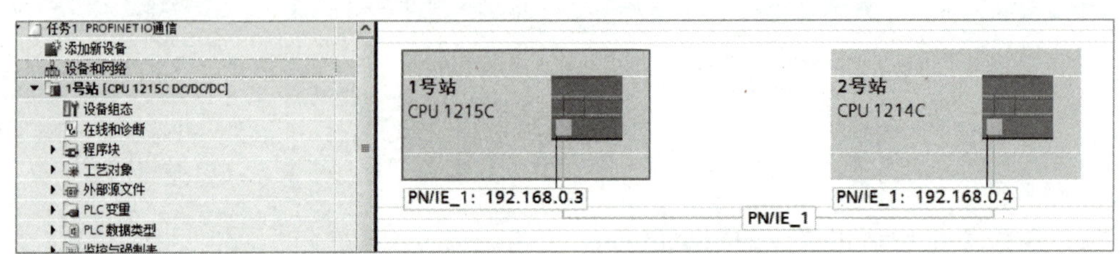

图 8-2　添加两台 PLC 并建立网络连接

（2）IO 映射介绍　本次用到的 IO 映射是将从站中的所有 I 点映射到主站中，而从站的 Q 点也由主站程序控制，在映射中存在一个中间转换的区域——“智能设备通信”中的“传输区域”。“传输区域”内“IO 控制器中的地址”表示的是主站 PLC 的中间地址，而“智能设备中的地址”表示从站中可调用的中间地址。打开智能设备通信的步骤如下：

双击“2 号站 PROFINET 接口 _1”，如图 8-3 所示。选择“常规”中的“操作模式”，勾选“IO 设备”，已分配的 IO 控制器选择“1 号站 .PROFINET 接口 _1”，设备编号为“1”，如图 8-4 所示。传输区域如图 8-5 所示。

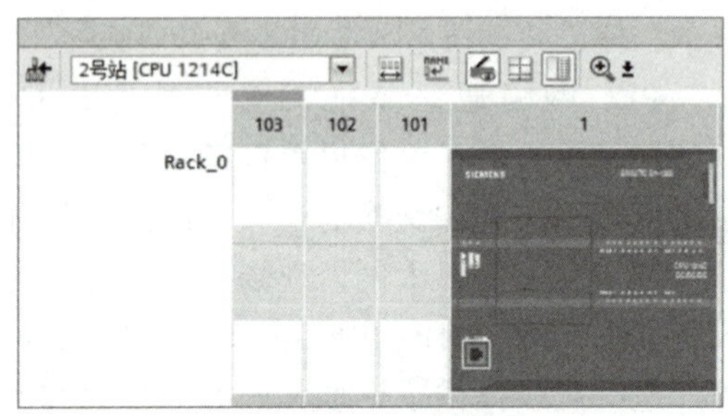

图 8-3　2 号站 PROFINET 接口 _1

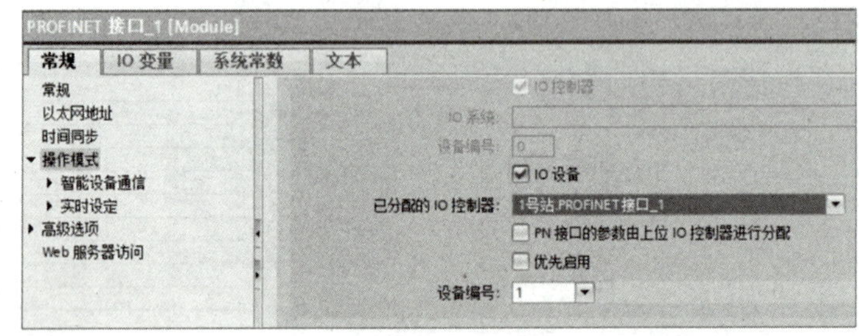

图 8-4　操作模式

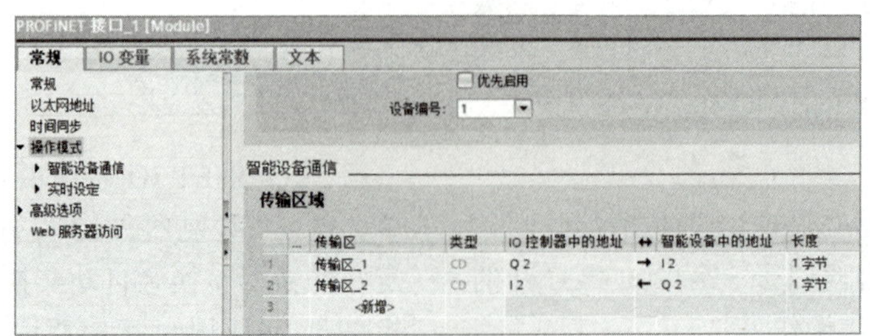

图 8-5　传输区域

（3）传输逻辑介绍　在两台 PLC 中（1215C 是 IO 控制器，1214C 是智能 IO 设备），1215C 的 I 点是 I0.0 ～ I1.5，Q 点是 Q0.0 ～ Q1.1，用 1215C 中的 I0.0 ～ I1.5 读取 1214C 中的 I0.0 ～ I1.5，用 1215C 中的 Q0.0 ～ Q0.1 控制 1214C 中的 Q0.0 ～ Q1.1，I 点传输流程如图 8-6 所示，Q 点传输流程如图 8-7 所示。

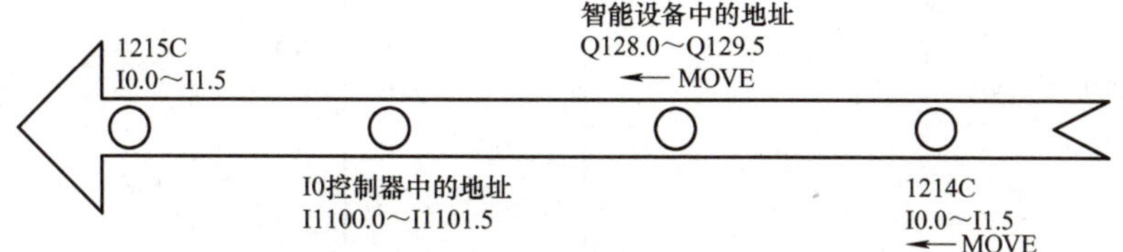

图 8-6　I 点传输流程

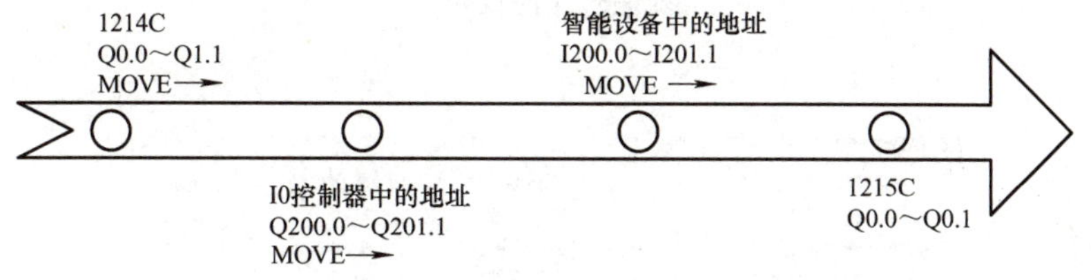

图 8-7　Q 点传输流程

任务实施

1. I/O 信号分配表

1215C 中的 I/O 信号分配见表 8-1。

表 8-1　1215C 中的 I/O 信号分配

输入		输出	
起动按钮	I0.0	通信信号	Q2.0
停止按钮	I0.1		Q2.1

1214C 中的 I/O 信号分配见表 8-2。

表 8-2　1214C 中的 I/O 信号分配

输入		输出	
		电动机	Q0.0

2. I/O 接线图

I/O 接线图如图 8-8 所示。

3. PLC 程序变量表

1215C PLC 的程序变量表如图 8-9 所示。

1214C PLC 的程序变量表如图 8-10 所示。

4. PLC 控制程序

步骤 1：添加两台 PLC，分别命名为“1 号站”和“2 号站”，并把 1 号站的 IP 设定为 192.168.0.3，2 号站的 IP 设定为 192.168.0.4，如图 8-11 所示。

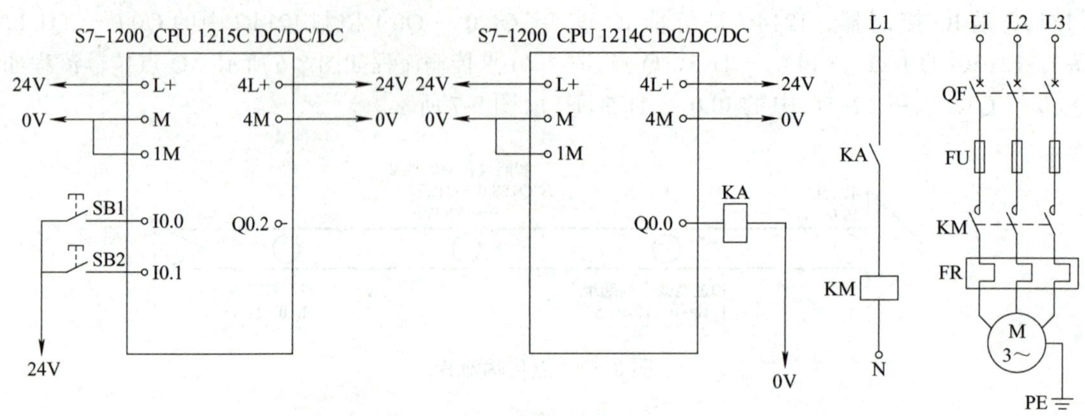

图 8-8　I/O 接线图

PLC 变量

	名称	变量表	数据类型	地址
	起动按钮	默认变量表	Bool	%I0.0
	停止按钮	默认变量表	Bool	%I0.1
	起动按钮传输	默认变量表	Bool	%Q2.0
	停止按钮传输	默认变量表	Bool	%Q2.1

图 8-9　1215C PLC 的程序变量表

PLC 变量

	名称	变量表	数据类型	地址
	起动按钮接收	默认变量表	Bool	%Q2.0
	停止按钮接收	默认变量表	Bool	%Q2.1
	电动机	默认变量表	Bool	%Q0.0
	上升沿信号	默认变量表	Bool	%M10.0

图 8-10　1214C PLC 的程序变量表

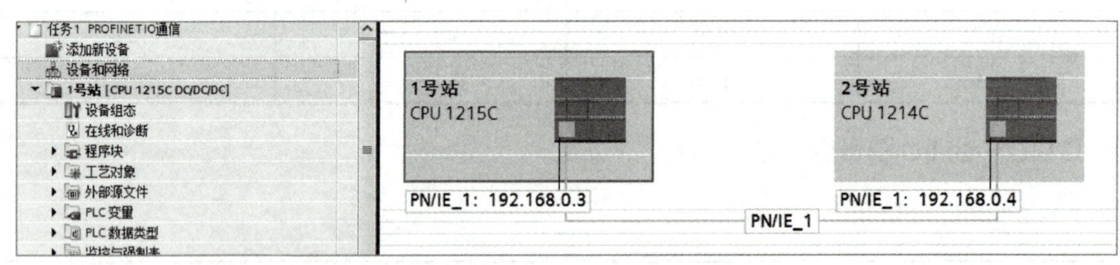

图 8-11　添加两台 PLC 并建立网络连接

步骤 2：把 1 号站定义为 IO 控制器（默认就是 IO 控制器，不需要另外设定），把 2 号站定义为 IO 设备，并把它分配给把 1 号站，如图 8-12 所示。

步骤 3：2 号站添加数据传输区域，数据传输区使用的是 I 区和 Q 区（I 区和 Q 区的起始地址是可以调节的），在使用时注意冲突问题；每个传输区的数据交换长度可以设定（默认为 1 个字节），如图 8-13 所示。

1215C PLC 程序控制如图 8-14 所示。

1214C PLC 程序控制如图 8-15 所示。

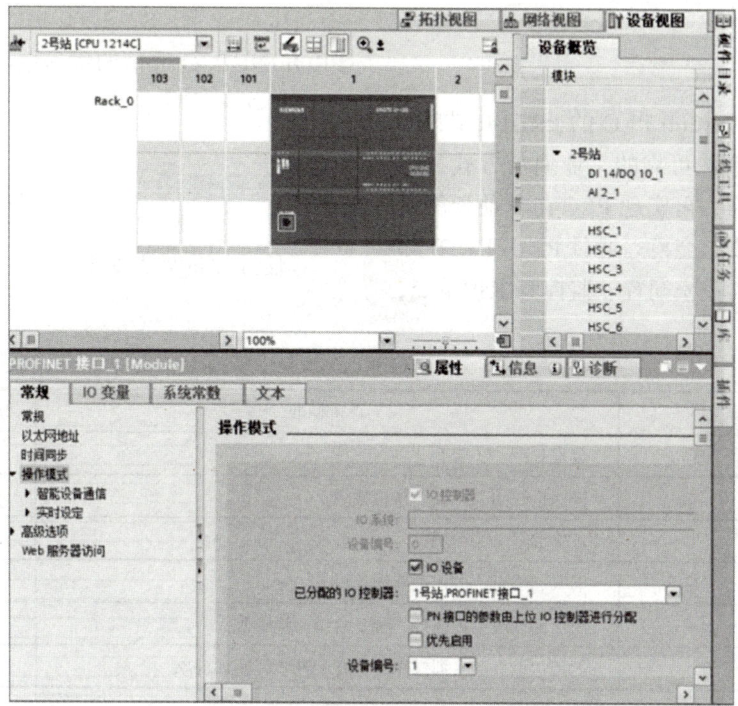

图 8-12　定义 2 号站为 IO 设备

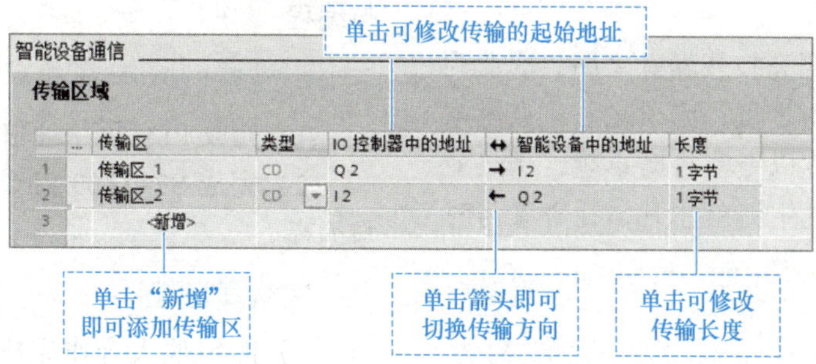

图 8-13　添加数据传输区

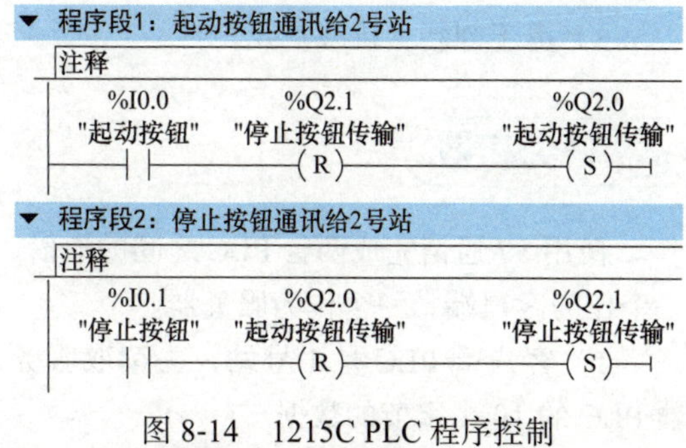

图 8-14　1215C PLC 程序控制

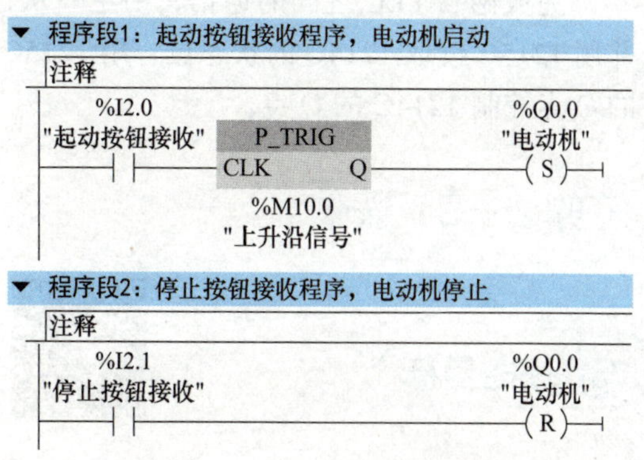

图 8-15　1214C PLC 程序控制

任务总结

西门子 S7-1200 PLC 的 PROFINET IO 通信是一种高效、可靠的工业通信方式，支持高速数据传输，可实现 PLC 与其他智能设备之间的实时数据交换。通过 PROFINET IO 通信，用户可以轻松配置、监控和维护系统，提高生产效率。S7-1200 PLC 的强大功能和 PROFINET IO 通信的优秀性能，使其在现代工业自动化领域中得到了广泛应用。

任务评价

任务评价见表 8-3。

表 8-3　任务评价

评价内容	评价标准	配分	得分
I/O 信号分配	合理分配 I/O 端子	10	
外部接线与布线	按照接线图，正确、规范接线	30	
PLC 程序设计	正确编写 PLC 程序	30	
程序检查与运行	下载、运行、监控正确的程序	10	
理解、总结能力	能正确理解实训任务，善于总结实训经验	10	
语言表达能力	能清楚地表达实训操作步骤并合理解释实训现象	10	

每课寄语

匠心如炬，照亮技能攀登之路；职业为舟，承载责任担当之重；赤子之心，点燃家国情怀之火。愿你以专注打磨卓越，用热爱诠释使命，在平凡中铸就非凡，让青春与时代同频共振！

拓展练习

完成两台 PLC 之间的通信，一主一从，并用 1215C 读取 1214C 的状态位，用 1215C 的 Q 点控制 1214C 的 Q 点。

任务 2　S7 通信

任务目标

1. 知识目标

1）了解 S7 通信的应用范围。

2）掌握 S7-1200 PLC 之间的通信组态与编程。

2. 技能目标

1）完成 PLC 网络通信的接线。

2）完成 S7-1200 PLC 之间的通信组态与编程。

3. 素质目标

1）能与他人合作完成资料查阅，培养团队合作精神。

2）培养勇于探索、创新实践的精神。

3）勇于创新，挑战自我。

任务布置

使用 S7 通信完成两台 PLC 之间的通信，一个作为客户端，一个作为服务器。

1）客户端 PLC 是 1 号站，去读取服务器 PLC 的 10 个字节的数据。

2）服务器 PLC 是 2 号站，去读取客户端 PLC 的 10 个字节的数据，如图 8-16 所示。

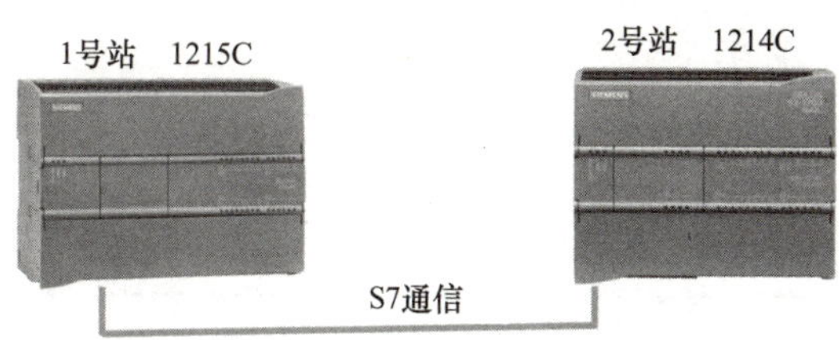

图 8-16　S7-1200 PLC 之间的通信

任务分析

1. 基于以太网的 S7 通信

S7 通信作为 SIMATIC 的内部通信，在进行数据交换之前，必须与通信伙伴建立连接。基于连接的通信分为单向连接和双向连接，S7-1200 仅支持 S7 单向连接。

在 TIA Portal V16 软件中，在其指令框通信中选择 S7 通信，在 S7 通信中调用 PUT 指令和 GET 指令。

2. PUT 指令

PUT 指令用于将数据写入到伙伴 CPU。在 REQ 的上升沿，通过已组态的 ID 将本地 CPU 的 SD_1 指向的数据区写入到 ADDR_1 指向的伙伴 CPU 的待写入数据区。

PUT 指令的应用如图 8-17 所示。

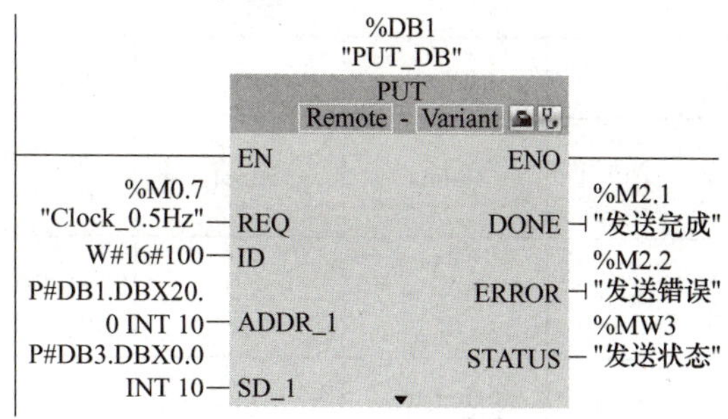

图 8-17　PUT 指令的应用

PUT 指令的参数说明见表 8-4。

表 8-4　PUT 指令的参数说明

参数	声明	数据类型	说明
REQ	Input	Bool	上升沿触发
ID	Input	Word	指定与伙伴 CPU 连接的寻址参数
ADDR_1	InOut	Remote	指向伙伴 CPU 待写入区域的指针
SD_1	InOut	Variant	指向本地 CPU 待发送数据区域的指针
DONE	Output	Bool	1：任务执行成功 0：任务未启动或正在执行
ERROR	Output	Bool	1：执行任务出错 0：无错误
STATUS	Output	Word	指令的状态

3. GET 指令

GET 指令用于从伙伴 CPU 读取数据。在 REQ 的上升沿，通过已组态的 ID，将 ADDR_1 指向的伙伴 CPU 的待读取数据区读取到本地 CPU 的 RD_1 指向的数据区。

GET 指令的应用如图 8-18 所示。

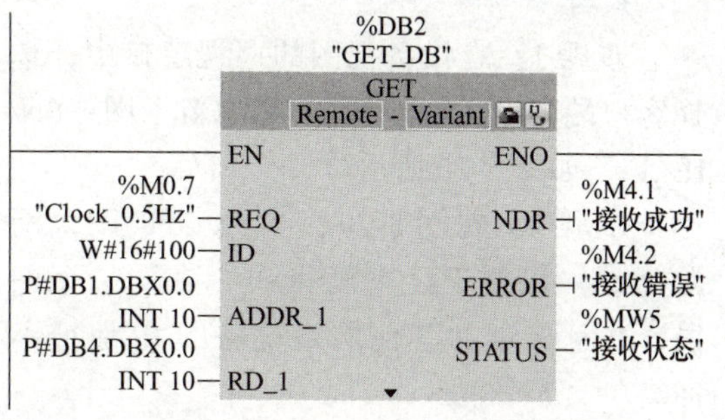

图 8-18　GET 指令的应用

GET 指令的参数说明见表 8-5。

表 8-5　GET 指令的参数说明

参数	声明	数据类型	说明
REQ	Input	Bool	上升沿触发
ID	Input	Word	指定与伙伴 CPU 连接的寻址参数
ADDR_1	InOut	Remote	指向伙伴 CPU 待读取区域的指针
RD_1	InOut	Variant	指向本地 CPU 待读取数据区域的指针
NDR	Output	Bool	1：任务执行成功 0：任务未启动或正在执行
ERROR	Output	Bool	1：执行任务出错 0：无错误
STATUS	Output	Word	指令的状态

任务实施

1. 新建项目及组态客户端 S7-1200 PLC

步骤 1：打开博途软件，在软件视图中单击“创建新项目”，输入项目名称“S7 通信应用实例”。

步骤 2：进入项目视图，在左侧的项目树中单击“添加新设备”，选择 CPU 型号和版本号为 PLC_1[CPU 1215C DC/DC/DC]，即 1 号站 1215C，且必须与实际设备相匹配，单击“确定”按钮，如图 8-19 所示。

2. 设置客户端 CPU 属性

步骤 1：在设备视图的巡视窗口中，选择客户端“以太网地址”，添加新子网“PN/IE_1”，如图 8-20 所示。

步骤 2：在图 8-20 中修改 CPU 以太网 IP 地址，以便于计算机和 PLC 在同一个网段，并且保证和其他网络设备的 IP 地址不冲突。

步骤 3：在其巡视窗口的“属性”→“常规”→“防护与安全”→“连接机制”中，勾选“允许来自远程对象的 PUT/GET 通信访问”，如图 8-21 所示。

步骤 4：在其巡视窗口的“属性”→“常规”→“脉冲发生器（PTO/PWM）”→“系统和时钟存储器”中，勾选“启用时钟存储器字节”，程序中会用到时钟存储器（如 M0.5 等），如图 8-22 所示。

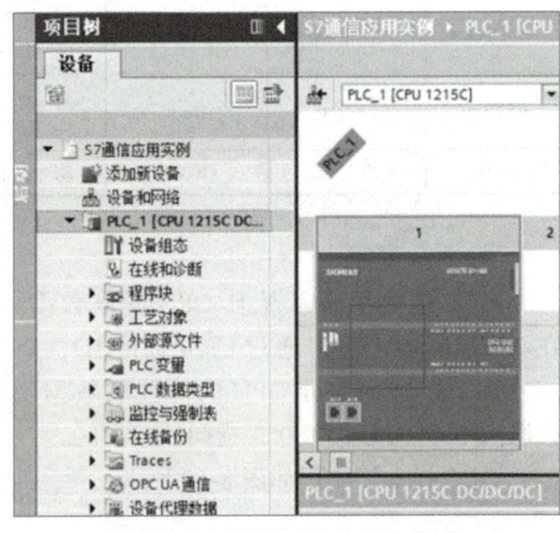

图 8-19　1 号站 1215C（客户端）

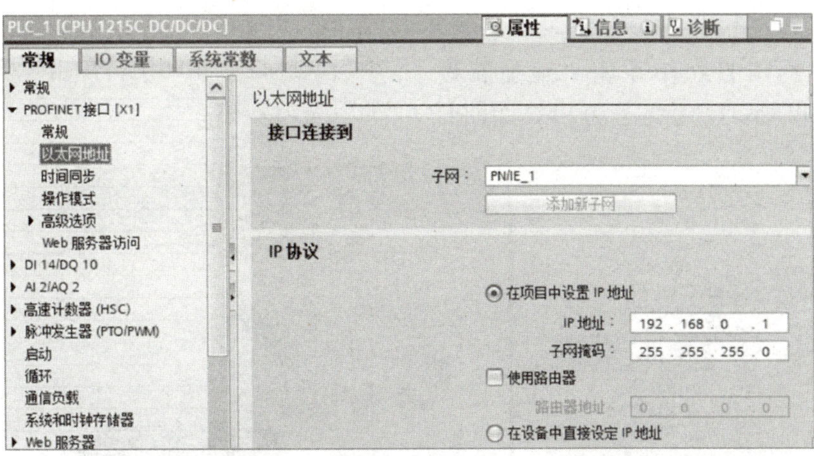

图 8-20　选择客户端“以太网地址”

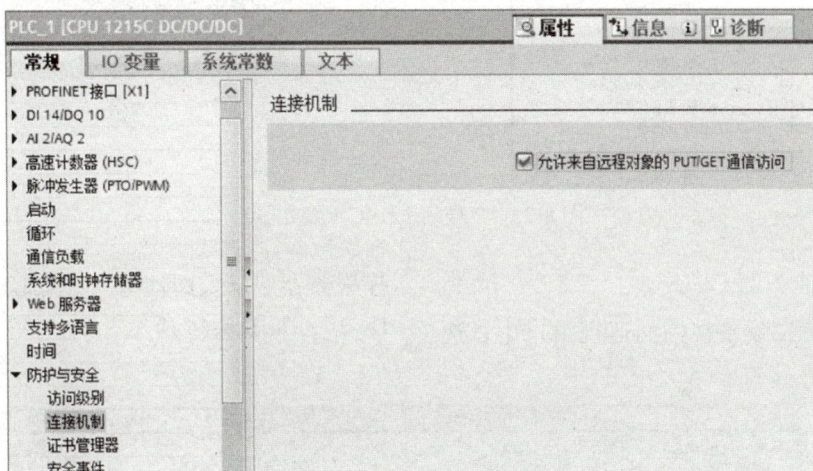

图 8-21　勾选“允许来自远程对象的 PUT/GET 通信访问”

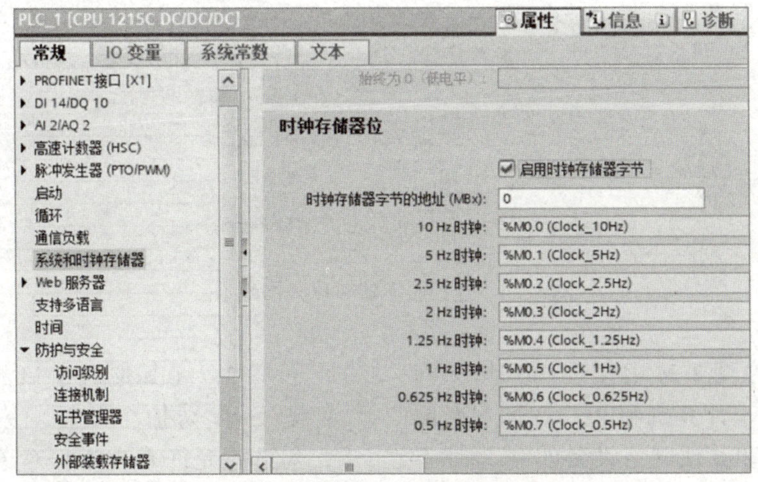

图 8-22　勾选“启用时钟存储器字节”

3. 组态服务器 S7-1200 PLC

在左侧的项目树中单击“添加新设备”，选择 CPU 型号和版本号为 PLC_2[CPU 1214C DC/DC/DC]，即 2 号站 1214C，且必须与实际设备相匹配，单击“确定”按钮，如图 8-23 所示。

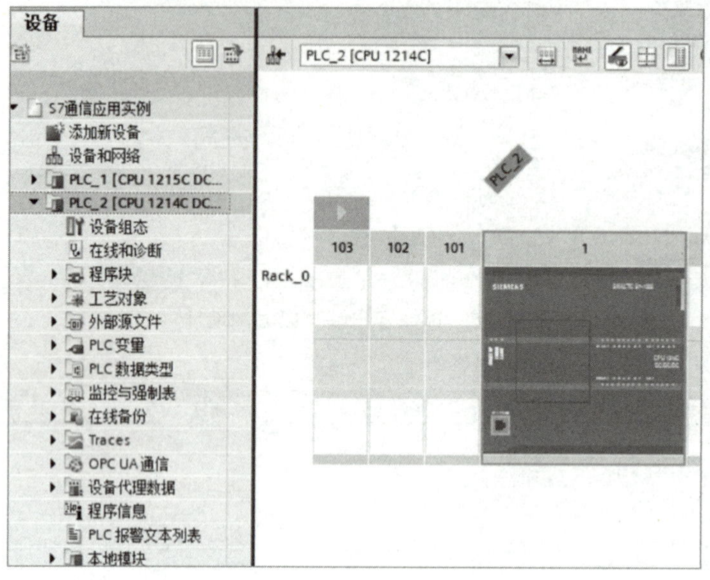

图 8-23　2 号站 1214C（服务器）

4. 设置服务器 CPU 属性

步骤 1：在设备视图的巡视窗口中，选择服务器“以太网地址”，添加新子网“PN/IE_1”，如图 8-24 所示。

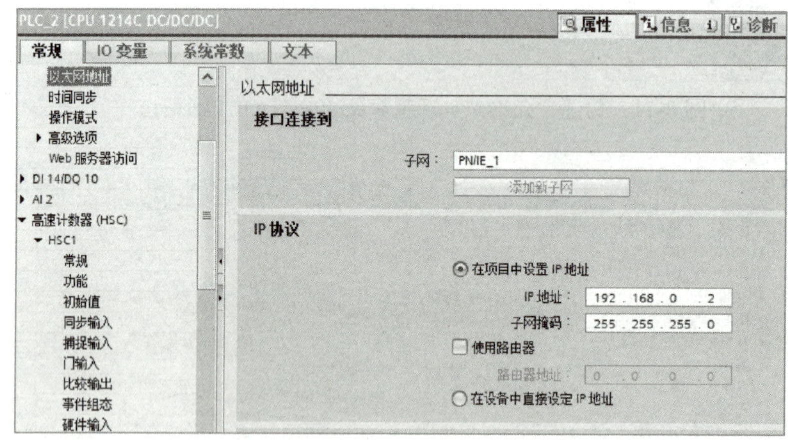

图 8-24　选择服务器“以太网地址”

步骤 2：在图 8-24 中修改 CPU 以太网 IP 地址，以便于计算机和 PLC 在同一个网段，并且保证和其他网络设备的 IP 地址不冲突。

步骤 3：在其巡视窗口的“属性”→“常规”→“防护与安全”→“连接机制”中，勾选“允许来自远程对象的 PUT/GET 通信访问”，如图 8-25 所示。

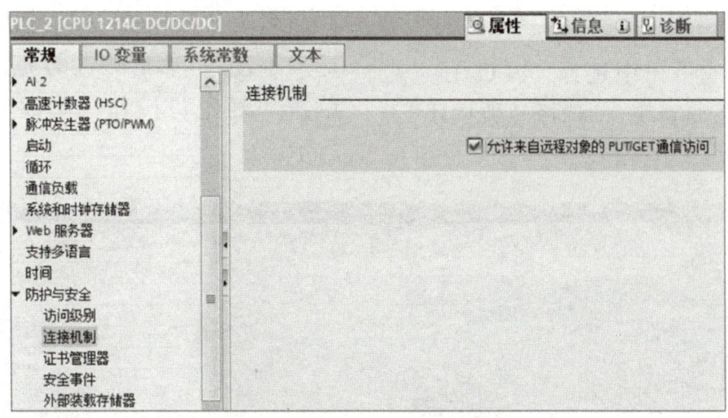

图 8-25　勾选“允许来自远程对象的 PUT/GET 通信访问”

5. 组态 S7 连接

步骤 1：在设备和网络视图中，单击“连接”按钮，在“连接”按钮右侧的下拉列表框中选择“S7 连接”，单击 PLC_1 的 PROFINET 通信口的绿色小方框，然后拖拽出一条线到 PLC_2 的 PROFINET 通信口的绿色小方框上，然后松开鼠标，S7 连接就建立了，如图 8-26 所示。

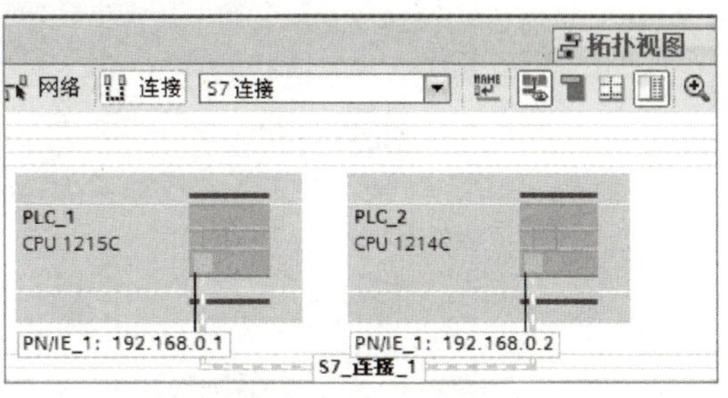

图 8-26　S7 连接

步骤 2：选择“网络视图”→“连接”选项卡，可以查看 S7 连接的参数，如图 8-27 所示。

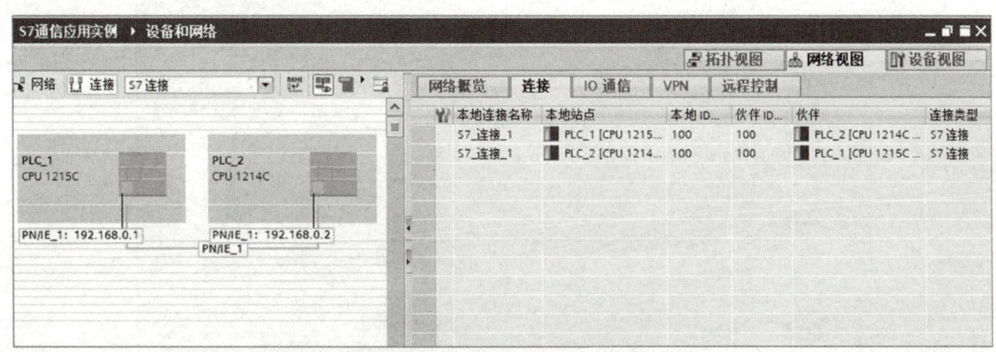

图 8-27　查看 S7 连接的参数

6. 创建客户端 PLC 变量表

在项目树中选择“PLC_1”→“PLC 变量”，双击“添加新 PLC 变量表”，并命名变量表为“PLC 变量表”，在“PLC 变量表”中新建变量，如图 8-28 所示。

PLC变量表

	名称	数据类型	地址
1	接收数据成功	Bool	%M10.1
2	接收数据错误	Bool	%M10.2
3	接收数据状态	Word	%MW12
4	发送数据成功	Bool	%M20.1
5	发送数据错误	Bool	%M20.2
6	发送数据状态	Word	%MW22

图 8-28　PLC 变量表

7. 创建接收和发送数据区

步骤 1：在项目树中选择“PLC_1”→“程序块”→“添加新块”，选择“数据块”，并命名为“数据块_1”，如图 8-29 所示。选择“手动”，然后修改数据块编号为“10”，单击“确定”按钮，修改完成，如图 8-30 所示。

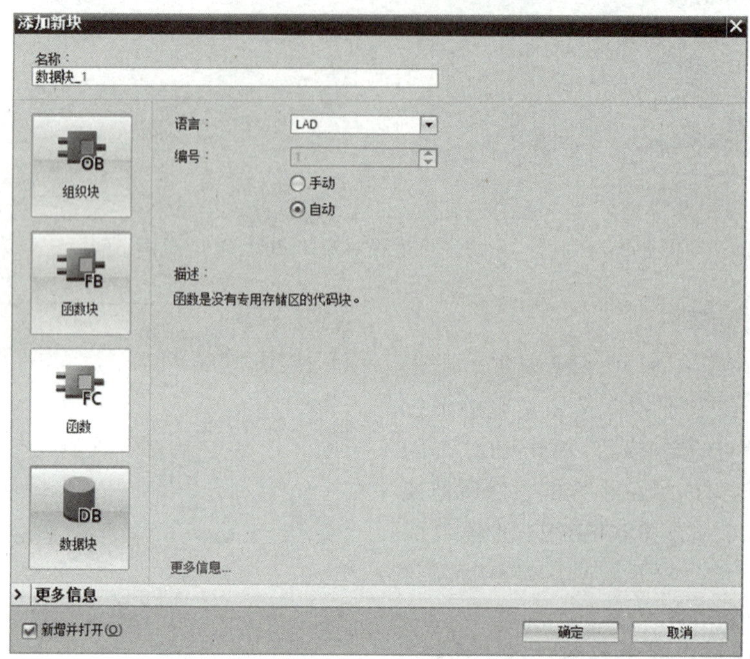

图 8-29　添加“数据块_1”

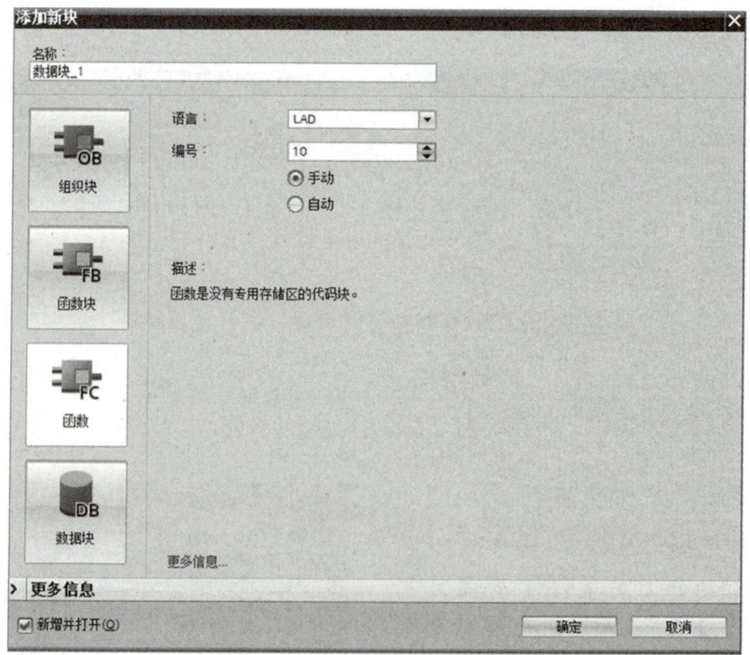

图 8-30　修改“数据块_1”编号

步骤 2：需要在数据块属性中取消勾选“优化的块访问”(把小方框里面的对勾“√”去掉)，单击“确定”按钮，如图 8-31 所示。

步骤 3：接着在数据块 _1 中创建 10 个字节的数组用于存放接收数据，再创建 10 个字节的数组用于存放发送数据，如图 8-32 所示。

8. 编写 OB1 主程序

步骤 1：编写 GET 指令程序前应先组态（PLC_1 与 PLC_2 建立伙伴关系），组态步骤如图 8-33 和图 8-34 所示。

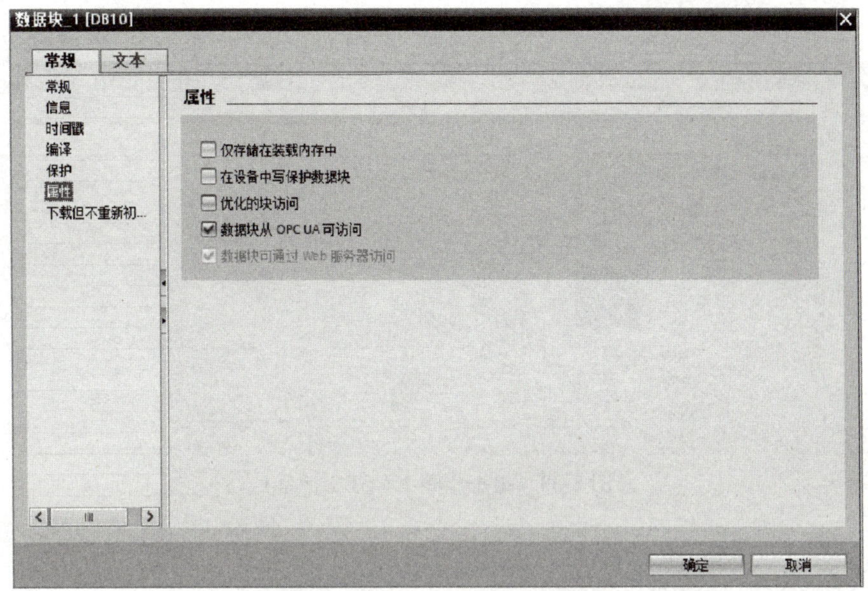

图 8-31　取消勾选“优化的块访问”

数据块_1

	名称	数据类型	偏移量	起始值
1	▼ Static			
2	▼ 接收数据区	Array[0..9] of Byte	0.0	
3	接收数据区[0]	Byte	0.0	16#0
4	接收数据区[1]	Byte	1.0	16#0
5	接收数据区[2]	Byte	2.0	16#0
6	接收数据区[3]	Byte	3.0	16#0
7	接收数据区[4]	Byte	4.0	16#0
8	接收数据区[5]	Byte	5.0	16#0
9	接收数据区[6]	Byte	6.0	16#0
10	接收数据区[7]	Byte	7.0	16#0
11	接收数据区[8]	Byte	8.0	16#0
12	接收数据区[9]	Byte	9.0	16#0
13	▼ 发送数据区	Array[0..9] of Byte	10.0	
14	发送数据区[0]	Byte	10.0	16#0
15	发送数据区[1]	Byte	11.0	16#0
16	发送数据区[2]	Byte	12.0	16#0
17	发送数据区[3]	Byte	13.0	16#0
18	发送数据区[4]	Byte	14.0	16#0
19	发送数据区[5]	Byte	15.0	16#0
20	发送数据区[6]	Byte	16.0	16#0
21	发送数据区[7]	Byte	17.0	16#0
22	发送数据区[8]	Byte	18.0	16#0
23	发送数据区[9]	Byte	19.0	16#0

图 8-32　创建接收和发送数据区

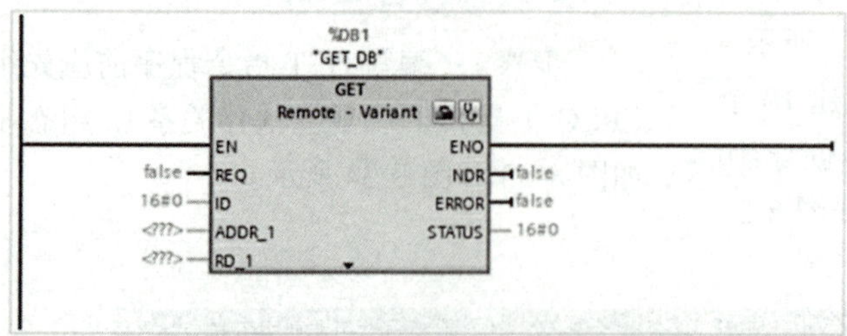

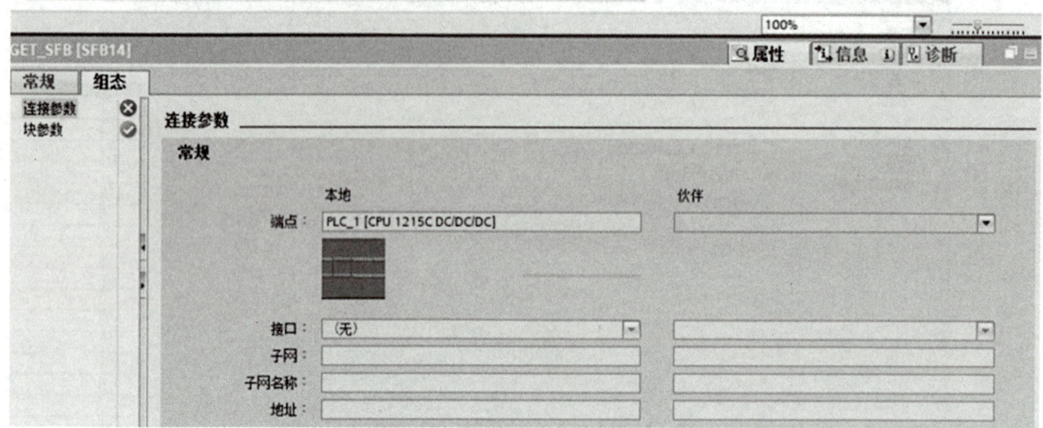

图 8-33　组态步骤 1（GET 指令）

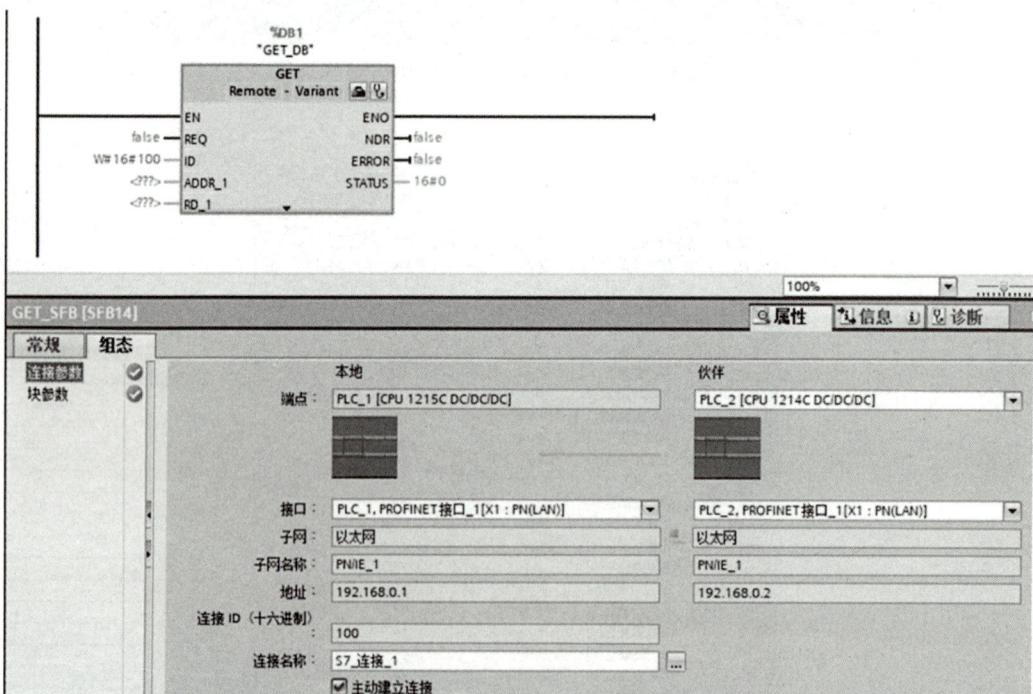

图 8-34　组态步骤 2（GET 指令）

步骤 2：编写 GET 指令程序段部分，接收数据块程序如图 8-35 所示。

步骤 3：编写 PUT 指令程序前应先组态（PLC_1 与 PLC_2 建立伙伴关系），组态步骤如图 8-36 和图 8-37 所示。

步骤 4：编写 PUT 指令程序段部分，发送数据块程序如图 8-38 所示。

9. 程序测试

步骤 1：程序编译，下载 PLC 程序到 S7-1200 CPU；分别做好客户端 PLC 监控表（见图 8-39）和服务器 PLC 监控表（见图 8-40），通过监控表监控通信数据。

步骤 2：将客户端 PLC 监控表中数据块 _1 的发送数据 DB10.DBB10 ～ DB10.DBB19 的值分别修改为 0 ～ 9，然后将服务器 PLC 监控表中 MB100 ～ MB109 的值分别修改为 9 ～ 0。

步骤 3：1215C 编译、下载、转至在线并监控对应数值，监控结果如图 8-41 所示。

步骤 4：1214C 编译、下载、转至在线并监控对应数值，监控结果如图 8-42 所示。

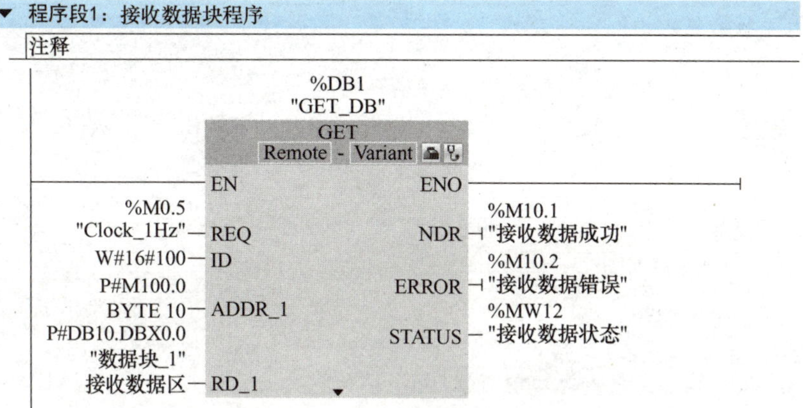

图 8-35　接收数据块程序

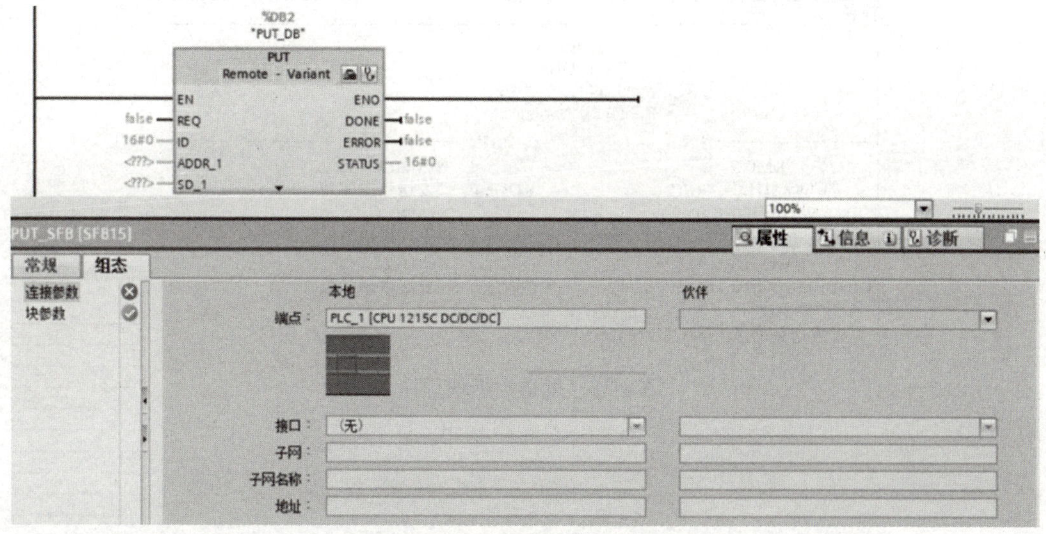

图 8-36　组态步骤 1（PUT 指令）

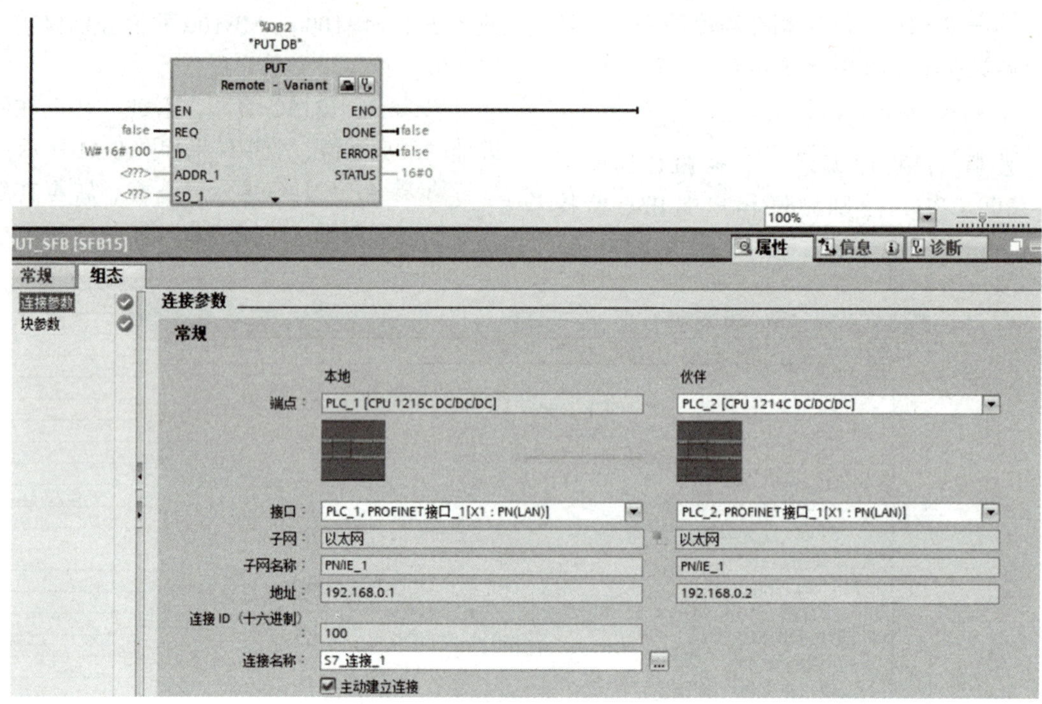

图 8-37 组态步骤 2（PUT 指令）

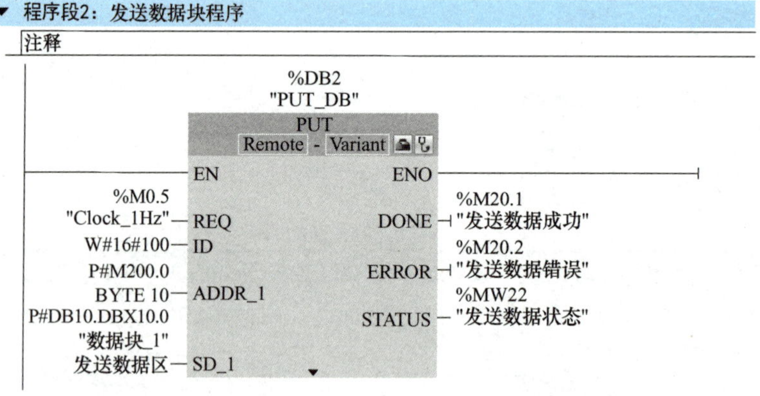

图 8-38 发送数据块程序

项目树

设备

▼ S7通信应用实例
添加新设备
设备和网络
▼ PLC_1 [CPU 1215C DC/DC/DC]
设备组态
在线和诊断
▸ 程序块
▸ 工艺对象
▸ 外部源文件
▸ PLC 变量
▸ PLC 数据类型
▼ 监控与强制表
添加新监控表
监控表_1
强制表
▸ 在线备份
▸ Traces
▸ OPC UA 通信
▸ 设备代理数据
程序信息

S7通信应用实例 ▸ PLC_1 [CPU 1215C DC/DC/DC] ▸ 监控与强制表 ▸ 监控表_1

	i	名称	地址	显示格式	监视值	修改值
1		"数据块_1".接收...	%DB10.DBB0	十六进制		
2		"数据块_1".接收...	%DB10.DBB1	十六进制		
3		"数据块_1".接收...	%DB10.DBB2	十六进制		
4		"数据块_1".接收...	%DB10.DBB3	十六进制		
5		"数据块_1".接收...	%DB10.DBB4	十六进制		
6		"数据块_1".接收...	%DB10.DBB5	十六进制		
7		"数据块_1".接收...	%DB10.DBB6	十六进制		
8		"数据块_1".接收...	%DB10.DBB7	十六进制		
9		"数据块_1".接收...	%DB10.DBB8	十六进制		
10		"数据块_1".接收...	%DB10.DBB9	十六进制		
11		"数据块_1".发送...	%DB10.DBB10	十六进制		
12		"数据块_1".发送...	%DB10.DBB11	十六进制		
13		"数据块_1".发送...	%DB10.DBB12	十六进制		
14		"数据块_1".发送...	%DB10.DBB13	十六进制		
15		"数据块_1".发送...	%DB10.DBB14	十六进制		
16		"数据块_1".发送...	%DB10.DBB15	十六进制		
17		"数据块_1".发送...	%DB10.DBB16	十六进制		
18		"数据块_1".发送...	%DB10.DBB17	十六进制		
19		"数据块_1".发送...	%DB10.DBB18	十六进制		
20		"数据块_1".发送...	%DB10.DBB19	十六进制		

图 8-39　客户端 PLC 监控表

项目树

设备

▼ S7通信应用实例
添加新设备
设备和网络
▸ PLC_1 [CPU 1215C DC/DC/DC]
▼ PLC_2 [CPU 1214C DC/DC/DC]
设备组态
在线和诊断
▸ 程序块
▸ 工艺对象
▸ 外部源文件
▸ PLC 变量
▸ PLC 数据类型
▸ 监控与强制表
▸ 在线备份
▸ Traces
▸ OPC UA 通信
▸ 设备代理数据
程序信息
PLC 报警文本列表
▸ 本地模块

S7通信应用实例 ▸ PLC_2 [CPU 1214C DC/DC/DC] ▸ 监控与强制表 ▸ 监控表_1

	i	名称	地址	显示格式	监视值	修改值
1			%MB100	十六进制		
2			%MB101	十六进制		
3			%MB102	十六进制		
4			%MB103	十六进制		
5			%MB104	十六进制		
6			%MB105	十六进制		
7			%MB106	十六进制		
8			%MB107	十六进制		
9			%MB108	十六进制		
10			%MB109	十六进制		
11			%MB200	十六进制		
12			%MB201	十六进制		
13			%MB202	十六进制		
14			%MB203	十六进制		
15			%MB204	十六进制		
16			%MB205	十六进制		
17			%MB206	十六进制		
18			%MB207	十六进制		
19			%MB208	十六进制		
20			%MB209	十六进制		

图 8-40　服务器 PLC 监控表

S7通信应用实例 ▸ PLC_1 [CPU 1215C DC/DC/DC] ▸ 监控与强制表 ▸ 监控表_1

	i	名称	地址	显示格式	监视值	修改值
1		"数据块_1".接收...	%DB10.DBB0	十六进制	16#09	
2		"数据块_1".接收...	%DB10.DBB1	十六进制	16#08	
3		"数据块_1".接收...	%DB10.DBB2	十六进制	16#07	
4		"数据块_1".接收...	%DB10.DBB3	十六进制	16#06	
5		"数据块_1".接收...	%DB10.DBB4	十六进制	16#05	
6		"数据块_1".接收...	%DB10.DBB5	十六进制	16#04	
7		"数据块_1".接收...	%DB10.DBB6	十六进制	16#03	
8		"数据块_1".接收...	%DB10.DBB7	十六进制	16#02	
9		"数据块_1".接收...	%DB10.DBB8	十六进制	16#01	
10		"数据块_1".接收...	%DB10.DBB9	十六进制	16#00	
11		"数据块_1".发送...	%DB10.DBB10	十六进制	16#00	16#00
12		"数据块_1".发送...	%DB10.DBB11	十六进制	16#01	16#01
13		"数据块_1".发送...	%DB10.DBB12	十六进制	16#02	16#02
14		"数据块_1".发送...	%DB10.DBB13	十六进制	16#03	16#03
15		"数据块_1".发送...	%DB10.DBB14	十六进制	16#04	16#04
16		"数据块_1".发送...	%DB10.DBB15	十六进制	16#05	16#05
17		"数据块_1".发送...	%DB10.DBB16	十六进制	16#06	16#06
18		"数据块_1".发送...	%DB10.DBB17	十六进制	16#07	16#07
19		"数据块_1".发送...	%DB10.DBB18	十六进制	16#08	16#08
20		"数据块_1".发送...	%DB10.DBB19	十六进制	16#09	16#09

图 8-41　监控 1215C 的对应数值

S7通信应用实例 ▸ PLC_2 [CPU 1214C DC/DC/DC] ▸ 监控与强制表 ▸ 监控表_1

	i	名称	地址	显示格式	监视值	修改值
1			%MB100	十六进制	16#09	16#09
2			%MB101	十六进制	16#08	16#08
3			%MB102	十六进制	16#07	16#07
4			%MB103	十六进制	16#06	16#06
5			%MB104	十六进制	16#05	16#05
6			%MB105	十六进制	16#04	16#04
7			%MB106	十六进制	16#03	16#03
8			%MB107	十六进制	16#02	16#02
9			%MB108	十六进制	16#01	16#01
10			%MB109	十六进制	16#00	16#00
11			%MB200	十六进制	16#00	
12			%MB201	十六进制	16#01	
13			%MB202	十六进制	16#02	
14			%MB203	十六进制	16#03	
15			%MB204	十六进制	16#04	
16			%MB205	十六进制	16#05	
17			%MB206	十六进制	16#06	
18			%MB207	十六进制	16#07	
19			%MB208	十六进制	16#08	
20			%MB209	十六进制	16#09	

图 8-42　监控 1214C 的对应数值

任务总结

S7-1200 的 PROFINET 通信口可以作为 S7 通信的服务器端或客户端（CPU V2.0 及以上版本）。S7-1200 仅支持 S7 单边通信，仅需在客户端单边组态连接和编程（也可以通过轮询方式来触发数据的传输），而服务器端只准备好通信的数据就行。

任务评价

任务评价见表 8-6。

表 8-6 任务评价

评价内容	评价标准	配分	得分
I/O 信号分配	合理分配 I/O 端子	10	
外部接线与布线	按照接线图，正确、规范接线	30	
PLC 程序设计	正确编写 PLC 程序	30	
程序检查与运行	下载、运行、监控正确的程序	10	
理解、总结能力	能正确理解实训任务，善于总结实训经验	10	
语言表达能力	能清楚地表达实训操作步骤并合理解释实训现象	10	

每课寄语

心无旁骛，制心一处。

拓展练习

请利用本任务所学的通信方式完成以下内容：

1）把第二台 PLC 的 MW20 ～ MW22 的实时状态传送到第一台 PLC 的 QW10 ～ QW12。

2）把第一台 PLC 的 QW10 ～ QW12 的实时状态传送到第二台 PLC 的 MW10 ～ MW12。

任务 3 Modbus TCP 通信

任务目标

1. 知识目标

1）了解 Modbus TCP 通信的协议。

2）掌握 Modbus TCP 通信的组态与编程。

2. 技能目标

1）完成 Modbus TCP 通信的接线。

2）完成 Modbus TCP 通信程序的编写与调试。

3. 素质目标

1）能与他人合作完成资料查阅，培养团队合作精神。

2）培养勇于探索、创新实践的精神。

3）勇于创新，挑战自我。

任务布置

在自动化设备中采用通信的方式交互数据越来越多，而很多设备没有串口，可以使用网口的方式来交换数据，而 Modbus TCP 通信就可以基于网口实现数据交互，其网络连接如图 8-43 所示。

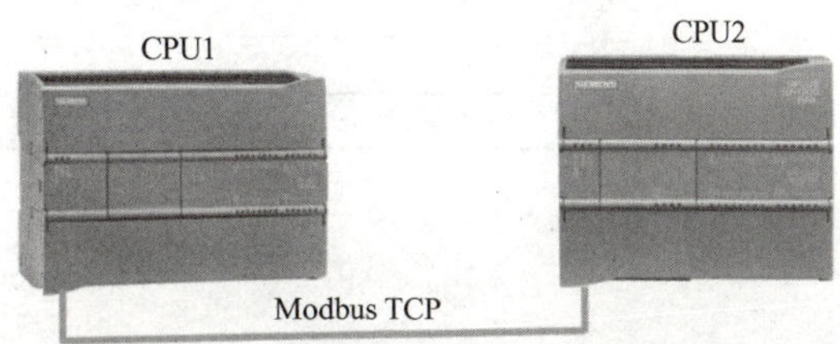

图 8-43 Modbus TCP 通信的网络连接

控制要求：CPU1 作为客户端，CPU2 作为服务器，CPU1 的 MW100 ～ MW108 的 5 个数据写入到 CPU2 的 MW10 ～ MW18 中。

任务分析

1. Modbus 协议

Modbus 协议是 OSI 参考模型第 7 层上的应用层报文传输协议，它在连接至不同类型总线或网络的设备之间提供客户端 / 服务器（C/S）通信。

自从 1979 年出现工业串行链路的事实标准以来，Modbus 协议使成千上万的自动化设备能够通信。

Modbus 协议是一个请求 / 应答协议，并且提供功能码规定的服务。

Modbus 协议是基于 TCP/IP 的一个 C/S 模型的应用层协议，由 Modicon 公司开发。Modbus 通信栈如图 8-44 所示。

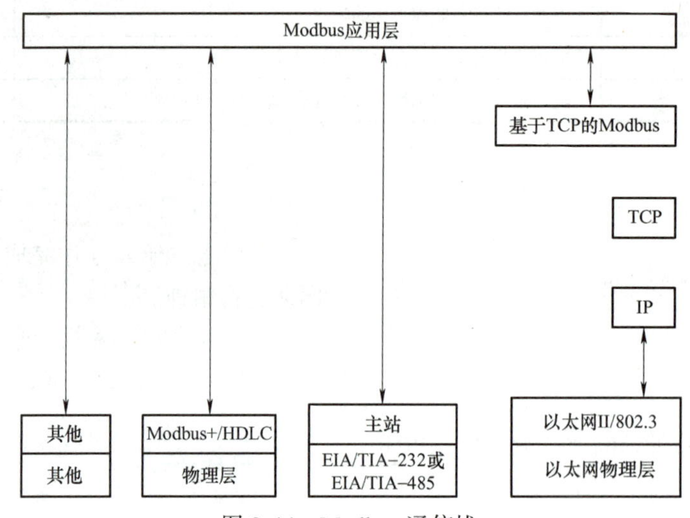

图 8-44　Modbus 通信栈

2. Modbus 报文帧

（1）通用 Modbus 帧　Modbus 协议定义了一个与基础通信层无关的简单协议数据单元（PDU）。特定总线或网络上的 Modbus 协议映射能够在应用数据单元（ADU）上引入一些附加域。通用 Modbus 帧如图 8-45 所示。

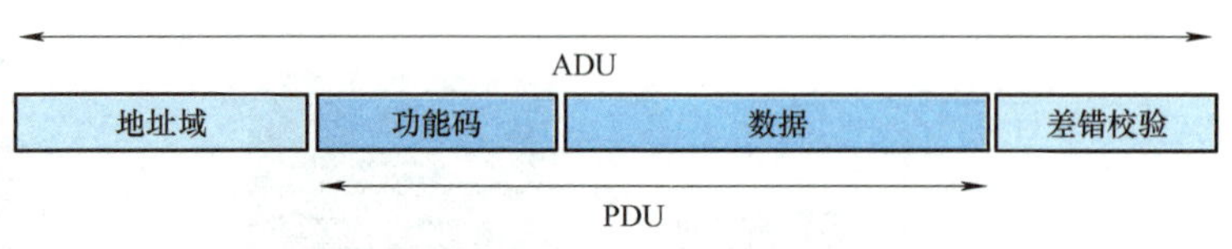

图 8-45　通用 Modbus 帧

（2）ADU 报文长度　RS-232/RS-485 ADU=253 字节 + 服务器地址（1 字节）+ CRC（循环冗余码）（2 字节）=256 字节。TCP Modbus ADU=249 字节 +MBAP（报文头）（7 字节）=256 字节。

注意： 如果只是了解报文，这个长度不需要关心，如果想阅读协议源码，则需要留意一下。

（3）报文字段含义　地址域是以太网中 TCP/IP 的头部数据，用于标识以太网中的各个设备；差错检验用于以太网中的校验；Modbus-ADU（功能码 + 数据）功能码用于标识该 Modbus 报文的目的，对数据有标识作用；数据是指用户的数据。

在某种请求中，数据域可以是不存在的 0 长度，在此情况下服务器不需要任何附加信息，功能码仅说明操作。

（4）Modbus 数据模型　Modbus 数据存储的主要是寄存器和线圈。Modbus 的数据模型是以一组具有不同特征的表为基础建立的，4 个基本表见表 8-7。

表 8-7　Modbus 数据模型基本表

基本表	对象类型	访问类型	内容
离散量输入	单个位	只读	I/O 系统提供这种类型的数据
线圈	单个位	读写	通过应用程序改变这种类型的数据
输入寄存器	16 位字	只读	I/O 系统提供这种类型的数据
保持寄存器	16 位字	读写	通过应用程序改变这种类型的数据

（5）功能码分类　有三类 Modbus 功能码，分别是公共功能码（公认的功能码，不可以修改，不然会不兼容其他设备）、用户定义功能码（由用户自定义的功能码，不同的用户定义不同）和保留功能码。Modbus 功能码的分类如图 8-46 所示。

（6）公共功能码　这里只需要知道有这些功能码，大概是这些功能，每一个详细的功能码的作用见表 8-8。

（7）报文的数据流图　前面介绍过，Modbus 协议是一个 C/S 模型的协议，客户端给服务器发送请求，服务器进行响应回复客户端。

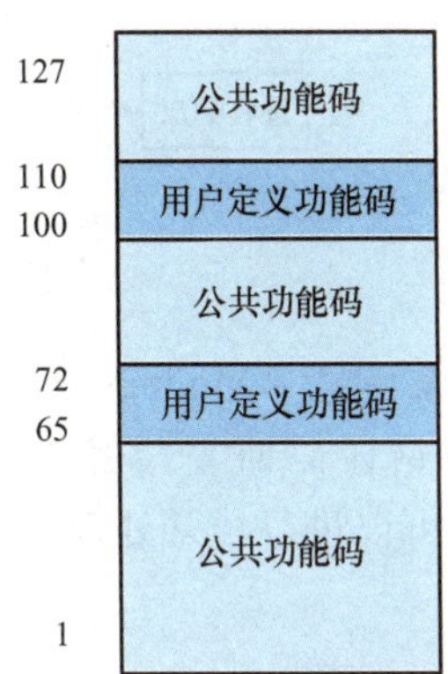

图 8-46　Modbus 功能码的分类

表 8-8　公共功能码

				功能码		
				码	子码	十六进制
数据访问	比特访问	物理离散量输入	读离散量输入	02		02
		内部比特或物理线圈	读线圈	01		01
			写单个线圈	05		05
			写多个线圈	15		0F
	16 比特访问	物理输入寄存器	读输入寄存器	04		04
		内部寄存器或物理输出寄存器	读保持寄存器	03		03
			写单个寄存器	06		06
			写多个寄存器	16		10
			读 / 写多个寄存器	23		17
			屏蔽写寄存器	22		16
			读 FIFO 队列	24		18
	文件记录访问		读文件记录	20	6	14
			写文件记录	21	6	15
诊断			读设备识别码	43	14	2B

服务器的响应分为正常响应和异常响应。

1）正常响应：Modbus 协议栈校验通过后，可以正常处理该功能码的功能，并将正常处理的结果回复给客户端（Modbus 协议栈的处理流程），如图 8-47 所示。

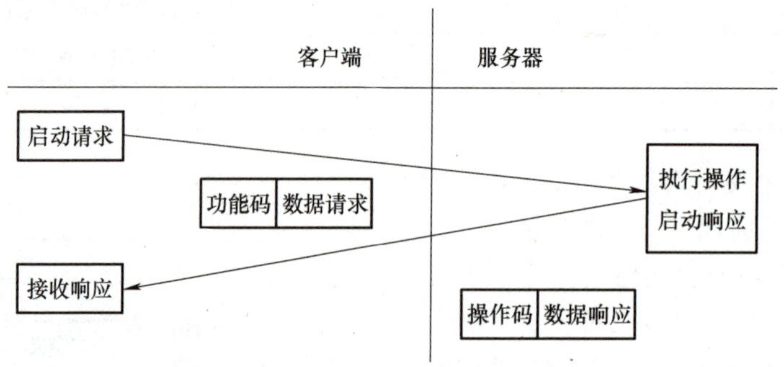

图 8-47　Modbus 事务处理（正常响应）

2）异常响应：Modbus 协议栈校验没有通过，将错误码回复给客户端，用户根据该错误码可以进行异常处理或者进行告警告知用户（Modbus 协议栈的处理流程），如图 8-48 所示。

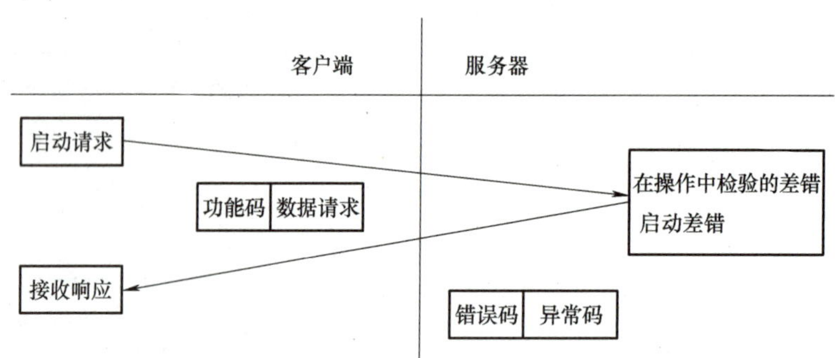

图 8-48　Modbus 事务处理（异常响应）

（8）Modbus 协议栈报文处理流程　Modbus 协议栈根据收到的报文先进行一系列的检查，才会进行数据的处理（其实和写代码一样，先进行边界检查再处理），如图 8-49 所示。

图 8-49 中，“MB 指示”是指 Modbus 协议定义的请求帧，包含功能码、寄存器地址、数据等内容。异常处理是指若指令校验失败（如无效地址），设备会直接跳转到异常码处理流程，而非执行操作。

3. 客户端侧 IP 地址和服务器侧 IP 地址设置

步骤 1：设置客户端侧 IP 地址，如图 8-50 所示。

步骤 2：设置服务器侧 IP 地址，如图 8-51 所示。

4. 客户端指令说明

MB_CLIENT 指令是 Modbus TCP 客户端指令，将 MB_CLIENT 指令在“程序块 > OB1”中的程序段里调用，调用时会自动生成背景 DB，单击“确定”按钮即可，如图 8-52 所示。

MB_CLIENT 指令的参数说明见表 8-9。

MB_MODE、MB_DATA_ADDR、MB_DATA_LEN、Modbus TCP 功能码等之间的关系见表 8-10。

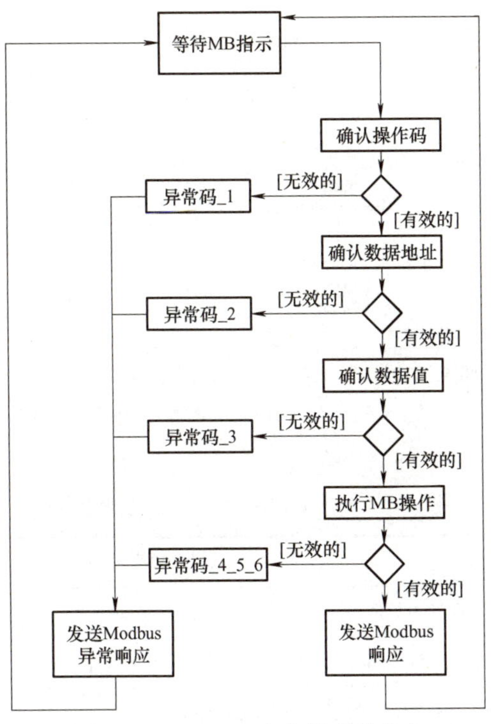

图 8-49　Modbus 事务处理的状态

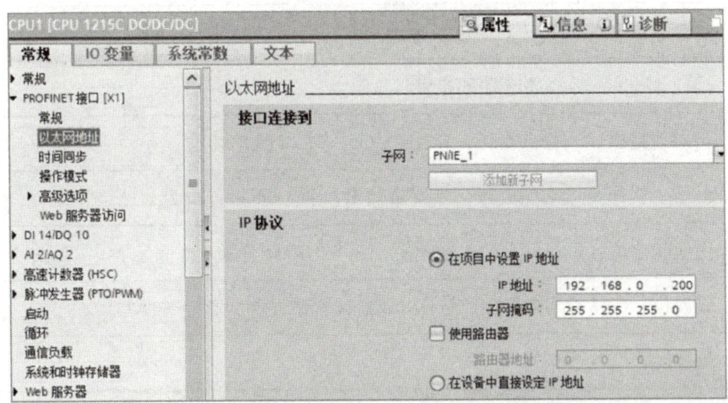

图 8-50　设置客户端侧 IP 地址

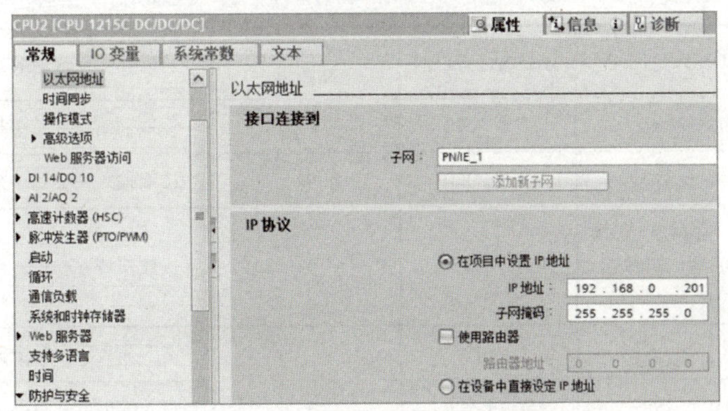

图 8-51　设置服务器侧 IP 地址

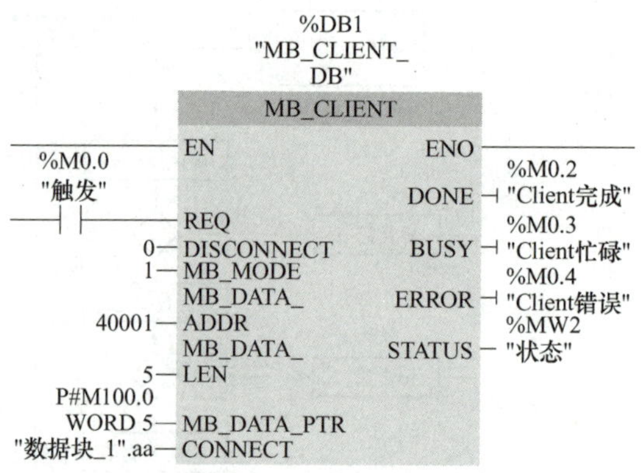

图 8-52　Modbus TCP 客户端指令

表 8-9　MB_CLIENT 指令的参数说明

参数	说明
REQ	与服务器之间的通信请求，上升沿有效
DISCONNECT	通过该参数，可以控制与 Modbus TCP 服务器建立和断开连接。0 表示建立连接，1 表示断开连接
MB_MODE	选择 Modbus 请求模式（读取、写入或诊断）
MB_DATA_ADDR	分配 MB_CLIENT 指令所访问数据的起始地址
MB_DATA_LEN	数据长度，即数据访问的位或字的个数
MB_DATA_PTR	指向 Modbus 数据寄存器的指针
CONNECT	指向连接描述结构的指针，使用 TCON_IP_v4 数据类型
DONE	最后一个作业成功完成后，立即将输出参数 DONE 置位为“1”
BUSY	作业状态位：0 表示无正在处理的 MB_CLIENT 作业，1 表示 MB_CLIENT 作业正在处理
ERROR	错误位：0 表示无错误，1 表示出现错误，错误原因查看 STATUS
STATUS	指令的详细状态信息

表 8-10　MB_MODE、MB_DATA_ADDR、MB_DATA_LEN、Modbus TCP 功能码等之间的关系

MB_MODE	MB_DATA_ADDR	MB_DATA_LEN	Modbus TCP 功能码	操作和数据
0	1 ~ 9999	1 ~ 2000	01	读取输出位，每个请求 1 ~ 2000 个位
0	10001 ~ 19999	1 ~ 2000	02	读取输入位，每个请求 1 ~ 2000 个位
0	40001 ~ 49999（等同于 400001 ~ 409999）400001 ~ 465535	1 ~ 125	03	读取保持寄存器，每个请求 1 ~ 125 个字
0	30001 ~ 39999	1 ~ 125		读取输入字，每个请求 1 ~ 125 个字
1	10001 ~ 19999	1	05	写入输出位，每个请求 1 个位

（续）

MB_MODE	MB_DATA_ADDR	MB_DATA_LEN	Modbus TCP 功能码	操作和数据
1	40001～49999（等同于400001～409999）40001～46553	1	06	写入多个输出位，每个请求 1 个字
1	10001～19999	2～1968	15	写入多个输出位，每个请求 2～1968 个位
1	40001～49999（等同于400001～409999）400001～465535	2～123	16	写入多个保持寄存器，每个请求 2～123 个字
2	10001～19999	1～1968	15	写入输出位，每个请求 1～1968 个位
2	40001～49999（等同于400001～409999）400001～465535	1～123	16	写入保持寄存器，每个请求 1～123 个字
11			11	读取服务器的状态字和事件计数器： 状态字反映了处理的状态，0 表示未处理，0xFFFF 表示正在处理 Modbus 请求成功执行时，事件计数器将递增。如果执行 Modbus 功能时出错，则服务器将发送消息，但不会递增事件计数器
80			08	通过诊断代码 0x0000 检查服务器状态（返回循环测试→服务器发回请求），每次调用 1 个字
81			08	通过诊断代码 0x000A 复位服务器的事件计数器，每次调用 1 个字
101	0～65535	1～2000	01	读取输出位，每个请求 1～2000 个位
102	0～65535	1～2000	02	读取输入位，每个请求 1～2000 个位
103	0～65535	1～125	03	读取保持寄存器，每个请求 1～125 个字
104	0～65535	1～125	04	读取输入字，每个请求 1～125 个字
105	0～65535	1	05	写入输出位，每个请求 1 个位
106	0～65535	1	06	写入保持寄存器，每个请求 1 个字
115	0～65535	1～1968	15	写入输出位，每个请求 1～1968 个位
116	0～65535	1～123	16	写入保持寄存器，每个请求 1～123 个字

5. 客户端指令 CONNECT 引脚的指针类型

步骤 1：先创建一个新的全局数据块，如图 8-53 所示。

步骤 2：双击打开数据块，定义变量名称为“aa”，数据类型为 TCON_IP_v4（可以将“TCON_IP_v4”复制到该框中），然后按下 <Enter> 键，该数据类型结构创建完毕，如图 8-54 所示。

注意：TCON_IP_v4 数据类型是手动填写进去的。

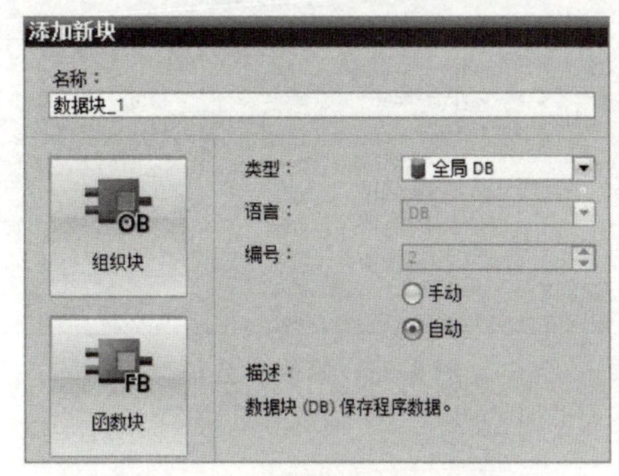

图 8-53　创建全局数据块

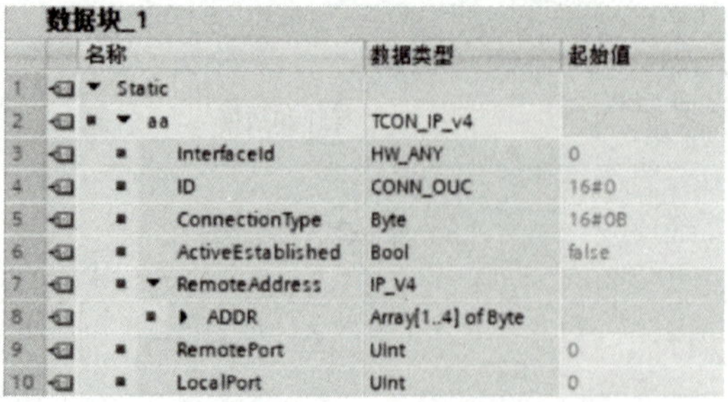

数据块_1

	名称	数据类型	起始值
1	▼ Static		
2	▪ ▼ aa	TCON_IP_v4	
3	▪ InterfaceId	HW_ANY	0
4	▪ ID	CONN_OUC	16#0
5	▪ ConnectionType	Byte	16#0B
6	▪ ActiveEstablished	Bool	false
7	▪ ▼ RemoteAddress	IP_V4	
8	▪ ▶ ADDR	Array[1..4] of Byte	
9	▪ RemotePort	UInt	0
10	▪ LocalPort	UInt	0

图 8-54　创建 MB_CLIENT 中的 TCP 连接结构的数据类型

TCON_IP_v4 数据类型的参数说明见表 8-11。

本任务远程服务器的 IP 地址为 192.168.0.201，远程端口号设为 502，所以客户端侧该数据结构各参数的值如图 8-55 所示。

注意：参数值的填写需要用符号寻址的方式；TCON_IP_v4 是系统数据类型，不是在 PLC 数据类型中创建的；LocalPort 一般使用默认值 0，意思是本地使用随机端口。

表 8-11　TCON_IP_v4 数据结构的参数说明

参数	说明
InterfaceId	网口硬件标识符，对于本体网口为 64，即 16#40
ID	连接 ID，取值范围为 1 ～ 4095
ConnectionType	连接类型，TCP 连接默认为 16#0B
ActiveEstablished	建立连接，主动连接为 1（客户端），被动连接为 0（服务器）
ADDR	服务器侧的 IP 地址
RemotePort	远程端口号
LocalPort	本地端口号

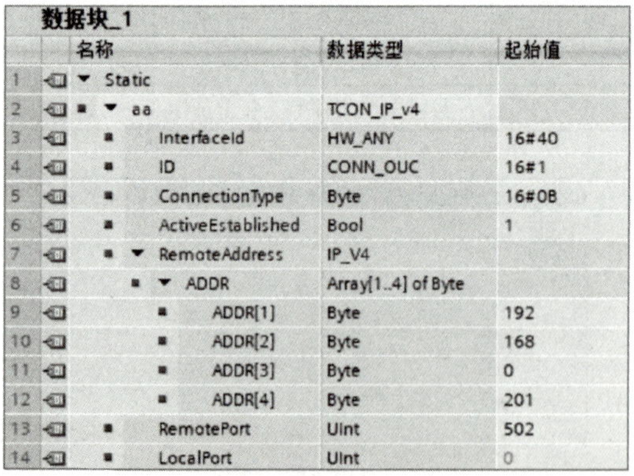

数据块_1

	名称	数据类型	起始值
1	▼ Static		
2	▪ ▼ aa	TCON_IP_v4	
3	▪ InterfaceId	HW_ANY	16#40
4	▪ ID	CONN_OUC	16#1
5	▪ ConnectionType	Byte	16#0B
6	▪ ActiveEstablished	Bool	1
7	▪ ▼ RemoteAddress	IP_V4	
8	▪ ▼ ADDR	Array[1..4] of Byte	
9	▪ ADDR[1]	Byte	192
10	▪ ADDR[2]	Byte	168
11	▪ ADDR[3]	Byte	0
12	▪ ADDR[4]	Byte	201
13	▪ RemotePort	UInt	502
14	▪ LocalPort	UInt	0

图 8-55　修改参数值

6. 服务器指令说明

MB_SERVER 指令是服务器指令，将 MB_SERVER 指令在“程序块 >0B1”中的程序段里调用，调用时会自动生成背景 DB，单击“确定”按钮即可，如图 8-56 所示。

MB_SERVER 指令的参数说明见表 8-12。

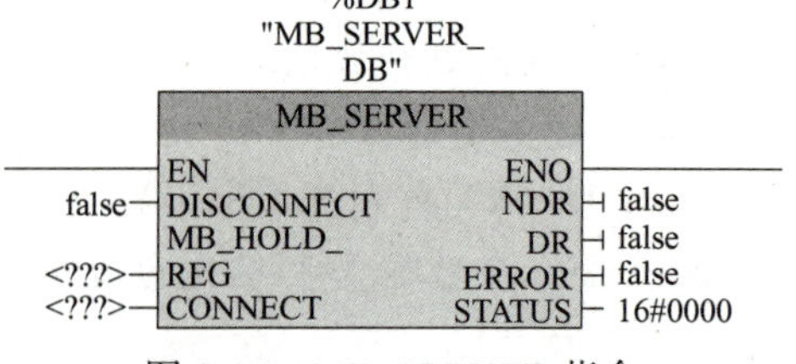

图 8-56　MB_SERVER 指令

表 8-12　MB_SERVER 指令的参数说明

参数	说明
DISCONNET	0（默认）表示被动建立与客户端的通信连接，1 表示断开连接
MB_HOLD_REG	指向 Modbus 保持寄存器的数据区。可以设为数据块或 M 存储区地址。数据块可以为优化的数据块，也可以为非优化的数据块。对于优化的数据块，只能是基本数据类型的数组；对于非优化的数据块没有要求，一般通过 P# 指针的形式输入
CONNECT	指向连接描述结构的指针，使用 TCON_IP_v4 数据类型
NDR	0 表示无新写入的数据，1 表示 Modbus 客户端写入了新的数据
DR	0 表示未读取数据，1 表示 Modbus 客户端读取了数据
ERROR	错误位：0 表示无错误，1 表示出现错误，错误原因查看 STATUS
STATUS	指令的详细状态信息

Modbus TCP 服务器数据区定义见表 8-13。

表 8-13　Modbus TCP 服务器数据区定义

地址区	定义	说明
输出位	Q0.0 开始	Q0.0 为地址 1，Q0.1 为地址 2，Q0.7 为地址 8，Q1.0 为地址 9，……
输入位	I0.0 开始	I0.0 为地址 10001，I0.1 为地址 10002，I0.7 为地址 10008，I1.0 为地址 10009，……
输入寄存器	IW0 开始	IW0 为地址 30001，IW2 为地址 30002，IW4 为地址 30003，……
保持寄存器	由 MB_HOLD_REG 定义	指针指向的第一个字为 40001，第二个字为 40002。例如：MB_HOLD_REG 为 P#M100.0 WORD 8，则 MW100 为 40001，MW102 为 40002，MW104 为 40003，……，MW114 为 40008 又例如：MB_HOLD_REG 为优化的数据块中的 Int 数组 [0..7]，数组名为 0 “XXX” .AA，则 “XXX” .AA[0] 为 40001，“XXX” .AA[1] 为 40002，“XXX” AA[2] 为 40003，……，“XXX” .AA[7] 为 40008

7. 服务器指令 CONNECT 引脚的指针类型

与前文数据块和数据类型的创建过程 MB_CLIENT 指令的步骤 1、步骤 2 一致。

本任务远程客户端的 IP 地址为 192.168.0.200，本地端口号设为 502，所以服务器侧该数据结构各参数的值如图 8-57 所示。

注意：服务器不需要填写 ADDR 处的 IP 地址。

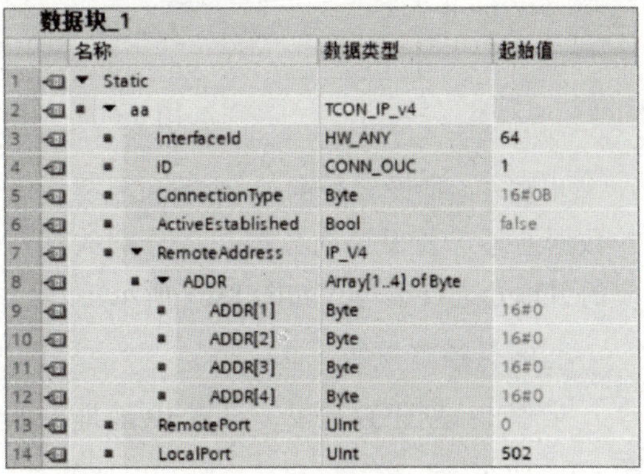

数据块_1

	名称	数据类型	起始值
1	▼ Static		
2	▼ aa	TCON_IP_v4	
3	InterfaceId	HW_ANY	64
4	ID	CONN_OUC	1
5	ConnectionType	Byte	16#0B
6	ActiveEstablished	Bool	false
7	▼ RemoteAddress	IP_V4	
8	▼ ADDR	Array[1..4] of Byte	
9	ADDR[1]	Byte	16#0
10	ADDR[2]	Byte	16#0
11	ADDR[3]	Byte	16#0
12	ADDR[4]	Byte	16#0
13	RemotePort	UInt	0
14	LocalPort	UInt	502

图 8-57　修改参数值

任务实施

1. 添加设备

添加两台 PLC，分别命名为 CUP1 和 CPU2，并把 IP 地址按照要求设置好，如图 8-58 所示。

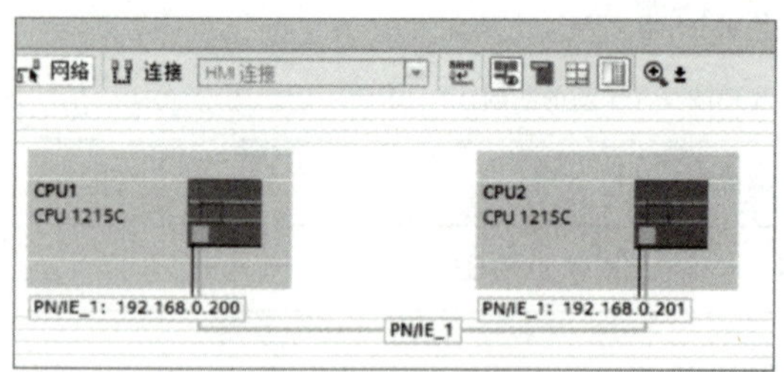

图 8-58　CPU 设备图

2. 客户端编程

步骤 1：创建数据块，设置服务器端的 IP 地址，如图 8-59 所示。

数据块_1

	名称	数据类型	起始值
1	▼ Static		
2	▪ ▼ aa	TCON_IP_v4	
3	▪ InterfaceId	HW_ANY	16#40
4	▪ ID	CONN_OUC	16#1
5	▪ ConnectionType	Byte	16#0B
6	▪ ActiveEstablished	Bool	1
7	▪ ▼ RemoteAddress	IP_V4	
8	▪ ▼ ADDR	Array[1..4] of Byte	
9	▪ ADDR[1]	Byte	192
10	▪ ADDR[2]	Byte	168
11	▪ ADDR[3]	Byte	0
12	▪ ADDR[4]	Byte	201
13	▪ RemotePort	UInt	502
14	▪ LocalPort	UInt	0

图 8-59　客户端连接服务器 IP 地址

步骤 2：调用 MB_CLIENT 指令。依次单击“指令”→“通信”→“其他”→“Modbus TCP”，拖拽 MB_CLIENT 指令到程序段进行调用，如图 8-60 所示。

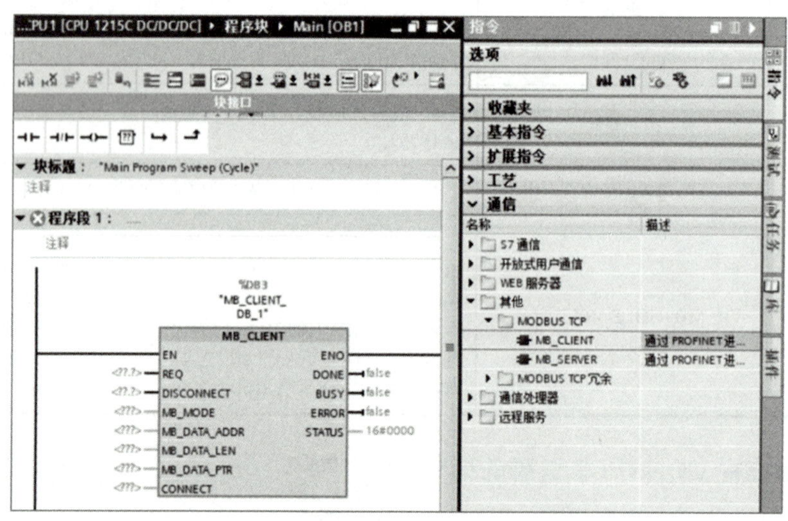

图 8-60　调用 MB_CLIENT 指令

步骤 3：把设置好的 IP 地址和需要发送的数据地址、要发送的数据长度分别放到对应的引脚处进行编写，如图 8-61 所示。

3. 服务器端编程

步骤 1：创建数据块，设置 IP 地址，如图 8-62 所示。

步骤 2：调用 MB_SERVER 指令。依次单击“指令”→“通信”→“其他”→“Modbus TCP”，拖拽 MB_SERVER 指令到程序段进行调用，如图 8-63 所示。

步骤 3：把设置好的 IP 地址和需要发送的数据地址、要接收以及发送的数据长度分别放到对应的引脚处进行编写，如图 8-64 所示。

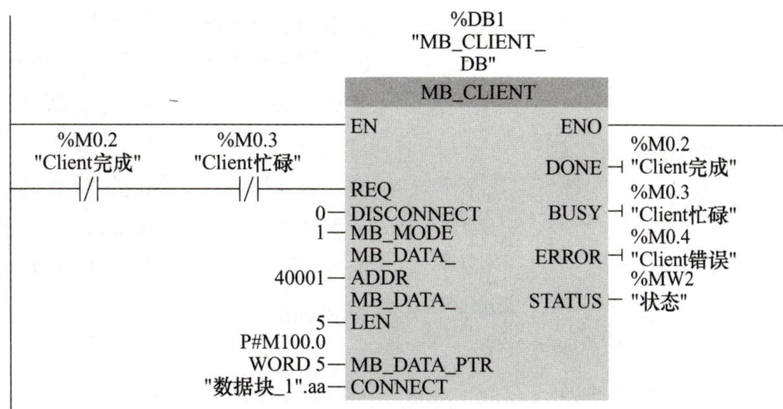

图 8-61　客户端通信程序

数据块_1

	名称	数据类型	起始值
1	▼ Static		
2	▼ aa	TCON_IP_v4	
3	InterfaceId	HW_ANY	64
4	ID	CONN_OUC	1
5	ConnectionType	Byte	16#0B
6	ActiveEstablished	Bool	false
7	▼ RemoteAddress	IP_V4	
8	▼ ADDR	Array[1..4] of Byte	
9	ADDR[1]	Byte	16#0
10	ADDR[2]	Byte	16#0
11	ADDR[3]	Byte	16#0
12	ADDR[4]	Byte	16#0
13	RemotePort	UInt	0
14	LocalPort	UInt	502

图 8-62　服务器建立连接

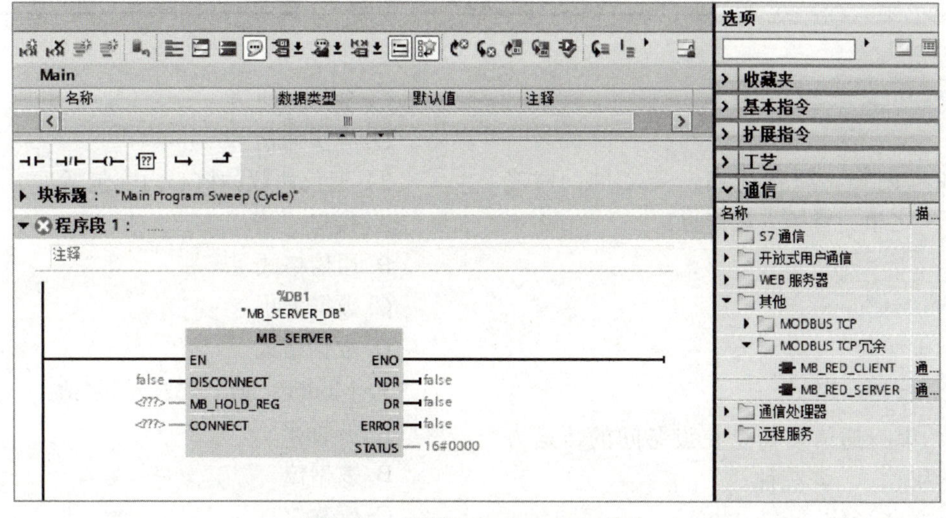

图 8-63　调用 MB_SERVER 指令

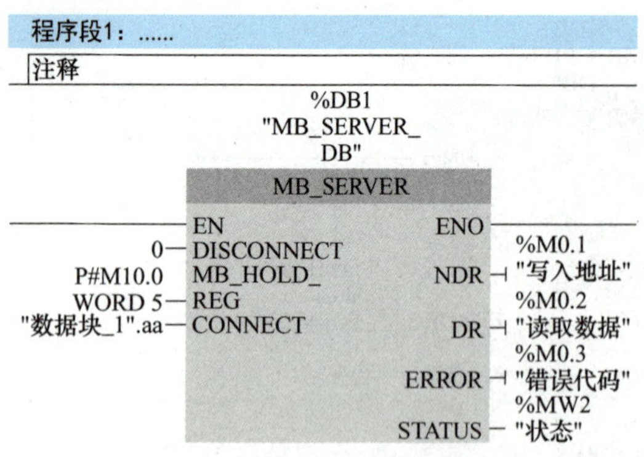

图 8-64　服务器通信程序

任务总结

S7-1200 系列 PLC 的 TCP 通信模型是高效灵活的数据交换平台。采用标准的 TCP/IP，该模型提供了一种安全可靠的通信方式，使设备间的数据传输得以高效进行。无论是自动化系统中的实时数据交互，还是远程监控与控制，S7-1200 的 TCP 通信模型都展现了其卓越的稳定性和高效性。此模型支持多种编程语言，方便用户根据实际需求进行编程和调试。

任务评价

任务评价见表 8-14。

表 8-14　任务评价

评价内容	评价标准	配分	得分
I/O 信号分配	合理分配 I/O 端子	10	
外部接线与布线	按照接线图，正确、规范接线	30	
PLC 程序设计	正确编写 PLC 程序	30	
程序检查与运行	下载、运行、监控正确的程序	10	
理解、总结能力	能正确理解实训任务，善于总结实训经验	10	
语言表达能力	能清楚地表达实训操作步骤并合理解释实训现象	10	

每课寄语

知者创物，巧者述之，守之世，谓之工。百工之事，皆圣人之作也。

拓展练习

1. 多选题

1）串行通信按信息在设备间的传送方式可分为（　　）三种。

A. 单工通信

B. 半双工通信

C. 全双工通信

D. 异步通信

2）通信协议的核心内容包括（　　）。

A. 接口

B. 通信格式

C. 数据大小

D. 数据格式

3）Modbus 通信参数一般包括（　　）。

A. 波特率

B. 数据位

C. 校验位

D. 停止位

4）Modbus 通信协议包括（　　）通信方式。

A. ASCH　　B. RTU

C. TCP　　D. NTU

2. 判断题

1）数据的基本通信方式有并行通信和串行通信两种。（　　）

2）串行通信传送速度慢，但需要的信号线少，最少两根线即可实现通信。（　　）

3）通信协议是指通信双方对数据传送控制的一种约定。（　　）

4）RS-232 传输距离短，仅 15m，实际应用可达 25m，再长须加调制。（　　）

参考文献

[1]　赵春生 . 西门子 S7–1200 PLC 从入门到精通 [M]. 北京：化学工业出版社，2021.

[2]　廖常初 . S7–1200 PLC 编程及应用 [M]. 3 版 . 北京：机械工业出版社，2017.

[3]　芮庆忠，黄诚 . 西门子 S7–1200 PLC 编程及应用 [M]. 北京：电子工业出版社，2020.

[4]　侍寿永 . 西门子 S7–1200 PLC 编程及应用教程 [M]. 北京：机械工业出版社，2018.

[5]　李方园 . 西门子 S7–1200 PLC 从入门到精通 [M]. 北京：电子工业出版社，2018.